国家社科基金项目
"中国语境下媒体参与构建和谐劳动关系的理念与路径研究"(16CXW026)的最终成果

中国劳动关系学院 | 学术论丛

实践感与建设性

媒体参与劳动关系治理的理念与路径研究

SENSE OF PRACTICE AND CONSTRUCTIVE NATURE
A STUDY ON THE CONCEPT AND PATH OF MEDIA PARTICIPATION IN GOVERNANCE OF LABOR RELATIONS

吴麟 著

社会科学文献出版社
SOCIAL SCIENCES ACADEMIC PRESS (CHINA)

序

深度媒介化理论强调了媒介对于现实建构的重要性，认为媒体不仅仅是社会的观察者和记录者，而且还是现实本身的构建和创造者。社会学家尼克·库尔德利（Nick Couldry）与安德烈亚斯·赫普（Andreas Hepp）就认为，在一个深度媒介化（deep mediatization）的时代，社会建构的基本要素已然扎根于媒介化的过程中。在 2017 年出版的《现实的中介化构建》（*The Mediated Construction of Reality*）一书中，他们认为媒体会构建符号和形象，通过标准化的方式把它们传递给公众，以形成对社会世界的共同理解。而随着数字媒体的兴起，媒介环境不断改变，媒体的角色、实践内容和方式也已发生变化。数字化媒体不能仅仅被看作信息载体，新闻传播学也当然不能仅仅研究传播的内容及其影响，而应该把媒体看作社会生活和文化的重要组成部分，要认识到媒体可以深刻地塑造和重构人们的观念、行为和关系。荷兰著名媒介学者何塞·范－迪克（Jose Van-Dijck）与合作者托马斯·波尔（Thomas Poell）在《平台社会》（*Platformization*）一书中提出数字平台媒体已经成为现代社会中最为重要的媒介形态之一，对社会结构、文化和政治等方面产生了深远的影响。吴麟的著作《实践感与建设性：媒体参与劳动关系治理的理念与路径研究》可以说是通过劳动关系治理这一视角，揭示深度媒介化时代媒介参与劳动关系建构的能动性的力作。她认为媒介化是"日常实践和社会关系日益由中介技术和媒介组织所形塑的元过程",因此要避免简单、线性地认知这一概念,以致将媒介具体的、多重的中介过程归结为"单一的基于媒体的逻辑"。吴麟的这本著作是很有新意、能给人以启发的。其一,将劳动关系看作一种"社会经济关系",认为这一关系是人类社会最为基本与重要的关系之一,对这种关系的"治理"(governance)需要通过行动者网络的协商、制度建设、法律保障等多种手段来实现。关系化治理的视角强调了在劳动过程中人与人之间的关系和相互作用在劳动关系的建立、维护和解决问题中的至关重要的作用。但大多数劳动关系治理的文章,没有关注到媒体的中介性及其效用,吴麟是关注这一问题的极少数学者之一。她认为,媒体作为一种社会嵌入性机制,在构建"中国特色劳动关系"的语境中,"经由合适路径,方能以实践专业性来实现公共性,成为参与劳动关系治理的积极行动者"(吴麟,2019)。她在本书中指出,作为嵌入权力关系中的一种社会机制,媒体能为弱势社群提供利益表达空间,比如媒体可以加强对劳动关系相关法律法规和政策的报道和解读,提供权威、准确的信息,帮助广大劳动者了解自身权益和维权途径。同时,媒体还应该通过深度报道、调查报道等形式,揭示劳动关系中的深层次问题,提出合理的解决方案,推进劳动关系治理的改进。需指出的是,虽然雇主和雇员使用相同的社会技术,但他们各自对这些技术的关注和进入点"是不对称的"(McDonald and Thompson,2016),比如雇主越来越多地用社交媒体政策来规范雇员下班后的在线行为(Thornthwaite,2016)。

其二,长期以来人们高估了媒体的力量,尤其是新媒体(社交媒体)迅速发展起来之后,研究者们认为一种全新的民主参与方式得以实现。吴麟警告说不能太乐观。她写道："我们需要审慎对待技术乐观主义论调，赋权效果往往会被社会结构性力量所形塑，应当尝试在更长时间跨度内、依据更多元的经验材料进行判断。"在本书中，作者在分析了职工群体媒介话语权的具体状况后指出，劳动者整体上尚属弱势社群，难以系统地经由传统主流媒体进行凸显主体性的利益表达；新媒体的传播赋权效应有所显现，不难观察到其片段性与阶段性的存在，但是迄今还未能在结构层面撼动既有利益表达格局；至于另类媒体能否独辟蹊径成为替代性的渠道，目前传播实践尚停留在个案层面，其意义需准确衡量，不可低估但也不宜陈义过高。毕竟，在中国的权力结构体系中，新媒体在劳动争议中并不能独立发挥作用，它需要依赖于工会和非政府组织的团结和组织建设。

其三，当然这也并不是说媒体的中介性价值对社会参与没有一定的促进作用。媒体可以通过舆论监督，引导社会舆论关注劳动关系中的不公正行为，曝光违法违规企业和雇主，推动相关政策的出台和实施。此外，媒体还可以通过借助公众的力量，促进劳动力市场的透明度、公正性及企业社会责任感的提高。媒体的报道和舆论引导对于劳动诉求和劳资关系的调解具有一定的作用，同时对于政府、企业和工会的决策和行为也产生了一定的影响。作者在本书中强调，作为嵌入具体时空结构中的一种中介机制，媒体的作为及其活动空间通常取决于政治、经济与技术三重逻辑的共同作用，媒体作为的现实境况呈现为"边界内的发声"与"结构性的遮蔽"并存。当然，媒体通过报道、舆论引导等方式，在劳资双方的冲突与调解及职工权益的维护中发挥了积极作用。

其四，媒体在社会世界中具有中介性，这种中介性使得媒体具有一定的权力和影响力。研究者们相信，人们头脑中关于外部世界的图景受到大众传媒的重大影响。大众传媒的议程设置效果，除了在人们头脑中形成画面之外，还具有其他重大影响（Nergiz，2015）。因为媒体可以通过增加在劳动关系中的行动者网络的连接性达到一定的赋权效果，这样的连接性体现为促进各利益相关方的多元参与和合作，如媒体可以组织劳动者代表、企业管理者、专家学者等多方人士进行座谈和研讨，形成共识和建议，推动相关政策和制度的完善。一方面，媒体所传递的信息可以影响公众的看法、态度和行为，尤其是在涉及政治、社会、文化等领域的问题上；另一方面，媒体可以通过选择、呈现和解释信息的方式，对公众的观点和态度产生影响。这便对媒体的专业主义精神提出了更高的要求，受意识形态和利益驱动等的影响，媒体可能存在偏见和倾向性。虽然媒体可以帮助劳工组织和工会扩大影响力，提高公众对其重要性的认识，并增加对劳工权益的支持，但与此同时，媒体也可以对劳工组织和工会进行负面报道（尤其是媒体报道中存在着刻板印象和偏见），破坏其声誉和形象，对其发展产生不利影响。相反如果媒体在报道和呈现劳动关系问题时保持客观，坚守新闻专业主义，就能推动双方沟通和协商，达成双赢。在这一方面，吴麟的创新之处在于她提出在既有活动空间中，媒体唯有立足兼具专业性与建设性的实践，方有可能落实"成为负责任的中介"理念、实现"寻求呈现实践逻辑"的价值。媒体能否真正参与劳动关系治理，端赖其在新闻实践中是否秉持"专业性"与"建设性"，而且在具体行动中，"建设性"需建基于"专业性"，"专业性"则应以"建设性"为旨趣。

其五，人们寄望于媒体在报道和呈现劳动关系问题时保持中立，致力于推动双方沟通和协商，以达成双赢。但赵鼎新（2019）发现"中国公共舆论空间的性质在近年来发生了令人担忧的变化"。他最为担心的是极端化倾向可能激发的潜在社会风险。虽然对于他的观点学界有不同看法,但是其在文章中所强调的"公共舆论空间的性质和政治稳定之间的原理性关系"值得深思。毕竟从国家治理视角看,公共舆论空间的意见分布呈"正态分布",有助于产生"交互性的利益和认同感"(cross-cutting interests and identities),给人们"现实感"以及使"极端立场"难以成为社会主导,从而产生政治稳定效应。吴麟在本书的观点与此类似。她也认为,在当前中国语境中,一个健全的公共舆论空间非常重要。国家在媒体与劳动关系治理中,如果在有序可控的范围之内逐渐放宽舆论,渐进引导舆论空间再次转向正态分布,将更有利于稳定的、良性的关系建构,有利于化解劳动关系,至少可以减轻关系的激化转向的可能性(吴麟,2021)。在本书中,她系统分析了媒体参与劳动关系治理的理念和路径,强调需要注重舆论监督、专业报道和分析、多元参与和合作、倡导和落实社会责任等方面的工作,为促进劳动关系的和谐稳定和社会的长期稳定发展做出应有的贡献。

总体看来,这是一本扎实的著作,作者收集了大量的案例,对媒体与劳动关系治理议题进行了扎实的实证研究,材料丰富、分析入理。希望有更多的中国学者能够像吴麟这样,立足于中国实践做扎扎实实的中国研究,能广泛吸纳中外学者的相关理论成果却不受限于现有理论框架,推陈出新。这是我读完这本书后的一些感受,当然这只是个人的感悟,或有不当处甚至是念歪了经。如是,当请吴麟和诸位读友见谅了。

吴 飞

目 录
CONTENTS

第一章 导论 ·· 1
  一 复杂化图景：媒体与劳动关系问题 ······························· 3
  二 劳动关系：社会转型中的风险议题 ······························ 10
  三 媒体：社会风险治理参与的行动者 ······························ 18
  四 面向经验现实与以实质问题为中心 ······························ 35

第二章 发声与遮蔽相交织：媒体作为的现实境况 ················· 38
  一 研究设计：考察职工议题媒体报道状况 ······················· 39
  二 结构性的偏向：职工议题的媒介能见度 ······················· 41
  三 有限的主体性：职工群体的媒介话语权 ······················· 55
  四 本章小结：增进两种现实之间的契合度 ······················· 91

第三章 实践感与责任伦理：媒体行动的价值理念 ················· 95
  一 研究设计：两类媒体与拓展个案研究 ·························· 95
  二 媒体行动的价值：寻求呈现实践逻辑 ·························· 98
  三 媒体行动的理念：成为负责任的中介 ························ 114
  四 本章小结：底线共识与合理多元表达 ························ 127

第四章　专业性与建设性实践：媒体治理参与的进路 …………　131
　一　研究设计：观察具体脉络中的新闻业创新 …………………　132
　二　理念与语境：中国媒体的专业性与建设性 …………………　133
　三　结构与能动性：多元行动者媒介创新实践 …………………　164
　四　本章小结：健全公共领域与实现体面劳动 …………………　181

第五章　寻求连接：媒介机制与农民工返乡创业行动 …………　187
　一　吾乡吾民：小花村的人与事 …………………………………　188
　二　创业实践与作为机制的媒介 …………………………………　197
　三　城乡中国有机连接的可能性 …………………………………　215

第六章　结语 ………………………………………………………　220

参考文献 ……………………………………………………………　226

后　　记 ……………………………………………………………　253

第一章
导 论

　　劳动关系是一种"社会经济关系"（常凯主编，2005），作为生产关系的重要构成，可谓人类社会最为基本与重要的关系之一。在经济社会转型过程中，资本主导地位获得了特定的历史形成途径，中国劳动关系总体上呈现从"显性合作"向"显性冲突"转化的演变轨迹（罗宁，2010）。鉴于当前劳动关系矛盾已进入"凸显期与多发期"，《中共中央 国务院关于构建和谐劳动关系的意见》于2015年4月正式颁行。这一纲领性的政治文件直言构建和谐劳动关系是一项"艰巨繁重"的任务。

　　随着信息传播技术发展更迭，"万物皆媒"与"泛媒介"（pan-media）已逐渐成为时代的标志性特征，我们基本上处于一个"媒介化"（mediatization）社会。在此，"媒介化"可理解为"日常实践和社会关系日益由中介技术和媒介组织所形塑的元过程"（Livingstone，2009）。我们需要避免简单地、线性地认知这一概念，以致将媒介具体的、多重的中介过程归结为"单一的基于媒体的逻辑"（潘忠党，2014）。然而，在相当程度上，媒介确实已然成为"社会与文化实践的一个结构性条件"，同时存在于特定的文化领域以及作为整体的社会之中，媒介影响体现为一种结构性关系的"双重性"（duality）——"既存在于其他机构之中，又提供了对社会的普遍看法"（夏瓦，2018）。以"媒介化"视角观察，媒体不仅可以作为互动渠道，还能以自身形塑着互动。

在既有劳动关系研究论述中，中国政府的行为模式与具体角色得到较多关注，并且存在不同理论流派。有研究者提出：应当超越"简单的政府（government）研究"开展"广泛的治理（governance）研究"[①]（张皓、吴清军，2019）。这是一个贴近经验现实的建议，在全球化时代与经济转型期，劳动关系的主体及其利益诉求呈多元化态势，即劳动关系日渐嵌入由多元行为主体所构建的关系网络中，我们确实需要关注政府之外的其他行动者。

自20世纪90年代以来，"治理"（governance）这一概念开始在全球扩散，其核心指向是：较之统治倚靠"正式权力"，治理则依赖基于"共同目标的协商与共识"（田凯等，2020）。传入中国之后，"治理"迅速由学术概念进入政策话语。2013年，中国全面深化改革的总目标被定为"推进国家治理体系和治理能力现代化"；2014年，中国政府提出"推进社会治理创新，注重运用法治方式，实行多元主体共同治理"。理论层面，以制度主义路径进行考察，媒体是参与治理的一个工具性"政治机构"（Cook，1998）；经验层面，关于中国社会转型期间媒体批评报道运作逻辑的研究亦显示，国家自觉将媒体纳入既有的权力结构，使之成为一种"治理技术"（孙五三，2002）。那么，在当前中国语境中，媒体可否成为参与劳动关系治理的行动者？其价值理念、现实进路以及活动空间具体如何？这是本研究旨在探寻的核心问题。

[①] 经由系统梳理文献，此类研究主要存在"生产政体理论、发展型政府理论、统合主义理论、转型理论"四种流派，对于经验现实，每一流派均有其解释力，但是这种简单化的概括易陷入以偏概全的困境。

一 复杂化图景：媒体与劳动关系问题

在现阶段中国，作为一种社会中介机制的媒体，以及作为社会关系基本构成的劳动关系，二者内部均呈现多重性差异化的图景，二者之间的关联亦具有多重性。从下述真实事件中，我们或可略见一斑。

案例1：中华全国总工会的批评与富士康的"商榷"

2015年2月2日，在"推进工会工作法治化建设、强化工会劳动法律监督"新闻发布会上，中华全国总工会书记处书记、法律部部长郭军在介绍《劳动法》颁布实施以来中国劳动关系总体状况时，点名批评富士康等企业"超时加班问题"相当严重，"致使部分劳动者出现了焦虑、抑郁、情绪消沉等各种心理健康问题"[①]。2月3日，一篇《我们不完美，但请关注我们的进步——富士康科技集团的声明并与郭军先生商榷》在海内外同步发表，直接提出郭军作为中华全国总工会高层"从未来过富士康的任何一个园区，却抛出这样的因果关系，未免草率难以服人"，提出郭军需要能够"走到基层"以了解"企业和员工的心声"。在这一"中华全国总工会PK富士康"的风波中，公共舆论场中的意见多倾向于支持中华全国总工会。2月4日，澎湃新闻发表劳工问题研究者潘毅的文章《富士康在说谎，真实情况更严重》，潘毅根据其所主持的"关注新生代农民工"课题组相关调研成果，批评富士康在"要赖"，提出企业在安排工人加班、工人基本工资等问题上，存在"不合理"

[①] 《推进工会工作法治化建设、强化工会劳动法律监督新闻发布会》，中国工会新闻网，http://acftu.people.com.cn/n/2015/0203/c392912-26498315.html。

甚至"不合法"之处。2月5日，澎湃新闻继续发表一篇报道《富士康"不服"全国总工会批评系郭台铭授意》。同日，人民网、《华商报》也分别刊发评论《富士康，正视问题才有进步》《富士康叫板全总的底气何来》。2015年3月，《中国工人》杂志"卷首语"栏目发表署名为"本刊评论员"的文章，严肃批评富士康的"失理、失节、失态"，同时称赞中华全国总工会"敢于发声"——公开谴责违法行为。当期《中国工人》杂志还刊登了一篇学术性文章《从富士康公司的声明说开去》，辨析这场争论中所涉及的劳动法律法规、制造业的困境、企业社会责任等问题，"编者按"中强调此文旨在澄清公众对劳动关系基本原则问题的"混乱"认知。2015年5月1日，澎湃新闻发表劳动节专题《调研数据再问富士康，劳动者的尊严何时到来？》，报道潘毅等学者指导的"高校师生关注富士康"调研组关于富士康劳动条件、工资工时、企业管理和工会运作的最新调研报告。观察这篇新闻报道下的评论，既有支持性观点，亦不乏反对意见。

案例2：职业病工友的求助困境

2017年7月31日，微信公众号"保马"推送了文化研究学者郭春林的文章《一位挣扎在死亡线上的工伤工友在新媒体时代的遭遇》，沉痛地讲述了患再生障碍性贫血的年轻工人胡凤超的悲剧。微信公众号"保马"的定位是"理论上的唯物主义立场，政治上的人民立场，推介'与人民同在'的文章，呈现过去和现在的'唯物主义潜流'"。根据此文所述，1985年1月，胡凤超生于辽宁省鞍山市台安县农村，家境贫寒，为给母亲治病，初中阶段就辍学打工。2010年5月，经朋友介绍到辽宁省大连市中国华录·松下电子信息有限公司工作。这是一家中日合资企业，因为在入职培训中表现优秀，他被分配到涂装岗位，据说这是一个"活多、工资高"

的特殊岗位，但实际上每天要接触的涂料中都含有苯。入职第二年年底体检，他的身体指标就出现异常，最终确诊为再生障碍性贫血。在大连医科大学第二附属医院的三个月治疗均告无效后，胡凤超通过微博认识了"天津义工联盟"的志愿者，并转院到天津的血液病研究所治疗，公司一次性给付30万元医疗费。2013年7月，他的血象指标基本正常，可以出院观察，但仍必须持续服药三年，每年做骨髓穿刺复查。直至2016年10月停药，其间医药费均由原工作单位承担，且享受职业病的工伤保险等社保待遇。2017年5月登记结婚，不料未久他就病症复发且伴有肺部严重感染等并发症，于7月23日下午去世。在生命的最后一段日子，胡凤超努力向多方求助。6月4日，他在"轻松筹"发起募捐活动，署名是"一个职业病人在死亡线上的最后一次呼唤"，拟募集20万元用于骨髓移植，一个月后项目结束时，共有544人参与募捐，募得19130元，完成率仅约9%。6月6日，他通过自己的微博账号"职业病人胡凤超"，发出一篇《坚强的活着》博文，并通过@《大连晚报》、大连电视台等媒体的微博账号的形式寻求关注，最后一句为"跪求各位媒体等了解我的事情"。此后一个多月，他一直在微博上尝试@名人、媒体以及相关机构，希望引发关注、获得帮助，但是回应者寥寥。7月6日，苏州一家主要为工伤工友提供免费法律咨询服务的公益机构，为其推送了一篇文章《新工人患职业性苯中毒，网上求助……》，截至7月26日，该文阅读/点击量为462次，收到的"打赏"总金额为438元，其中含郭春林捐赠的200元。直到去世前数日，胡凤超终于通过电话联系上当地媒体，方有数篇报道，诸如7月19日腾讯新闻辽沈客户端《社会万象》栏目新闻《鞍山帅气小伙患罕见血液病 想捐献遗体和器官》、7月20日《辽沈晚报》新闻《重病小伙登记捐遗：这下心里踏实了》。郭春林的这篇文章，通过详细记录这位年轻的职业病人在生命最后47天里的"新媒体生活",严肃批判了资本与市场对新媒体公共性的侵蚀,以及由此而致的媒体生态和社会环境的异化,观点非常犀利鲜明——信息的交换和传播所遵循的是"利益和消费主义","资本的增殖"几乎是媒体产业唯一的运行逻辑,新技术所带来的繁荣只是表象,并未凝聚成"一个真正有活力的社会",反而进一步加速了阶层的固化。

案例3:农民工吴桂春的"传奇"

2020年6月24日中午,54岁的农民工吴桂春来到东莞图书馆,退还图书证,取回100元押金。连日来,他未寻觅到合适的工作,正准备返回湖北老家。由于"一直把图书证拿在手里搓摩",他引起值班馆员王艳君的注意。应她邀请,吴桂春写下一段留言——"我来东莞十七年,其中来图书馆看书有十二年。书能明理,对人百益无一害的唯书也。今年疫情让好多产业(企业)倒闭,农民工也无事可做了,选择了回乡。想起这些年的生活,最好的地方就是图书馆了。虽万般不舍,然生活所迫,余生永不忘你,东莞图书馆,愿你越办越兴旺。识惠东莞,识惠外来农民工。"他离开后,服务台的另一位馆员慧婷看到了留言,感觉这就像"一封情书",蕴含着浓烈感情,于是拍下留言发进图书馆内部群里。此后24小时中,通过朋友圈、社交平台、媒体的转发和关注,"读者留言东莞图书馆"成为"刷屏"的公共话题。6月25日上午,吴桂春在出租屋附近街道上寻觅招工信息,依旧未果,不料午饭之后,他接到东莞电视台和《东莞时报》记者的电话,告知他"你在网上可红了",当晚东莞市人社局电话询问其求职意愿,希望将其留下。6月26日,经过"一对一"的就业推荐,东莞市光大物业管理有限公司为其提供了一份小区绿化维护的工作,距离图书馆不到两公里。当日下午,吴桂春重新到图书馆办理了读者卡。7月4日,他被中华全国总工会聘为"职工书屋公益代言人",其所在企业将被定点支持建设职工书屋。这一满蕴温情的故事①,在疫情后复工复产的社会语境中,更有其突出的意义,媒体纷纷予以报道评论。其中,《人物》杂志的一篇非虚构特稿《葬花词、打胶机与情书》尤其引人注目,通过深入探寻故事肌理脉络,尝试回答三个问题——为什么故事发生在吴桂春身上?为什么发生在东莞图书馆?为什么发生在珠三角地区?在这篇长文中,一个多被忽视然而意蕴丰富的细节得到强调:2003年,只有小学学历的吴桂春初到东莞时已37岁,在劳动力市场上缺乏竞争力,17年来一直栖身于"像火柴盒子一样微小又密集"的私人鞋厂作坊,这些作坊大都不会为工人购买"五险一金",但胜在自由、灵活,"只要有手就可做"。确实,多元、混杂且富有弹性的产业生态,让吴桂春和他这一代的大龄务工者"在温暖的南方缝隙里生存了下来"。

案例 4:外卖骑手的"系统"困境

2020 年 9 月 8 日,"人物"微信公众号推送的一篇超过两万字的深度调查报道——《外卖骑手,困在系统里》,成为当日"刷屏"文章,引发众多有关平台用工、零工经济、数字劳动关系等问题的讨论。此文从关注一个社会现象"为什么外卖骑手的车祸越来越多"入手,通过为期近半年的深入且系统的调查,发现数百万外卖骑手的背后居然是"一个如此庞大、细密、盘根错节的系统",进而尝试对这一"系统"进行解读,提炼出"算法"这一焦点,并重点援引两位学者的研究,对此进行充分讨论。其中,长期研究

---

① 后续报道显示,2020 年 12 月 3 日,因为这份工作"没有什么意义,工资也比较低",吴桂春还是选择离职回到武汉,经亲戚帮忙联系在工地干活。具体可见朱雷《图书馆留言农民工离开东莞,原因现现实》,"澎湃新闻"微信公众号,https://mp.weixin.qq.com/s/O9ZCPY1pJGU72oipCEUyGg。

劳工问题的郑广怀提出"下载劳动"概念,认为:骑手们下载的"美团""饿了么"等外卖App,其辅助生产工具的表象外实则是一套"精密的劳动控制模式",具有"强吸引、弱契约、高监管、低反抗"等特点,全面塑造乃至取代了工人原有的主体性,最终,平台通过"下载劳动"创造"平台工人"。这篇文章不仅深刻地呈现了外卖行业人员的职业困境,更以"系统"和"游戏"的隐喻——"系统仍在运转,游戏还在继续……他们仍在飞奔,为了一个更好生活的可能",引发众多读者的共鸣——"困在系统里的,并不只有外卖骑手"。有读者反馈"读得喘不上气",因为"这几乎是我日常生活的缩影"。9月9日,"饿了么"发布《你愿意多给我5分钟吗?》对此做出回应,提出"系统是死的,人是活的",表示将会尽快发布新功能——在结算付款的时候增加一个"我愿意多等5分钟/10分钟"的小按钮,建议顾客"如果你不是很着急,可以点一下,多给蓝骑士一点点时间"。这一回应饱受批评,被认为有"转嫁矛盾的嫌疑",企图用同理心和共情"降低舆论分贝"。当晚,"美团"也发布声明《感谢大家的意见和关心,我们马上行动》,表态"没做好就是没做好,没有借口",提出将会采取"更好优化系统""更好保障安全""改进骑手奖励模式"等五项举措,其中包括"调度系统会给骑手留出8分钟的弹性时间"等具体安排。这一回应相对完善,但也被视作一种"危机公关"行为。到底如何才能破解外卖骑手的职业困境?9月11日,孙萍在接受澎湃新闻采访时表示:目前外卖算法系统是以消费者为导向的,平台方应当在社会层面上建立一套"算法协商机制",在组织架构层面应形成外卖员的"劳动聚合体",以使其拥有"集体的声音和谈判的力量"。同日,《新京报》发表一篇财经评论《外卖骑手安危:市场的痛点,企业的创新沸点》,提出外卖平台是一种"众包式商业模式",实现各构成要素之间"责权利关系的平衡"才是问题本质所在,企业应正面解决问题以提升核心竞争优势。9月15日,"新华视点"微信公众号刊发报道《"合理"的算法为何"失控"》,其批评聚焦于两点——一是平台"逐底竞争"导致算法"失衡";二是复杂用工关系使得风险转移以致算法"失责"。此文还进一步援引专家观点,提出外卖骑手安危属于"流动中的安全生产问题",应纳入地方政府的考核体系以压实其监管和执法责任。

如前文所述,劳动关系是社会关系的基本构成,媒体是一种社会中介机制,从以上对2015年至2020年真实案例的勾勒中,我们不难感知到其内部状况的参差多态,以及两者间关系的变动不居。"源自周遭情境的个人困扰"(the personal troubles of milieu)和"关乎社会结构的公共议题"(the public issues of social structure)相互交织,其间问题的新与旧、技术的"赋权"与"去权"、主体的"可见"与"不见"在冲突中共存。这充分显示出:劳动关系主体及其利益诉求的明显多元化已使构建和谐劳动关系成为当前国家治理的重要任务;媒体如何参与劳动关系治理亦应成为有待深入探索的重要议题。

我们或可以"风险社会"理论为透镜,分别对"劳动关系"与"媒体"两个要素展开观察。按照贝克(2018)的论述:风险是现代社会的重要特征。现代化进程中,生产力的指数式增长使得风险的释放达到前所未有的程度。风险分配逻辑虽与传统的社会分配逻辑存在着系统差别,但依然具有"明确的阶级属性",即"风险常以阶层或阶级专属的方式来分配"。同时,需要我们正视的是,风险的扩散又具有社会意义上的"回旋镖效应"——"风险的制造者或受益者迟早都会和风险狭路相逢",而且"并不只是向单一的源头发起还击,它会在总体层面上让每个人都受到相同的损害"。

二 劳动关系：社会转型中的风险议题

2010年5月28日，《人民日报》第15版刊登一则新闻《本田在华整车企业全线停产》，报道南海本田公司的劳资争端已"僵持了10多日"，其中直接提及引发停工的诱因是"薪水太低"，还给出了一个细节：公司内部工资悬殊，一个日方中层主管月薪可达"5万元人民币"，是中方员工的"数十倍"。作为中国政治社会生活中具有"风向标"意味的媒体，《人民日报》对境内发生的劳资冲突事件进行报道相当罕见。因而，这则报道传递出丰富的信息，从中至少可见劳动关系问题是当前一个突出的社会经济问题。

劳动关系是生产关系的重要组成部分，是最基本、最重要的社会关系之一，在市场经济条件下，其实质是"劳动和资本的结合"。资本和劳动这两大要素的直接追求——"利润最大化"和"工资最大化"存在着天然的矛盾，双方的力量或利益对比一旦失衡，矛盾便会激化和公开，出现劳资冲突——二者以"集体争议和集体行动"的方式表达诉求和争取权益（常凯主编，2005）。中国自改革开放以来，"市场化"便成为劳动关系演变的一个基本特征，即由"计划经济下的政治化和行政化"转向"市场经济下的利益化和市场化"（常凯主编，2009）。在这一历史语境中，美国社会学学者西尔弗（2012）的卓见——"资本转移到哪里，劳工与资本之间的冲突很快就会跟到哪里"，实践证明其同样适用于中国。

当前，劳资冲突已成为中国社会冲突的重要表现形态。这一判断的显著的表征是劳动争议案件数量的居高不下。以1994年为分水岭，此前每年中国劳动争议案件数量一直徘徊在1万件左右，之后数量激增。《2018年中国劳动统计年鉴》的数据显示：从1996

年至2018年，劳动争议"当期受理案例"数量由48121件上升到894053件，争议原因包括"劳动报酬"、"社会保险"、"变更劳动合同"、"解除、中止劳动合同"及"其他"。其中，集体劳动争议案件数量，由3150件上升到8699件，并且在2002年至2009年及2015年均超过10000件，2008年更是达到一个历史高点——21880件。集体劳动争议案件多发生于劳动密集型企业聚集的地区，如珠三角和长三角地区，2018年广东、上海、浙江居于全国前三位，其数量分别是6971件、5020件和4914件（国家统计局人口和就业统计司、人力资源和社会保障部规划财务司编，2019）。此外，追讨欠薪、工伤索赔等劳资纠纷引起的极端事件也时有发生。

通常而言，劳资冲突的实质是一种经济利益冲突，嵌入当前中国的政治经济格局后，则具有鲜明的"社会冲突"意蕴，正如社会学家达仁道夫（2000）所言，是"一种应得权利和供给、政治和经济、公民权利和经济增长的对抗"。在经济社会转型过程中，资本主导地位获得了特定的历史形成途径，劳资利益分配失衡已成为一个关乎社会稳定的结构性难题。前述《人民日报》刊发的《本田在华整车企业全线停产》明确提出这次劳动纠纷实际上是一道考题——"如何既要维护劳资双方的合法权益，又要确保社会的和谐稳定？"

随着劳动力市场的代际更替，劳动者的"增长性"诉求（蔡禾，2010）日益迫切，新生代群体明显不满足于实现基本劳动权益，更向往追求体面劳动和发展机会，维权意识更强，维权行为由被动表达向积极主张转变。已有研究显示：当权益受损而又未能有效维权时，他们会产生更强烈的挫折感以及参与集体行动的冲动（蔡禾等，2009）。中华全国总工会合同部部长张建国（2011）曾撰文呼吁要"高度重视化解劳动关系矛盾"，提出劳动关系矛盾已成为"当前中国社会矛盾的主体"。近年来,经济发展的新常态、全球经贸关系变局,以及叠加的疫情冲击,使得劳动关系问题的"风险性"愈加突出。如何实现有效治理?随着劳动关系学科的发展,研究者进行了诸多探索。这是本研究得以开展的重要条件。

宏观上看,作为一门研究市场经济条件下"劳方、资方和政府三方关系"的新兴学科,中国的劳动关系学自改革开放以来经历了学科初创、学科成立以及趋于成熟的发展历程(吴清军主编,2018)。在早期研究中,学界重点关注"劳动制度改革",研究集中于劳动就业、劳动用工、劳动合同、劳动报酬、社会保险与福利等具体问题。这与欧美劳动关系研究源于当时社会劳工问题存在明显差异,归根结底是两者工业化道路的不同所致。从20世纪80年代中期至90年代初,"劳动力市场改革""劳动立法与劳动制度"两大主题成为研究重心。在前一主题中,社会主义制度下劳动力的性质"是否具有商品属性",即"劳动力是否是商品",成为争论最激烈的问题,基本上形成了三种观点:"劳动力不是商品"、"劳动力是商品"以及"劳动力具有商品和非商品的二重属性"。虽然观点针锋相对,但均承认一个讨论前提:社会主义市场经济需要建立开放的劳动力市场。这场争论在1994年之后渐趋平息,但是意义深远——承认劳动力的商品属性是探索劳动者个体和集体权益保障问题的理论基础。在后一主题中,自1983年7月中国劳动法学研究会正式成立,劳动立法工作进展明显,劳动合同制度、劳动争议处理、女职工的劳动保护等议题均得到研究和讨论,这些议题也构成了我国现行《劳动法》的核心内容。

从20世纪90年代初期至中期,随着劳动制度改革和劳动力市场的逐步建立,传统工会研究、劳动立法研究开始延伸,这为此后劳动关系成为独立研究领域奠定了较坚实的基础。1994年,《劳动法》颁布与实施，成为我国劳动制度改革的标识。从20世纪90年代中期至21世纪初，劳动关系研究取得"历史性的突破"，逐步形成"多学科、多视角"共同研究的领域。在研究主题上，已开始关注劳动者的权益，相关成果主要体现在两个方面，一是"劳权与劳动权"研究，二是"全球经济一体化下劳动者权益"研究。进入21世纪后，劳动关系初步实现从"行政控制"向"市场调节"的转变（吴清军、刘宇，2013），即"市场化基本完成"。然而，劳动权益保障的现实状况依旧严峻，国家自2002年起开始加大以劳动者权益保护为核心的劳动关系政策的施行力度。

2006年10月，《中共中央关于构建社会主义和谐社会若干重大问题的决定》出台，首次以中央全会文件的形式强调劳动关系的重要性，正式提出发展和谐劳动关系，完善劳动关系协调机制。因应时势，相关研究日益呈现"多学科融合"的趋向，劳动关系成为一个区别于其他学科的"独立研究领域"，劳工政策立法、劳动关系理论、劳动合同制度、中国工会与集体协商、劳动关系运行实践、共享经济下的互联网用工等议题成为研究重点。有研究者提出："同情和关怀劳工，保护劳动者权益"是劳动关系研究中的主流价值观，未来在分享经济背景下，劳动者的分散化特征将更加突出，其集体行动的可能性和行动能力将会更弱，学界更应该关注劳动者的境遇（吴清军主编，2018）。

在呈现劳动者境遇方面，中国当代劳工社会学领域学者的研究可圈可点。改革开放以来，研究者聚焦社会转型中"再形成"的劳工群体，以"劳动过程"作为研究基点，关注制造业、建筑业、服务业等领域，以丰富的田野调查，在"劳工的社会品格"、"农民工生产体制"、"劳工意识与文化"、"劳工组织和劳工抗争"、"农民工生活的政治"以及"公共的劳工社会学"等议题上，都有令人称道的具体成果。近年来,研究者们又开始研究卡车司机、快递员、送餐员等新群体,并开拓区域比较、情感劳动、历史发掘、技术转向等研究新领域(沈原,2020)。迄今,此领域的相关研究表明如何有效保障劳动者的权益,始终是劳动关系治理的难点。这在"农民工问题"上体现得尤为鲜明。

2006年,国务院出台《关于解决农民工问题的若干意见》,提出需要及时解决一系列严重损害农民工权益的"突出问题",其中居首的即是"工资偏低,被拖欠现象严重"。2020年,国务院又颁布《保障农民工工资支付条例》,旨在"保障农民工按时足额获得工资",强调"依法根治"拖欠农民工工资这一问题。从中可见,欠薪已成痼疾。底线型的权益保障,已是这般艰难,发展型的利益诉求的达成,更是谈何容易?

2010年,中央一号文件提出"采取有针对性措施,着力解决新生代农民工问题"。当年6月21日,《工人日报》以"超常规"的版面安排,刊发中华全国总工会课题组的研究成果《关于新生代农民工问题的研究报告》,提出该群体具有"时代性、发展性、双重性和边缘性"四大特征,以及六个方面观念变化——外出就业动机从"改善生活"转向"体验生活、追求梦想";劳动权益诉求从单纯要求"实现基本劳动权益"转向追求"体面劳动和发展机会";职业角色认同和职业发展定位从"农民"和"亦工亦农"转向"工人"和"非农就业";对务工城市的心态从"过客心理"转向"期盼长期稳定生活";维权意识日益增强,维权方式亦由"被动表达"转向"积极主张";对精神与情感生活的追求从"忽略"转向"期盼得到更好满足"。然而,置诸城乡关系变迁的政治经济学过程中进行观察,新生代农民工面临着"双重脱嵌"困境——"制度脱嵌"与"传统脱嵌"相叠加(朱妍、李煜,2013)。前者是指他们"游离于制度性权力结构和福利保障体系之外",后者则指他们"在客观纽带和主观认同上脱离传统乡土中国"。而且,"传统脱嵌"还进一步放大了"制度脱嵌"的负面效应。有研究者发现,在2006年至2015年这十年间,农民工的社会经济地位呈现"逆增长"态势(田丰,2017),"相对收入水平"和"社会地位自评"两个指标得分均出现下降,尤其是"80后"新生代农民工,平均受教育年限最高,而社会地位自评得分却最低。

据国家统计局(2020)的监测调查报告,2019年我国农民工总量为29077万人,平均年龄40.8岁,初中文化程度占56%,从事制造业、建筑业的分别居第一、二位,占比为27.4%、18.7%。其中,本地务工者11652万人,女性占39.4%;平均年龄为45.5岁,其中40岁及以下所占比重为33.9%,50岁以上所占比重为35.9%;大专及以上文化程度的占7.6%。外出务工者17425万人,女性占30.7%;外出农民工有配偶的占68.8%;平均年龄为36岁,其中40岁及以下所占比重为67.8%,50岁以上所占比重为13%;大专及以上文化程度的占14.8%。

此外,50.9%的农民工反映随迁子女在城市上学面临一些问题。这些具体数据显示,"新生代农民工问题"相对更复杂,是传统农民工问题在现阶段的延续、体现和发展,具体在劳动关系中,可视为"旧范畴中新问题"(吴麟,2015a)。

所谓"旧范畴",是指新生代农民工依旧需要面对传统"农民工生产体制"。它主要包括"工厂专制政体"和"拆分型劳动力再生产制度"两个层面。美国社会学家布洛维(Burawoy)在《生产的政治》(*The Politics of Production*)一书中系统论述过"工厂政体"(factory regime)理论。按其界定,"工厂政体"存在"劳动过程"、"劳动力再生产方式"、"国家干预"和"市场竞争"四个维度，它们共同塑造了劳资关系的基本特点以及工人的行动方式和行动能力。资本主义的"工厂政体"可以划分为"工厂专制政体"（factory despotism）和"霸权政体"（hegemony）两类，分别与资本主义发展的早期阶段和垄断阶段相关联。郭于华等（2011）援引这一理论，提出"工厂专制政体"是指在当前中国农民工群体就业的大多数工厂中，资本治理农民工的主要方式是"不加掩饰地压迫和剥削"。它在当下中国具体实践中又有诸多不同的亚形态，如富士康公司是"准军事化的工厂专制政体"、南海本田公司是"常规的工厂专制政体"。至于"拆分型劳动力再生产制度"，则指劳动力的"维持"（maintenance）和"更新"（renewal），即农民工的日常生活维持——恢复体力和脑力的过程，与劳动力的代际更替——赡养父母和抚育子女等，本应在同一时空条件和相同制度背景中进行，却被迫拆分在城市和乡村两个不同空间。清华大学社会学系课题组（2013）提出："低工资低保障"、"双向依赖"和"循环迁移"是"拆分型劳动力再生产制度"的核心构成要素，这不仅导致农民工的自身"维持"和代际"更新"被分割在不同的空间中进行，而且使得此种空间分离在制度上被强化。概言之，"旧范畴"是指对新生代农民工而言，"完备的公民权"（full citizenship）依旧阙如。在世界工厂里，他们处于劳动关系的最底端；在都市世界中，他们依旧是漂泊无依的异乡客。

所谓"新问题"，是指新生代农民工的价值观念和行为选择已出现明显变化。他们作为一个独特群体，融合了代际（新生代）和阶层（农民工）的双重特征。一项相关研究（李培林、田丰，2011）指出：在"历史逻辑"和"结构逻辑"的共同作用下，新生代农民工兼有"新生代阶层"和"农民工阶层"两种特质，他们的相对剥夺感更强烈，在发生劳动纠纷时，在处理方法上，手段相对更为激进、更加多元。需要注意的是，传统农民工对自身作为城市"局外人"（outsider）的身份有较为普遍的认同（陈映芳，2005），其生活目标设定，基本是以农村、农民为参照。与之相较，如今，农村给予的"推力"越发强劲而"拉力"却越来越小（郭星华、王嘉思，2011），城与乡、工与农两个层面的双重边缘化，使得新生代农民工陷入更为尴尬的进退两难境地。有研究者明确认为：这一生存困境以及由此衍生的身份认同危机，正是导致富士康员工抗争的结构性和社会性原因（卢晖临，2011）。新生代农民工的身份认同困境很可能会进一步激化现有劳动关系矛盾。基于工人口述史等田野资料，有研究者发现：第二代农民工身份认同的"分裂性"，对其性情倾向与行动能力有显著影响，他们正在从"焦虑转向愤怒，从沉默转向行动，从同意转向反抗"（卢晖临、潘毅，2014）。在城市中面临的制度性社会排斥，反而可能强化其"内部抱团"倾向，使得他们积极通过地缘、业缘等网络和纽带寻求人脉资源、身份认同、情感慰藉、社会支持等。尤其近年来，出现了一个急需关注的现象——新生代农民工的"组织化"诉求，尝试"联合起来"寻求"劳工阶级的集体团结权和谈判权"，且其趋势呈现为"在制度化与激进化之间"（汪建华等，2015）。概言之，"新问题"是指新生代农民工在乡村、城市、资本、国家等诸领域，具有与父辈不尽相同的关系类型，同"农民工生产体制"产生了难以调和的冲突。

2000年前后，农民工内部的代际分化问题就已进入学者视野。在"新生代农民工流动人口"概念（王春光，2001）基础上发展出的"新生代农民工"一词，进入政策话语已逾十年，研究文献甚多。由于理论旨趣、研究方法、具体议题等方面的差异，相关发现有共识亦存在分歧。若是求同存异，基本能做如下概括。新生代农民工依然处于社会性困境中，其境遇比父辈更为尴尬，与农村的联系已经非常薄弱，但真正融入城市又遥不可及。他们的公民资格诉求已从"经济-生存"层面发展到"身份-认同"层面，但其只能享有"部分公民权"的现状在短期内难以得到根本改善。他们被消费主义催生出的欲求与自身能力有限之间的矛盾难以调和；工作经验、专业技能和社会网络的局限，不足以支撑他们强烈的面向城市的非农发展意向。他们的权利意识、表达意愿和行动能力更强，积极抗争"逐底竞争"的全球化生产战略。

上述对"旧范畴中新问题"的分析显示，治理新生代农民工群体的劳动关系问题相当迫切。从中不难发现，跋涉于从传统向现代转型的长路，当前中国社会兼具"转型关键期"与"矛盾凸显期"的特征，现实境况同"风险社会"理论有了很强的契合性——"在发达现代性中，财富的社会化生产与风险的社会化生产系统相伴"（贝克，2018）。可见，作为生产关系与社会关系基本构成要素之一的劳动关系，在总体稳定发展过程中呈现明显的"结构性紧张"特征，业已演化为社会治理潜在的"重大风险"。

三 媒体：社会风险治理参与的行动者

2020年11月8日，在"2020中国工会·劳动关系论坛"的"广东集体协商的十年"分论坛上，广州市总工会原主席陈伟光在主题报告中提及一个细节，广州奥的斯电梯有限公司曾经发生停工事件，下级工会不敢上报信息，他是从《南方都市报》的报道中获知的。对此，笔者现场就"媒体与劳动关系治理"议题进行提问。在回应中，陈伟光表示，在劳动关系治理中，"媒体促进作用蛮大"。广州奥的斯电梯有限公司的停工，通过媒体报道获知，是因为"信息沟通有问题","区委领导不准基层工会上报信息给市总工会"。他理解基层的难处,但当时也说了一句重话——"不要给中国工会丢脸"。① 这个具体案例,反映出媒体的报道解决了"信息的肠梗阻问题"。媒体的功能与大环境是有关联的。当时《羊城晚报》、《广州日报》和《南方都市报》"表现都很好"。《广州日报》一个副总编曾对他说,"工会新闻是金矿",他提倡"工会干部应该积极与媒体打交道"。会议现场,中华全国总工会研究室副主任徐璐也提出,在劳动关系治理中,她自己始终认为"媒体监督是最有效的监督"。不过,媒体报道也有困境——报道是"一时一事"的,而治理是"过程性"的,同时,理解劳动关系问题,"需要一定的知识储备",否则"容易被一两个专家左右"。此外,广东省总工会原副主席孔祥鸿也进行了回应,他曾长期担任广东省总工会发言人,与媒体关系良好,当选过"广东省十大新闻人物"。在其看来,在劳动关系治理中,媒体应塑造一个"敢为工人说话办事"的工会干部形象。三位工会系统人士的观点不尽一致,然而均认为媒体有助于促进构建和谐劳动关系。陈伟光(2012)在其所著《忧与思——三十年工会工作感悟》一书中,还专辟一章谈"工会与媒体的关系",主张积极采用"媒体借力"方法——应以"开放的胸怀"对待媒体,借助"媒体和舆论"的力量推动工会工作,并且提出,"你要媒体善待你,你首先要善待媒体",要意识到

---

① 经由事后对陈伟光的访谈(2020年11月9日)确认,这一事件发生于2007年12月下旬,广州奥的斯电梯有限公司是世界上最大的电梯制造企业,其广州生产基地在实施新的工资改革制度,即"劳动定额"的过程中,遭遇100多名生产部门一线员工的质疑并停工以示抗议。会议现场,笔者的具体问题为——"观察当代中国新闻业的转型变迁,广东和深圳的媒体也是一个标本。结合实践体会,您认为媒体在劳动关系治理中能否发挥作用?如果能够,具体发挥什么作用?"在这一论坛上,广东省总工会原副主席孔祥鸿、广州市总工会原主席陈伟光、深圳市总工会原副主席王同信是报告人,中华全国总工会研究室副主任徐璐是点评人。

"媒体其实是帮助工会撑腰的"。这些源自实际工作的感悟，论及媒体能否参与以及如何参与劳动关系治理，有其特定价值。我们需要在具体经验的基础上进行系统分析。

追溯其源，"强资本弱劳动"格局之下的劳资双方利益分配失衡，是当前劳动关系风险性提升的根本原因。随着劳动力市场的代际更替，劳动者的利益诉求由"底线型"向"增长型"的转变，2010年初夏的"罢工潮"就显示出他们开始"明确拒绝以'地板工资'（最低标准工资）作为劳动报酬的现实基准"（汝信等主编，2010）。基于现实境况，劳动关系治理的核心应是利益的合理分配，目标则为实现利益共享。其实，当前的体制话语也提出：构建和谐劳动关系，应当通过协商、协调、参与、合作等非对抗方式，以求实现共建共享、合作双赢。因为劳动关系虽然自改革开放以来发生了深刻的、复杂的变化，但是仍为"社会主义性质"，劳动关系矛盾被认为是"人民内部矛盾"——"根本利益一致基础上具体利益差别的矛盾"（尹蔚民，2015）。因而，无论基于现实需求，还是按照政府理念，当前劳动关系治理，需要建立健全能有效涵盖劳方、资方和政府三方的利益表达与分配机制。其间，媒体何为？

一项研究显示，"中国共产党人对利益协调问题的系统重视"始于2002年中共十六大之后（景跃进，2011）。2004年9月，《中共中央关于加强党的执政能力建设的决定》强调，需要"建立健全社会利益协调机制"以及"引导群众以理性合法的形式表达利益要求"。在具体劳动关系问题上，梳理历年来的重要文件，我们可以发现：当前中国的劳资利益协调机制已在构建之中，媒体在其间的利益表达与协调功能也被强调。2006年10月，《中共中央关于构建社会主义和谐社会若干重大问题的决定》首次以中央全会文件的形式突出劳动关系的重要性，强调发展和谐劳动关系、完善劳动关系协调机制，并且还首次明确了公民"表达权"的概念，提出应当"拓宽社情民意表达渠道"。2011年3月，《中华人民共和国国民经济和社会发展第十二个五年规划纲要》将"劳动争议"列为当前"妨碍社会稳定的五大社会矛盾之首"，同时亦强调了要发挥大众传媒的"社会利益表达功能"。2013年11月，十八届三中全会通过的《中共中央关于全面深化改革若干重大问题的决定》，提出"推进国家治理体系和治理能力现代化"，其中强调需要"创新劳动关系协调机制，畅通职工表达合理诉求渠道"。2015年3月，《中共中央 国务院关于构建和谐劳动关系的意见》颁行，被视为"中国特色和谐劳动关系治理模式的初步形成"。这一经过长时间酝酿的文件中，专门强调"充分利用新闻媒体和网站"以"加大构建和谐劳动关系宣传力度"。2017年10月，党的十九大报告提出"就业是最大的民生"，强调完善三方协商协调机制构建和谐劳动关系。

在中国的政治生活实践中，无论是革命年代还是建设时期，"文件和会议始终是贯穿体制运行的两个最基本的工具"[①]。文件制度具有"统治、指令、执行、传递和转换"基本功能，被视作"政治沟通的一个基本渠道"（谢岳，2007）。尽管"文件现象"早已存在，然而从学理层面研究"文件政治"（documental politics）则是晚近的事。这一概念由吴国光在《"文件政治"：假设、过程和案例研究》（"Documental Politics"：Hypotheses, Process, and Case Studies）中正式提出。文件依其功能，可以划分为政治文件、信息文件和行政文件。其中，"文件政治"的文件是指中央层面的政治

---

① 这是学者景跃进的精辟观察，参见景跃进《中国的"文件政治"》，载北京大学国家发展研究院编《公意的边界》，2013，上海人民出版社，第131~155页。

文件，它处置的是政治生活中的重要议题，为政府行政确立基本的路线或方针。这类文件的形成是决策过程的核心部分[①]，通常会经过七个环节——创议（initiation）、选择起草者（selecting drafter）、自上而下的指示（top-down directives）、调研与起草（research and drafting）、修改（revision）、批准（approval）、发布（dissemination）。经由上述环节形成的文件，在中国政治中具有"象征"和"行政"两个维度的权威，代表了统治集团的集体意志（Hamrin and Zhao，1995）。笔者认同学者景跃进的观点，可从"文件政治"入手考察当今中国政治的一些细微但重要的变化。置诸当前中国"党政体制"进行考察[②]，何种表述能够进入党和政府的重要文件，通常体现的是一种重要政治安排。概言之，文件被赋予"国家权力符号"的意义，文件治理则发挥着国家"基础性权力"作用（周庆智，2017）。从"文件政治"的视角来看，上述文件显示，媒体在劳动关系治理中的角色与作为被寄予了一定期待。

自20世纪90年代开始，"治理"（governance）这一概念开始在全球扩散，不过"治理"理论迄今尚在发展之中。学者对其理解不尽相同，但有一点达成共识——治理机构的生成以及治理机制的运行，是社会中多元行动者互动的结果，不再仅依赖于政府权威。

[①] 关于中央层面政治文件的形成过程，高尚全等（2018）的口述回忆值得关注，他在1984年至2005年间先后参与《中共中央关于经济体制改革的决定》、《中共中央关于制定国民经济和社会发展第七个五年计划的建议》、《中共中央关于建立社会主义市场经济体制若干问题的决定》、党的十五大报告、《中共中央关于制定国民经济和社会发展第七个五年计划的建议》和《中共中央关于完善社会主义市场经济体制若干问题的决定》的起草。

[②] 按照学者景跃进（2019）的观点，"党政体制"概念作为源自经验现实的观察总结，是理解中国政治的重要关键词。它意味着一种复合结构，以有机结合"政党组织的逻辑"和"政府组织的逻辑"而生成的一种新的逻辑。这种逻辑经由政党结构具体、积极地"嵌入"及"重组"国家/政府结构，建构了一个以中国共产党为"核心和中轴"的国家政权机构。

政治学学者俞可平（2003）积极倡导"善治"（good governance）理念，提出："善治"的本质特征在于"政府与公民对公共生活的合作管理"，可谓政治国家与市民社会关系的"一种最佳状态"，合法性（legitimacy）、法治（rule of law）、透明性（transparency）、责任（accountability）、回应（responsiveness）、有效（effectiveness）、公民参与（civic participation）、稳定（stability）、廉洁（cleanness）和公正（justice）是其基本构成要素。值得注意的是，当下"治理"一词已正式进入政治文件。从"社会管理"到"社会治理"的文件话语变迁，折射出中国政治过程的新特点。对此，有研究者提出：这意味着媒体"获得实现其公共性的制度保障和实践场域"，将作为多元治理主体中的一元参与社会治理（李良荣、方师师，2014）。这一观点其实也是从"文件政治"的逻辑推演而来的。根据同一逻辑，在劳动关系治理中，媒体应成为劳资利益协调机制的有机构成，实践多元主体利益的表达与聚合。

然而，我们不能脱离社会权力关系认识媒体，它是嵌入具体时空政经结构中的一种社会机制。我们对媒体在"应然"层面的理想期待，与其在"实然"层面的现实作为，通常有明显分际。一般而言，在现实情境中，媒体是否作为及其活动空间如何，取决于政治、经济和技术三重逻辑的共同作用情况。置诸现阶段中国社会，"国家"这一要素更具有决定性影响。在分析2008年中国劳动关系演变状况时，有研究者观察到"平面媒体开始有限报道劳动争议事件，特别是围绕着东航集体返航事件和重庆出租车停运事件展开讨论，探讨如何实现劳动关系和谐，而新华社第一次使用'罢工'的概念"（汝信等主编，2008）。这其实与当时政府尝试"审慎而积极地"调整"国家-媒体"关系（展江，2008）不无关联。总之，需要明确的是,"文件治理"有其实践理路①,文件能否真正发挥治理效能不可只凭逻辑推演立论。

通过经验观察可知,当前中国媒体在劳动关系治理中,尚未能扮演好"文件政治"所赋予的角色。首先,传统媒体作为空间相当有限。一项针对1119位传统媒体新闻采编人员的调查显示:在社会冲突性议题报道的管控上,"短期稳定观和刚性稳定观起了主导作用",以致媒体已形成了一套以"风险规避"为中心的新闻报道常规,且市场力量在此方面难以发挥作用(夏倩芳、王艳,2012)。劳动争议尤其是劳资群体性事件,作为典型的社会冲突性议题,在传统媒体中往往只能得到零星的、碎片的呈现。其次,新媒体作为效果需准确衡量。一方面,新媒体在劳动者利益表达上确实有其独特优势。汪建华(2011)分析珠三角地区代工厂罢工事件,指出信息与通信技术作为动员中介,对于工人的认知形塑和集体抗争时的内外沟通有着重要作用;互联网动员效果虽因"国家的封锁"和"资本的反击"而面临众多的不确定性,但其独特性使动员效果具有"巨大的弹性空间"。另一方面,虑及相关法律规制(胡泳,2010),以及其兼有的商业与政治属性,我们也应审慎判定新媒体在劳动关系治理中的作为限度。一项针对上海新生代农民工的研究显示:新媒体拓宽了该群体的表达渠道,在遭遇劳动权益问题时,其意愿表达呈现"人际渠道—新媒体—机构渠道"递减的差序格局,然而"网络空间表达要转化为线下空间表达、话语赋权要形成行动赋权、情感支持要走向利益维护"并非易事(周葆华,

---

① 在此,一项经验研究值得关注:李林倬(2013)以县级政府为例探讨基层的"文件治理"问题,发现基层文件生产中"做事"与"做局"的分际,即存在"满足合法性需求的符号性文件"和"用于实际工作需求的文件",两者呈现一种"时段分离"的特征,上级文件在"经济领域"和"社会领域"的影响有别。

2013)。总之，我们需要充分认识到现实的局限性，方能更准确地分析媒体作为的理念与路径。

制度化的利益表达渠道，通常涵括立法表达、行政表达、党群表达和社会表达四种类型。在劳动关系治理中，既有相关研究，多涉及前三者，诸如倡议落实保障"劳动三权"、推进"集体协商制度"、改善"集体劳动争议仲裁制度"等，但对社会表达尚缺乏足够的关注。这其实是对劳动关系治理中社会力量的忽视。在正常的市场经济体中，一般存在着三种调整劳动关系的力量：劳动法体制、工会体制以及社会力量。当下中国，社会力量开始兴起，推动劳动关系转变。2010年的劳资关系调整就被观察者视为"社会力量推动劳动部门和工会逐步归位的过程"（郑广怀，2011）。其中，媒体关注新工人的劳资关系事件，聚焦工会调停的错位及尴尬，推动跨国的消费者运动等具体作为颇能引人注目。这反映出在"媒介化"社会中，媒体表达是社会表达的关键构成。因而，本研究的核心问题可进一步表述为：在劳动关系治理中，媒体如何发挥效能，方可以充分有效地表达多元行为主体的利益诉求？其中，弱势社群的利益表达更需媒体重点关注。

按照美国学者埃瑞克·怀特的观点：工人阶级的力量包括为"结社力量"（associational power）和"结构力量"（structural power）两个方面（Wright，2000）。其中，前者是指"来自工人形成集体组织的各种权力形式"；后者是指"工人简单地由其经济系统中的位置而形成的力量"。而且，"结构力量"又可分为两类：一类是"市场议价能力"（market bargaining power），其直接源于紧张的劳动力市场的力量；另一类是"工作现场议价能力"（workplace bargaining power），此类则源于在关键性生产部门工作的特定工人群体的战略性地位。沈原（2007）在运用这一理论分析转型期中国工人阶级的能力时发现:"老工人"即原国有企业工人更倾向于展示"结社能力";"新工人"即农民工则更多地表现出某种"结构能力"。具体经验研究也显示"结构力量"推动了利益受损的新生代工人在抗争中的"组织化趋向"(刘爱玉等,2014)。不过,在总体上呈"安抚性"的国家-劳工关系中,拥有一定"结构能力"的农民工依然属于弱势社群(郑广怀,2010)。其实,国家政策文本对农民工的社会位置也进行了类似界定。"弱势群体"概念进入政治文件,始于2002年的《政府工作报告》,但其并未给出明确定义。随后在专家报告解读中,因其劳动权益保障困境以及社会歧视遭遇,农民工被归入"弱势群体"之列(何磊,2002)。

代际更替并未从结构上改变农民工群体的弱势地位。姚俊(2010)通过调查2009年长三角地区五市(县)478名新生代农民工,发现新生代并非更有希望、更"精英化"的一代。在多项指标中,他们的文化程度和外出动机略好,但这只是正常代际差异,而非本质区别,同时,在收入水平、务工时间、社会保障享有和工作稳定程度上则明显不如"老一代"。

近年来,依托数字化技术的零工经济发展迅猛,已成为"新型、弹性就业"的一个重要源泉,2018年我国平台员工数已达598万人(国家信息中心分享经济研究中心,2019)。然而,平台从业者的劳动权益保障问题亦很突出,前述外卖骑手的"系统困境"对此有所表现。追溯其因,关键是目前关于平台与从业者之间是否构成劳动关系的争议较大。现有司法判例多认定平台为"新就业形态",从业者与平台之间不构成劳动关系,从而不受传统的劳动法保护(范围,2019)。为因应经济增长"新常态",我国"十三五"期间劳动政策的重点转向是"增强劳动力市场灵活性",劳动关系转型的新趋势表现为"走向灵活化与放松管制"(乔健,2019)。

循此政策大势，未来互联网用工中，"去劳动关系化"特征会愈加明显。鉴于平台与个体力量的悬殊，在新经济新业态中，劳动者依然是弱势社群。现有相关经验研究，诸如互联网家政业"强控制与弱契约"的用工模式（梁萌，2017）、平台"算法逻辑"对外卖送餐员与网约车司机等从业者的规制（孙萍，2019；胡杨涓、叶韦明，2019）均显现出劳动者群体在时间安排、空间选择、工作关系方面面临的结构性困境。因而，有研究者提出需要破除"零工经济"迷思，在这一"符合资本弹性积累要求而产生"的新型用工关系中，低技能全职劳动者的境况日趋"不稳定化"（谢富胜、吴越，2019）。

综上，在现阶段中国，无论在传统产业抑或在新兴业态，探讨劳动关系利益协调机制如何形成，均离不开对劳动者权益保护的探讨。从媒介参与治理的角度而言，我们需要具体分析：作为嵌入权力关系中的一种社会机制，媒体是否能够以及具体如何为弱势社群提供利益表达空间？对此，两类相关既往研究值得关注。

一类是有关传统媒体作为的探讨。拖欠农民工被工资是劳动关系治理的痼疾，分析媒体对这一议题的具体报道，是观察其作为利益表达机制效能如何的一个切口。对此，陈红梅（2004）发现：媒介的叙事特征呈现为"形象的重塑——羔羊与狼的对比"以及"事实框选——悲情主义"。媒介的报道逻辑则是"年关意识"突出，在日常报道中"新闻效应"成为首要衡量要素，而且通常还被处理成"一般的社会新闻"。彭华新（2016）还发现：已有报道虽然多以"舆论监督"的形式出现，然而在实质上依据媒介形态不同，"监督"则分别转向"宣传""引导""围观"且留下了相应的隐患。何晶（2018）发现传统主流媒体对农民工"讨薪"议题能够持续报道且持"较明显的同情立场"，但在具体呈现上也存在不及时、季节性、选择性等缺陷,其角色特征可被归纳为"态度暧昧的表达者"。

鉴于权力系统中的位置分际,传统主流媒体作为具体有别。李艳红(2007)通过考察2000年4月至2003年6月间广州地区四家媒体《南方日报》《广州日报》《羊城晚报》《南方都市报》对农民工"收容遣送议题"的报道,发现:在市场化的力量下,"强市场取向的报纸"更多采用导向弱势社群诉求表达的新闻实践方式,诸如减少政府报道比重、积极扮演"揭露者和发现者"的角色、产制更多反映农民工利益诉求的"反论述"等,推动了对收容遣送制度的修正和废除,但其表现仍存局限,离"为弱势社群代言"或"坚持弱势社群立场"的目标尚有距离。李小勤(2007)通过分析1984年至2002年《南方周末》1153则农民工议题报道,并结合对该报9位资深编辑记者的访谈,发现:在核心意识形态出现稀释或衰退的情形下,媒体积极通过话语包装策略实现其正当化——采取在报道中大量采用来自"他们"的声音这一"直接策略",从而在"政治正确"的包装下,将"隐蔽的脚本"渗透至"公开话语"中,以非官方的形式对农民工这一边缘群体进行再现。苏林森(2013)通过分析1995年至2011年间《人民日报》、《工人日报》以及《南方都市报》的工人题材报道发现,党报的正面报道是"救星式"关怀和"爱护叙事";市场化报纸则是"负面揭露"和"受难叙事"。不同的工人群体,媒介形象也不同,劳动模范是"积极的、正大的、光明的";农民工则是"弱势的、被动的"。总体上作为"被再现的他者",中国工人群体的媒介形象在一定程度上阻碍了工人群体获得社会的承认和尊重。黄典林(2013)采取批判话语分析和历史制度分析,考察1979年至2010年间《人民日报》刊登的农民工议题新闻,发现:农民工群体在官方话语中的命名和再现方式,由消极被动且具有威胁性的"盲流"负面框架,逐渐转变为相对正面的"新工人阶级"框架;话语的内在矛盾将此群体置于"一种悖论的生命政治处境"之中——他们既成为国家发展主义逻辑中的"工具性价值源泉",又在发展主义"素质"话语中被定义为"贬值的对象"。陈鹏(2020)从话语的社会理论出发,对1995年至2000年间《人民日报》的国有企业改革报道展开建构性话语分析,发现:在推进国家主导的市场经济话语建构中,党报话语将工人主体性建构为"不依赖国家、自我承担",其部分表述"与新自由主义相契合",然而市场化改革所带来的问题,如"那些自我承担改革后果的牺牲者"在话语场域中则被有意忽略或边缘化。

可见,在传统媒体平台上,弱势社群的利益表达空间相当逼仄。对此现象,布迪厄(Bourdieu)的理论有其解释力:"场域"存在于关系之中,由其在社会中的相对位置来决定,是"力量的场域",是"斗争的场域"(本森、内维尔主编,2017)。传统媒体所构成的"新闻场域"亦不例外,由于政治、文化、经济诸方面的资本匮乏,弱势社群的"媒介弱势"是一个结构性问题,个别的、偶发的行动不足以改善困境。

一类是新媒体赋权可能性的分析。从技术赋权的理念出发,众多论者对新媒体寄望甚深,它被认为有突出的赋权潜能,相当有助于改善弱势社群的日常境况。邱林川(2008)提出过"信息中下阶层"概念,认为:随着中低端信息技术的普及,在当前中国社会信息分层结构里,介于"信息拥有者"(haves)和"信息缺乏者"(have-nots)之间的各种人群,可统称为"信息中下阶层"(information have-less)。他们广泛地、自发地使用中低端信息传播技术建构草根社会网络,农民工群体就是其中的典型。不少经验研究都呈现了 ICTs 技术对农民工群体的积极作用，体现于获得个体自主性、构建社会关系网、寻求权益保障、实现自我赋权、建构社区认同诸方面（丁未、田阡，2009；丁未、宋晨，2010；陈韵博，2010；李红艳，2011；田阡，2012；高洪贵，2013；《中国工人》编辑部，2014；王心远，2018）。其中，章玉萍（2018）提出应当引入"交叉性"（intersectionality）分析，以理解"信息中下阶层"内部个人身份以及社群边界的流动与重叠，她运用生命历程视角考察流动女性手机使用状况，发现：多样化的手机使用展现了她们在结构性现实困境中的"个体能动性"。概括而言，尽管具体议题、研究方法有别，此类经验研究发现有着共同指向：农民工群体积极地、自主地利用 ICTs 技术构建社会网络，显现出"传播赋权"的现实效果。

不过，我们需要审慎对待技术乐观主义论调，赋权效果往往会被社会结构性力量所形塑，应当尝试在更长时间跨度内、依据更多元的经验材料进行判断。在此，已有具体研究呈现出技术赋权的有限性。王锡苓和李笑欣（2015）以北京朝阳区皮村 120 名乡城迁移者为例，运用社会资本理论分析社交媒体使用与身份认同之间的关系，发现随着移动互联网技术的发展，乡城迁移者使用微博、手机 QQ、微信构建和扩大了社会关系网络，但由于户籍制度的现实安排，社交媒体及其嵌入的社会资本，未能真正地改变其身份认同，身份认同的改变关键还是有赖于法律地位的赋予。通过对微信公众号"皮村工友"的历时观察和全样本分析，王锡苓和刘一然（2019）发现：这一文化实践丰富了技术赋权的内涵，建构了一个"有主体意识、昂扬的新工人群像"，然而囿于皮村的影响力，对他们发声的回应和反馈，多来自知识分子群体，其努力有待深入更广泛的社会领域。高传智（2018）分析东莞一家社区公益服务机构运用微信群推动新生代农民工融入城市的实践，通过近两年的观察发现：在这一个案中，社交媒体赋权效果呈现一种"既增权又减权"的悖论现象，既凝聚了"共同体"意识又固化了"内卷化"倾向，唯有在制度层面缩减城乡制度的鸿沟方有可能破局。通过对8类个案历时6年的考察，高传智（2020）还发现：在当前治理逻辑形塑下，珠三角地区代工厂的新生代农民工群体的自媒体赋权，在格局上呈现"声势渐弱"现象，且在个体提升、人际扩展、社会参与三个层面均有所反映。

至于ICTs技术与消费主义交织所产生的影响，同样需要辨证分析。在当代中国社会，消费已是一种"建构社会身份、形成社会分层"的崭新机制（余晓敏、潘毅，2008），影响着农民工主体性的形塑。在"回不去"与"留不下"的社会性困境中，对信息产品与信息技术的"消费"，更成为新生代农民工建构认同的重要方式。但是，他们的消费模式依然受社会阶层、日常生活和工作情境的深刻影响，难以从本质上改变其境遇。更需警惕的是，充斥闲暇时间的在线娱乐休闲活动，不仅无法弥补他们在生产领域的无力感，而且可能导致他们被消费主义催生出的欲求所裹挟。苏熠慧（2012）对深圳龙华富士康园区工人的调查发现：消费是一种强烈的"诱惑"，其所衍生的"模仿消费"行为模式，使得他们只能进一步卷入生产以满足消费。吴玉彬（2013）通过对1582名富士康员工（平均年龄为21.2岁，农村户籍者占86.3%）的问卷调查发现：在消费社会兴起的结构性背景下，新生代农民工的阶级意识呈"个体化"特征，难以在集体意义上形成。孙皖宁和苗伟山（2016）通过田野调查也发现：在迅速调动阶级意识、动员参与集体行动上，新媒体在整体上的作为有限，底层年轻人主要还是以"消费者的身份"与之产生关系。汪建华和郭于华（2020）通过检视更长时间跨度、由多元主体提供的经验材料，更全面地提出：对于新生代农民工群体而言,"信息技术的赋权效应是矛盾的"——意识层面,消费主义文化是"主导性的",不过"权益意识"整体也有提升,推动了部分工人对个体经验和公共议题的表达;行动层面,信息技术的"组织动员作用"显现于多个集体行动案例中,不过绝大多数只是"辅助性的"资源,权力精英"自上而下的网络治理"防止了集体行动的"扩大化"。

媒体的"新"与"旧"边界其实变动不居,当前有关新媒体赋权的探讨,基本是指向互联网和以之为基础的移动社交媒体平台的,这一视野需要拓展。在界定"新媒体"时,应以"数字化"和"网络化"作为最基本的特征,并在此基础上,以"媒介可供性"作为整合概念(潘忠党、刘于思,2017)。至于新媒体赋权的现实效应,我们需要破除迷思:尽管有可观的个案,但弱势社群的利益表达状况总体上尚未有结构性的改善。此外,未来对个案的研究,需要尝试结合媒介技术、社会结构、人及其主体性,在"媒介-社会-人"的分析框架中进行探讨。

无论传统抑或新兴,衡量媒体可否成为弱势社群利益表达机制,一个重要的指标是"主体性表达",此即弱势社群在媒体表达中能够呈现其主体意识和能动关系,而非被遮蔽或被他者化。在转型期的中国社会,由于冲突议题的敏感性、个体社会资本匮乏,普通劳动者难以在主流媒体空间中进行体现其主体性的利益表达。吴麟(2013)通过分析2012年379篇以"新生代农民工"为标题关键词的新闻报道文本发现:该群体的媒介话语权状况为"主体性表达缺失",在报道主题、消息来源、报道主角、话语引述等具体指标上均有呈现。那么,在主流媒体之外,是否存在替代性的另类发声渠道?在此,劳工立场另类传播实践及其相关研究值得关注。

万小广(2013)在其探究转型期中国"农民工"群体媒介再

现的博士学位论文中提出：在大众媒介上，打工群体被建构为"想象的异乡人"，以维系城市内部再生的新城乡二元结构，然而，打工群体通过打工诗歌、劳工刊物等另类媒介进行的自我建构，则使用大量"差异性"再现框架，发挥了批判、反思以及去蔽的功能。两者之间并非二元对立，也存在"重合交叉、互相合作"的关系，打工群体的传播行动增强了相关议题在大众媒介中的"可见性"，并在一定程度上改变了其再现框架。孙皖宁（Wanning Sun）2014年出版专著《底层中国：农民工、媒体与文化实践》（*Subaltern China：Rural Migrants, Media, and Cultural Practices*），其主要观点为：农民工群体通常只是媒体文化纯粹的"消费者"，偶尔可能通过另类的社会和文化实践成为"生产者"。相关的社工组织和"积极的农民工行动者"（migrant activists）会通过纪录片拍摄、摄影这两类"小众媒体"实践（"small media" practices），在被动消费主流文化之外积极参与认同政治的过程，以及社会不平等和公民身份的抗争。他们还运用"打工诗歌"（"migrant-worker poetry"）等文学形式进行自我呈现，然而这一领域也充满了争议，不仅存在大量"文化掮客"和"文化资本"的渗透，而且一些"打工诗人"对主流认可的期冀，也在相当程度上削弱了其动员底层主体性的能力。李艳红（2016）运用"抗争性公共领域"理论，分析一个关注劳工议题的自媒体运作实践，发现：这一个案体现出行动者在互联网语境下培育劳工立场"另类公共领域"的作为及局限。它致力于反抗资本和主流媒体的话语霸权，确实构成了"持续产制生产劳工阶层本位的社会正义话语"空间，但在培育能动性的"抗争公众"以及获取稳定的结构性保障方面多有不足。因而，技术为另类媒体的勃兴提供了条件，另类媒体的赋权潜力的释放主要取决于"其所嵌入的政治经济结构及互联网生态"。赵志勇（2015）聚焦新工人群体以戏剧作为发声武器的现象，通过考察当前"新工人戏剧"发展历程及其实践，提出：这一以新工人为参与主体，旨在表现其生活状况、情感诉求、思想观念的社区戏剧，在争取群体权益的同时，还尝试处理当下政治、经济、文化结构中的重要问题，具有主流戏剧中难以得见的"深刻反思性"，是一种"来自边缘的呐喊"。

经由上述研究回顾，我们可以初步认为：在当前国家与社会关系中，尤其是国家与媒体关系和国家与劳工关系的双重影响下，劳动者整体上尚属弱势社群，难以系统地经由传统主流媒体进行凸显其主体性的利益表达；新媒体的传播赋权效应有所显现，不难观察到其片段性与阶段性的存在，但是迄今还未能在结构层面撼动既有利益表达格局；至于另类媒体能否独辟蹊径成为替代性的渠道，目前其传播实践尚停留在个案层面，我们对其意义需准确评价，不可低估但也不宜陈义过高。

在转型社会学视野中，当前中国社会整体上呈现一种"断裂"状态，"失衡是理解断裂社会的关键所在"（孙立平，2004），社会权利的失衡在事实上构成社会断裂的基本机制。社会话语系统相应地显现出"断裂与失衡"的特征，劳资双方的制度化表达境况悬殊，社会风险外溢几乎成为必然。一项研究显示：当前中国劳资群体性事件，主因即是劳动者的合法权益未得到劳动关系平衡机制的有效保障、工人维权意识增长及制度化利益渠道表达的不通畅（吴清军、许晓军，2010）。劳动关系治理需要寻求多元主体之间的均衡，关键在于劳资双方关系能否实现动态的平衡。为此，急需建立一个尽可能健全的利益协调机制，其间劳动者群体的利益可被充分表达至关重要。在"利益－政治"机制中，利益表达既是逻辑起点亦是现实基础，利益综合和利益协调均是基于利益表达而展开的。可见，媒体作为一种社会机制，需要扮演好"社会风险治理参与的行动者"角色，以成为劳资利益协调机制的重要构成。

四 面向经验现实与以实质问题为中心

　　劳动关系是构成社会运行基础的重要社会经济关系，如何治理是一个全球性的普遍问题，不过各国的制度举措有其路径依赖。21世纪初，中国开始探索构建"和谐劳动关系"，业已逐步形成"迥异于工业化国家的治理理念和机制格局"（乔健，2015）。我们探讨媒体如何参与劳动关系治理，首要问题即是如何理解"构建和谐劳动关系"内涵。在此基础之上，研究重心则是如何体察中国语境，立足具体经验事实，在特定国家－社会关系框架下，探讨媒体作为的理念、路径及边界。这是难点亦是重点所在。对此，笔者的初步回应是：和谐劳动关系概念，旨在突出劳动关系的非对抗性，强调现阶段的劳动关系矛盾并非根本利益冲突，而是可以通过制度化途径协调的具体利益差别；构建和谐劳动关系，并非纯粹地以对劳动者的保护为依归，究其根本更强调政治秩序和经济建设，权益、稳定、发展的不同诉求充满张力而又同时存在；中国语境是一个动态的背景，是政治语境、经济语境、文化语境和技术语境的综合，媒体系统应在内部多元的基础上进行有效整合，形成"多元一体"传播格局，提升"风险治理参与"效能。

　　概括而言，中国正处于经济社会转型时期，劳动关系主体及其利益诉求呈多元化，形成一套有效协调不同利益主体的制度化机制至关重要。我们需要超越单向度的分析框架，体察多元主体不同诉求及其行动逻辑，以全面理解"构建和谐劳动关系"的内涵。作为嵌入具体时空结构中的一种中介机制，媒体的作为情况及其活动空间，通常取决于政治、经济与技术三重逻辑的共同作用，我们需要在动态"关系网络"中，探讨媒体作为一种中介体制如何参与劳动关系治理。

具体如何展开研究？首先，我们需要谨记前贤的忠告："宏大理论"和"抽象经验主义"皆应力避。前者"云山雾罩的隐晦艰涩"及后者"空洞无物的天真精巧"，缺乏与"实质问题的牢固关联"，都"确保"了我们对人和社会"不会了解太多"。经典的社会科学既不是从微观研究中"逐步筑就"，也不是从概念阐发中"演绎而出"，而是需要研究者在一个过程中同时进行"筑造和演绎"，其焦点乃"时刻保持与实质问题的密切关联"（米尔斯，2017）。其次，我们需要有方法论的自觉：不妨尝试在"转型社会学的总体性视野"中展开探索。究其本质，转型社会学是"一种考察中国社会自再分配体制向市场化转型的总体性的学科视野和研究进路"（闻翔，2020）。媒体如何参与劳动关系治理？这是一个当代中国社会转型所催生的问题。从"再分配"体制向"市场"体制的转型过程中，媒体、劳动关系两者均有显著变化，其间的行动者皆具有社会性与历史性，唯有在社会与历史的结构与情境中方能使该问题得到解决。沈原（2020）明确将其所倡导的劳工研究置于转型社会学的视野之下，提出：需要全面关注国家、市场及社会结构诸要素，从而呈现劳工问题在一个总体脉络中的"整体构形"（configuration）。媒体研究何尝不应如是？

作为一个制度运行系统，现代国家治理体系具有"有机的、协调的、动态的和整体的"特征（俞可平，2019），走向"互动式治理"是创新国家治理体系的新方向（顾昕，2019），此即国家、市场和社会行动者通过频密的、制度化的互动，形成和凝聚共享的目标与价值观、建构共同遵守的行为规范及制度，从而达成良好治理。以"媒介化"视角观察，媒体不仅可以作为互动渠道，还能以自身形塑着互动，可谓实现"互动式治理"的有机构成。当前中国劳动关系特色鲜明，可界定为一种"国家主导型市场经济下的劳动关系"（常凯，2017）。"坚持发展是第一要务"，构建和谐劳动关系具有两个根本目标——"促进实现社会公正和社会稳定"，保障职工和企业"合法权益"均被强调。同时，国际劳工组织（ILO）所提出的"体面劳动"理念，包括"保障工作中的权利"、"就业"、"社会保护"和"社会对话"，自 2008 年起也在中国得到倡导——"让劳动者努力实现体面劳动"。在劳动关系治理中，当前中国媒体如何实践商议民主、实现多重赋权，从而推进社会对话、构建底线共识亦是一个值得探讨的问题。

我们需要立足转型中国社会具体语境，理解劳动者、政府、资本不同主体的具体行动逻辑，体察权益、稳定、发展多重目标的内在张力，避免任何可能将多面向问题简单化的偏颇，汲取多学科的养分，尽力寻求兼具历史纵深、结构眼光与行动者视角的分析路径。基于这一认知，本研究将努力面向丰富的经验现实，以实质问题为中心，综合运用个案研究、内容分析、深度访谈、田野观察、话语分析等方法，探究当前中国新闻生态系统中不同媒体的作为境况、价值理念、可能进路，讨论的重心涵括以下几个方面。一是在结构性规制中，媒体经由何种创造性实践，方能成为劳动关系治理参与的积极行动者？二是在媒介化社会中，如何寻求有机连接以促进良好的社会治理？该内容将基于具体经验探讨，呈现我们作为行动者的相关尝试，如编撰劳动模范口述史、参与农民工返乡创业活动等。

第二章
发声与遮蔽相交织：
媒体作为的现实境况

信息传播技术的发展与更迭，正在深刻重塑中国新闻生态系统，专业化传播与社会化传播的并存基本构成当下主流传播形态，一个"新新闻生态系统"已初步出现。有研究者提出按照"媒体产权、传者价值、受众属性、组织形态"四个维度，媒体行动者可分为专业媒体、机构媒体、自媒体以及平台媒体（张志安、汤敏，2018）。其中，专业媒体（professional media）的关键属性是生产专业化的原创新闻；机构媒体（institutional media）为特定机构或行业的传播和沟通服务，致力于垂直领域的资讯传播和观点生产；自媒体（we media）的草根文化和技术赋权特征明显，具有一定的议程设置和社会动员能力；平台媒体（platform media）则可分为"资讯定制"和"网络社交"两类，因技术创新、用户规模、资本驱动等特征而成为网络化社会中的信息传播枢纽。此外，王辰瑶和刘天宇（2021）的报告提出：数字时代新闻业的主体，是一个关联"新闻行动者网络"（journalistic actors network），而非传统意义上的"新闻媒体"或任何单一的行动者。"新闻行动者网络"分为"实践圈层"和"影响圈层"，前者包括既有媒体（legacy media）、平台媒体（platform media）、原生数字媒体（original digital media）、位于使用者和原生媒体交叉处的自媒体，以及中国语境下的政务媒体。两种界定标准不尽相同，然而均显示：当前中国的新闻业已演变成为多种类型媒体共同参与、多元新闻实践形态并存的格局。在探讨媒体作为现实境况时，鉴于新闻业态变迁以及劳动关系议题属性，我们尝试涵盖不同类型的媒体行动者，主要以既有媒体为研究重点，兼顾自媒体与政务媒体，以及相关信息在平台媒体上的聚合与分发。

一 研究设计：考察职工议题媒体报道状况

在当前中国语境中，劳动关系治理需要建立健全有效涵盖劳方、资方和政府三方的利益表达与分配机制。其间，媒体应成为劳资利益协调机制的有机构成，实践多元主体利益的表达与聚合。对此，我们首先需要全面地衡量媒体作为的现实境况。如何具体衡量？考察职工议题媒体报道状况及其改善进路，应是一个可能的切口。因为职工是当前中国社会中人数最多的群体，其生存与发展境况关系经济发展与社会稳定的大局。2003年9月，中国工会十四大报告首次提出"一大批进城务工人员成为工人阶级的新成员"，这在"职工概念"上是一次"结构性变化"——农民工被认定为中国职工队伍的有机构成。具体如何探究？我们自"导论"一章中的逻辑分析出发，在逻辑起点概念界定、衡量指标、研究方法等方面进行了下述设计。

逻辑起点：在中国特色和谐劳动关系治理模式中，媒体的利益表达与协调功能渐被强调，被视作劳资利益协调机制的有机构成，在"应然"意义上被赋予一定的角色期待。然而，作为嵌入具体时空政经结构的一种社会机制，媒体在"实然"层面的作为，需要我们立足具体经验事实进行观察。

概念界定：职工议题涵盖职工群体的收入、就业、社会保障、职业安全、职业卫生、劳动关系等诸方面的状况。这是观察和定位职工群体境况的一个重要维度。在现代国家"利益－政治"框架下，媒体如何报道职工议题，关乎该职工群体在公共话语空间中能否进行利益表达以及是否可以实现充分表达。

衡量指标：探讨中国职工议题媒体报道状况，可从两个方面展开。在当前媒体空间中，诸项职工议题是否得以呈现？在具体议题报道中，职工群体能否实现利益表达？鉴于此，我们设置"职工议题的媒介能见度"和"职工群体的媒介话语权"两个指标，前者主要是指媒体对具体职工议题的呈现频度，关注诸项职工议题的媒体报道空间；后者则侧重于职工群体在具体报道中能否发声，探寻职工群体能否实现自我利益表达。

研究方法：量化与质化相结合。量化方面，首先通过统计媒体文章标题中所出现特定"关键词"的数量，尝试探究职工议题的媒介能见度。其次通过考察具体新闻框架进行内容分析，寻求测量职工群体的媒介话语权。质化方面，一是运用访谈法，通过实地、视频、电话、书面等方式，笔者共访谈了9位关注或报道劳动关系议题的媒体人[①]，包括《工人日报》的Z、P、Y和《人民政协报》的H、《新京报》的X、财新传媒的W、《财经》的Y、《21世纪经济报道》的T、澎湃新闻的Z。二是通过参与式观察，笔者在微信群"LGXZQ"和"LDFXHALYTH"中进行长期观察，两个群都关

[①] 9位访谈对象均为新闻媒体记者。目前《人民政协报》的H、《财经》的Y和澎湃新闻的Z均已离开所供职的媒体，从个人社交媒体发布的信息看，Z仍相当关注劳动关系议题。其他6位访谈对象工作机构未变。感谢所有受访者的善意。

注劳动关系议题，前一个批判意味较强，参与者多为学者、律师、媒体人和社工组织人士，不时会讨论宏观的制度；后一个则偏向技术性探讨，参与者多为律师、法官、仲裁员、媒体人和学者，主要是讨论法律实务。

二 结构性的偏向：职工议题的媒介能见度

在当前媒体空间中，诸项职工议题是否得以呈现？为回答此问题，本研究依据"议程设置"理论，尝试提出了"媒介能见度"这一衡量指标。美国政治学者彼得·巴克拉克（Peter Bachrach）和莫顿·巴拉茨（Morton Baratz）于1962年共同发表论文《权力的两个面相》（Two Faces of Power），指出了一个虽显而易见但却往往被忽视的事实：能否影响决策过程，固然是权力的一面；能否影响议事日程的设置，则是权力更重要的另一面。作为嵌入具体时空政经结构中的一种社会机制，媒体尤其是建制内媒体，通常以其所在社会的权力结构为基础，选择观察系统、判断新闻价值、设置报道议程。1972年，传播学者马克斯韦尔·麦库姆斯（Maxwell McCombs）和唐纳德·肖（Donald Shaw）发表论文《大众媒体的议程设置功能》（The Agenda-Setting Function of Mass Media），正式提出"议程设置"这一理论假说，迄今已经历了传统议程设置、属性议程设置（attribute agenda setting）、网络议程设置三个层次的演进[①]。在后续研究中，马克斯韦尔·麦库姆斯等人特别强调该理论的核心在于

[①] 三个层次的侧重点不同：传统议程设置，旨在突出媒体对议题显著性的"强大影响"；属性议程设置，提出媒体能够通过凸显或淡化处理报道对象的属性，即能提供具体语境，以影响公众对议题属性的判断；网络议程设置，则强调影响公众的乃是一系列议题所构成的认知网络，媒体决定了公众如何通过勾连不同信息碎片以构建对现实社会的认知与判断（史安斌、王沛楠，2017）。

"显要性的转移"（the transfer of the salience），探寻的重点是媒体议题与公众议题间的关系（赵蕾，2019）。

这一诞生于大众媒体时代的理论假说，本质上在强调：媒体是从事"环境再构成作业"的机构。具体而言，媒体对外部世界的报道不是"镜子"式的反映，而是一种有目的的取舍活动。它们根据自己的价值取向和报道方针，从现实环境中"选择"出它们认为重要的部分或方面进行加工整理，赋予一定的结构秩序，然后以"报道事实"的方式提供给民众。这在互联网时代是否仍能成立？相关后续研究显示：议程设置从传统媒体向社交媒体转移，不过传统媒体的力量依旧非常强大。在与《财新周刊》副主编李箐（2020）的讨论中，唐纳德·肖提出，传统媒体的地位不可颠覆——社交媒体上的碎片化信息，被传统媒体报道后，才可能"真正变成一个大事件"。传统媒体和社交媒体之间的关系"像是一个温度计"，"如果两者高度一致，那肯定不正常，很可能被控制；如果两者过于背离，那么社会一定非常混乱"。

现代社会的"媒介化"特征相当突出，公众对于作为信息来源的媒体日益依赖。在常规新闻生产实践中，媒体的议程设置实践有三个层次：报道或不报道哪些"议题"或"属性"；是否突出强调一些"议题"或"属性"；如何对其强调的"议题"或"属性"进行排序。基于此，本研究尝试设计的"媒介能见度"指标，一定程度上能够衡量媒体在职工议题方面的议程设置状况。

综合研究者较长时段内的媒体观察体会，并借鉴香港大学新闻及传媒研究中心中国媒体研究计划（CMP）的语象研究分析经验，我们根据每一年度主题文章（篇名含特定关键词）数量，将"职工议题的媒介能见度"划分为下述5个等级：1级（0~1篇，低）；2级（1~12篇，较低）；3级（12~24篇，中等）；4级（24~48

篇，较高）；5级（48篇及以上，高）。在研究内容上，我们具体分析6类主题12个关键词，包括：职工收入状况（"工资""讨薪/欠薪"），即收入主题；职工就业状况（"就业""失业"），即就业主题；职工保障状况（"社保""养老保险"），即社会保障主题；职工安全状况（"工伤""安全生产"），即职业安全主题；职工卫生状况（"职业病""尘肺病"），即职业卫生主题；职工劳动关系状况（"劳动合同""劳动争议"），即劳动关系主题。

在样本媒体选择上，我们拟考察国内的主流媒体。主流媒体这一概念最初由美国学者诺姆·乔姆斯基（Noam Chomsky）提出，是指具有丰富资源、能为其他媒体设置议程的精英媒体。关于何谓中国的主流媒体，一直颇有争议。在此，本研究认同下述判断——"主流媒体"是一个有着不同层面内涵的复杂概念，从新闻改革的经验事实出发，当前中国已形成两类"主流媒体"并存的格局，一类是"偏于政治权威性、影响力"的"传统主流媒体"，基本是机关类媒体（机关媒体）；另一类"偏于社会公信力、影响力"的"新主流媒体"，大多是市场化类媒体（都市媒体）（齐爱军，2011）。二者的角色并非完全对立，而是共同构成一种张力格局，并且可能会形成"政治话语体系"和"精英话语体系"的平衡与制衡机制。为更全面地呈现当前中国媒体职工议题的报道状况，确保数据的连续性和研究的可行性，我们拟以《工人日报》为主要观察对象，并将其与《新京报》展开具体比较。前者作为中华全国总工会的机关报，是典型的传统主流媒体；后者是综合类大型城市日报，凭借其专业水准成为新主流媒体中的佼佼者。在职工议题报道上，《工人日报》是核心主流媒体，相关报道最为集中；《新京报》则属于次级主流媒体，能够反映一般状况。

(一) 样本媒体的历时性观察

追溯其源,《工人日报》创刊于 1949 年 7 月 15 日[①],发刊词中强调"它是中华全国总工会的机关报,也就是全中国工人的报纸",基本办报方向是指导与服务中国工人阶级。发展至今,《工人日报》以办一张"导向正确、中央满意、工会欢迎、职工爱看"的精致大报为追求(孙德宏,2018),其新闻生产体现出鲜明的工厂、工会、工人"三工"特色。此次考察主要按照下述步骤进行具体操作:第一步,选定"中国重要报纸全文数据库"为样本数据来源;第二步,设定相关参数——"报纸来源"为《工人日报》、"时间"为 2000 年 1 月 1 日至 2019 年 12 月 31 日、以"题名"中含特定的关键词为选项;第三步,逐年进行数据的采集整理。

1. 职工收入状况呈现

(1)"工资"议题。检索 2000~2019 年的《工人日报》,篇名含关键词"工资"的文章共 2397 篇,其年度分布状况为 2000 年 25 篇、2001 年 24 篇、2002 年 32 篇、2003 年 69 篇、2004 年 56 篇、2005 年 38 篇、2006 年 93 篇、2007 年 121 篇、2008 年 147 篇、2009 年 155 篇、2010 年 264 篇、2011 年 313 篇、2012 年 190 篇、2013 年 203 篇、2014 年 149 篇、2015 年 97 篇、2016 年 110 篇、2017 年 103 篇、2018 年 105 篇、2019 年 103 篇,"工资"议题的年度文章平均数为 119.9 篇,其媒介能见度为 5 级(高)。

(2)"讨薪/欠薪"议题。检索 2000~2019 年的《工人日报》,篇名含关键词"讨薪/欠薪"的文章共 641 篇,其年度分布状况为 2000 年 2 篇、2001 年 3 篇、2002 年 15 篇、2003 年 22 篇、2004 年

[①] 关于《工人日报》的创办过程,可参见郭国涌于 1999 年发表的《工人日报诞生记》。

16篇、2005年9篇、2006年21篇、2007年30篇、2008年16篇、2009年28篇、2010年42篇、2011年49篇、2012年42篇、2013年62篇、2014年52篇、2015年30篇、2016年46篇、2017年44篇、2018年47篇、2019年65篇,"讨薪/欠薪"议题的年度文章平均数为32.1篇,其媒介能见度为4级(较高)。

2. 职工就业状况呈现

(1)"就业"议题。检索2000~2019年的《工人日报》,篇名含关键词"就业"的文章共2424篇,其年度分布状况为2000年62篇、2001年74篇、2002年125篇、2003年187篇、2004年117篇、2005年57篇、2006年79篇、2007年156篇、2008年141篇、2009年349篇、2010年167篇、2011年122篇、2012年81篇、2013年129篇、2014年85篇、2015年66篇、2016年77篇、2017年104篇、2018年94篇、2019年152篇,"就业"议题的年度文章平均数为121.2篇,其媒介能见度为5级(高)。

(2)"失业"议题。检索2000~2019年的《工人日报》,篇名含关键词"失业"的文章共245篇,其年度分布状况为2000年16篇、2001年17篇、2002年13篇、2003年27篇、2004年16篇、2005年11篇、2006年13篇、2007年9篇、2008年15篇、2009年28篇、2010年10篇、2011年11篇、2012年6篇、2013年7篇、2014年7篇、2015年11篇、2016年7篇、2017年10篇、2018年7篇、2019年4篇,"失业"议题的年度文章平均数为12.3篇,其媒介能见度为3级(中等)。

3. 职工保障状况呈现

(1)"社保"议题。检索2000~2019年的《工人日报》,篇名含关键词"社保"的文章共386篇,其年度分布状况为2000年8篇、2001年17篇、2002年7篇、2003年11篇、2004年9篇、

2005年8篇、2006年23篇、2007年26篇、2008年19篇、2009年30篇、2010年18篇、2011年26篇、2012年25篇、2013年15篇、2014年16篇、2015年15篇、2016年40篇、2017年28篇、2018年17篇、2019年28篇，"社保"议题的年度文章平均数为19.3篇，其媒介能见度为3级（中等）。

（2）"养老保险"议题。检索2000～2019年的《工人日报》，篇名含关键词"养老保险"的文章共199篇，其年度分布状况为2000年10篇、2001年8篇、2002年4篇、2003年12篇、2004年9篇、2005年11篇、2006年6篇、2007年10篇、2008年11篇、2009年20篇、2010年17篇、2011年5篇、2012年15篇、2013年9篇、2014年11篇、2015年11篇、2016年4篇、2017年7篇、2018年14篇、2019年5篇，"养老保险"议题的年度文章平均数为10.0篇，其媒介能见度为2级（较低）。

4. 职工安全状况呈现

（1）"工伤"议题。检索2000～2019年的《工人日报》，篇名含关键词"工伤"的文章共487篇，其年度分布状况为2000年7篇、2001年5篇、2002年5篇、2003年19篇、2004年21篇、2005年12篇、2006年18篇、2007年31篇、2008年15篇、2009年28篇、2010年31篇、2011年34篇、2012年25篇、2013年38篇、2014年38篇、2015年43篇、2016年29篇、2017年26篇、2018年28篇、2019年34篇，"工伤"议题的年度文章平均数为24.4篇，其媒介能见度为4级（较高）。

（2）"安全生产"议题。检索2000～2019年的《工人日报》，篇名含关键词"安全生产"的文章共404篇，其年度分布状况为2000年14篇、2001年9篇、2002年10篇、2003年23篇、2004年13篇、2005年15篇、2006年23篇、2007年26篇、2008年23

篇、2009 年 34 篇、2010 年 37 篇、2011 年 22 篇、2012 年 14 篇、2013 年 23 篇、2014 年 38 篇、2015 年 22 篇、2016 年 18 篇、2017 年 15 篇、2018 年 8 篇、2019 年 17 篇,"安全生产"议题的年度文章平均数为 20.2 篇,其媒介能见度为 3 级(中等)。

5. 职业卫生状况呈现

(1) "职业病"议题。检索 2000~2019 年的《工人日报》,篇名含关键词"职业病"的文章共 208 篇,其年度分布状况为 2000 年 1 篇、2001 年 2 篇、2002 年 10 篇、2003 年 9 篇、2004 年 9 篇、2005 年 7 篇、2006 年 11 篇、2007 年 14 篇、2008 年 5 篇、2009 年 12 篇、2010 年 21 篇、2011 年 19 篇、2012 年 13 篇、2013 年 8 篇、2014 年 8 篇、2015 年 16 篇、2016 年 8 篇、2017 年 9 篇、2018 年 10 篇、2019 年 16 篇,"职业病"议题的年度文章平均数为 10.4 篇,其媒介能见度为 2 级(较低)。

(2) "尘肺病"议题。检索 2000~2019 年的《工人日报》,篇名含关键词"尘肺病"的文章共 84 篇,其年度分布状况为:2000 年 0 篇、2001 年 0 篇、2002 年 0 篇、2003 年 0 篇、2004 年 2 篇、2005 年 1 篇、2006 年 4 篇、2007 年 2 篇、2008 年 1 篇、2009 年 1 篇、2010 年 6 篇、2011 年 10 篇、2012 年 3 篇、2013 年 8 篇、2014 年 20 篇、2015 年 6 篇、2016 年 5 篇、2017 年 4 篇、2018 年 4 篇、2019 年 7 篇,"职业病"议题的年度文章平均数为 4.2 篇,其媒介能见度为 2 级(较低)。

6. 职工劳动关系状况呈现

(1) "劳动合同"议题。检索 2000~2019 年的《工人日报》,篇名含关键词"劳动合同"的文章共 383 篇,其年度分布状况为 2000 年 8 篇、2001 年 12 篇、2002 年 7 篇、2003 年 25 篇、2004 年 13 篇、2005 年 21 篇、2006 年 35 篇、2007 年 42 篇、2008 年 36

篇、2009年28篇、2010年28篇、2011年11篇、2012年11篇、2013年14篇、2014年14篇、2015年23篇、2016年12篇、2017年12篇、2018年10篇、2019年21篇，"劳动合同"议题的年度文章平均数为19.2篇，其媒介能见度为3级（中等）。

（2）"劳动争议"议题。检索2000～2019年的《工人日报》，篇名含关键词"劳动争议"的文章共399篇，其年度分布状况为2000年11篇、2001年5篇、2002年8篇、2003年12篇、2004年15篇、2005年9篇、2006年23篇、2007年27篇、2008年30篇、2009年30篇、2010年29篇、2011年26篇、2012年20篇、2013年23篇、2014年15篇、2015年16篇、2016年29篇、2017年24篇、2018年20篇、2019年27篇，"劳动争议"议题的年度文章平均数为20.0篇，其媒介能见度为3级（中等）。

（二）风险规避与非均衡呈现

2000～2019年，不同议题的媒介能见度，呈现状况有所不同，在一个较长时段内，诸项议题的媒介能见度，也存在明显的区别。若细致探究上述媒介能见度的演变规律及其动因，我们需要深入观察新闻生产实践过程，以考察其中具体、动态、复杂的权力关系。在此，本研究只能进行一个概略的讨论。基于经验观察和已有数据（见表2-1），我们可以发现，样本媒体《工人日报》对职工议题的报道，其基本特征可概括为"重点突出基本议题"和"低度呈现风险议题"。具体而言，一方面《工人日报》基于传统主流媒体"耳目喉舌"的定位，积极响应国家经济社会建设主旨，重点关注职工的收入分配、就业状况，"就业""工资"议题的媒介能见度居于前两位。此外，农民工群体已是中国职工队伍的重要组成部分，然而劳动权益保护状况不容乐观，近年来相关政策论述均强调要切实保障其劳动薪酬权,"讨薪/欠薪"议题由此也得到较多关注。另一方面《工人日报》或是囿于当前的新闻报道常规,只能零星地、碎片地呈现具有"风险"意味的社会冲突性议题,如"失业""尘肺病"等议题,其受关注度与现实境况[①]明显不相匹配。历时性的观察显示,上述基本特征在一个较长时段内都相当稳定,可谓一种"结构性的偏向"。

表2-1 2000~2019年《工人日报》诸项职工议题的媒介能见度

序号	议题	年度主题文章数量(篇)	媒介能见度等级	媒介能见度状况
1	就业	121.2	5级	高
2	工资	119.9	5级	高
3	讨薪/欠薪	32.1	4级	较高
4	工伤	24.4	4级	较高
5	安全生产	20.2	3级	中等
6	劳动争议	20.0	3级	中等
7	社保	19.3	3级	中等
8	劳动合同	19.2	3级	中等
9	失业	12.3	3级	中等
10	职业病	10.4	2级	较低
11	养老保险	10.0	2级	较低
12	尘肺病	4.2	2级	较低

这一判断在具体年份内亦能成立。需要强调的是,受当年政策

---

① 关于"失业"议题,根据《全国资源型城市可持续发展规划(2013—2020年)》的界定,国内资源衰退型城市有67个,而近年来资源衰退型城市职工就业形势颇为严峻,"就业不充分,失业人数有所上升"及"职工分流区域集中,就业稳定压力大"等难题亟待破解。关于"尘肺病"议题,国家卫生和计划生育委员会的统计数据显示,2005~2017年国内职业病新发病例总体呈上升趋势,并且以职业性尘肺病为主(燕晓飞主编,2019)。

形势的影响，可能会有一定波动。比较 2000~2019 年与 2000~2018 年《工人日报》诸项职工议题的媒介能见度（见表 2-1、表 2-2），可以发现"就业""社保""职业病"议题排序提升，"工资""劳动合同""养老保险"议题排序则相对降低。每项议题的年度主题文章数量都有所变动，"讨薪/欠薪""工伤""职业病"等议题年度主题文章数量均有增长，尤其是"工伤"议题的数值变动，已使其"媒介能见度"由 3 级（中等）提升至 4 级（较高）。2019 年《工人日报》对"就业""讨薪/欠薪""工伤"等议题给予了相对更多的关注。历时性的观察显示，在样本媒体中，职工议题媒介能见度的整体特征变化不大，我们可将其进一步描述为"结构性稳定中的波动"。

表 2-2 2000~2018 年《工人日报》诸项职工议题的媒介能见度

序号	议题	年度主题文章数量（篇）	媒介能见度 等级	媒介能见度 状况
1	工资	120.7	5 级	高
2	就业	119.6	5 级	高
3	讨薪/欠薪	30.3	4 级	较高
4	工伤	23.8	3 级	中等
5	安全生产	20.4	3 级	中等
6	劳动争议	19.6	3 级	中等
7	劳动合同	19.1	3 级	中等
8	社保	18.8	3 级	中等
9	失业	12.7	3 级	中等
10	养老保险	10.2	2 级	较低
11	职业病	10.1	2 级	较低
12	尘肺病	4.1	2 级	较低

这一判断基本适用于现有主流媒体。然而，鉴于新闻生产与社会控制的具体关系，不同类型的主流媒体中，职工议题的媒介能见度存在一定区别。《工人日报》与《新京报》，一个是典型的传统主流媒体，一个是新主流媒体的佼佼者，它们所面临的社会控制颇有不同，新闻生产产品存在具体分际。比较二者2018年的数据[①]（见表2-3、表2-4），可以发现在这两类主流媒体中，职工议题的媒介能见度呈现"异同相间"特征。一是均重点突出基本议题，如"工资""就业""讨薪/欠薪"等，具体新闻框架要素虽存在分际，但二者对它们的关注度都为"高"或"较高"。二是依据功能定位强调不同议题，《工人日报》对"劳动争议""劳动合同""工伤""职业病"等相对特定的议题有着更多呈现，《新京报》则较多关注"社保""养老保险"等更具普遍性的议题。三是对风险议题的呈现存在区别，对于"失业"这一典型风险议题，相较于《工人日报》的"低度呈现"，《新京报》明显给予更多关注。

表2-3 2018年《工人日报》诸项职工议题的媒介能见度

序号	议题	年度主题文章数量（篇）	媒介能见度等级	媒介能见度状况
1	工资	105	5级	高
2	就业	94	5级	高
3	讨薪/欠薪	47	4级	较高
4	工伤	28	4级	较高
5	劳动争议	20	3级	中等
6	社保	17	3级	中等
7	养老保险	14	3级	中等

---

① 此处《新京报》的数据采集方式：以官方网站为数据来源，以特定的关键词为选项展开检索，再人工筛选出2018年的相关报道。

续表

序号	议题	年度主题文章数量（篇）	媒介能见度 等级	媒介能见度 状况
8	职业病	10	2级	较低
9	劳动合同	10	2级	较低
10	安全生产	8	2级	较低
11	失业	7	2级	较低
12	尘肺病	4	2级	较低

表2-4 2018年《新京报》诸项职工议题的媒介能见度

序号	议题	年度主题文章数量（篇）	媒介能见度 等级	媒介能见度 状况
1	工资	96	5级	高
2	社保	79	5级	高
3	就业	76	5级	高
4	讨薪/欠薪	32	4级	较高
5	养老保险	26	4级	较高
6	失业	26	4级	较高
7	工伤	11	2级	较低
8	安全生产	8	2级	较低
9	劳动合同	6	2级	较低
10	尘肺病	5	2级	较低
11	劳动争议	2	2级	较低
12	职业病	2	2级	较低

此外，需要强调的是，部分议题报道数量虽然相差无几，但是观察两者具体报道内容，仍然存在明显区别。以"尘肺病"议题为例，2018年《工人日报》刊发的4篇新闻分别是：《乡镇和小型企业农民工尘肺病发病率较高》（1月18日），报道《中国职工状况

第二章 发声与遮蔽相交织：媒体作为的现实境况

研究报告（2017）》中的相关发现；《放开诊断限制 设置保险体系》（3月9日），报道"两会"期间代表委员为尘肺病农民工群体发声；《四川：2017年新增职业病九成为尘肺病》（5月15日），报道四川省总工会探索建立职业安全健康维权工作新机制；《吉林：发病率最高的职业病为尘肺病》（5月15日），报道吉林省强化职业病危害治理的政策举措。同年，《新京报》的5篇见报文章分别是：《建议放开尘肺病诊断限制》（3月10日），报道全国人大代表建议尘肺病诊断和职业病鉴定分离；《贵州3名因诊断尘肺病被抓医生今取保候审》（6月23日），报道贵州航天医院从事职业病尘肺病诊断工作的三名医生，因"失职罪"被公安机关羁押；《不放过骗保者，更不能错抓"尘肺病"矿工》（6月29日），一则"观察家"栏目的评论，批评在贵州煤矿企业举报"诊断医生与工人存在利益关系"一案中，当地司法机关处置措施不当；《别让尘肺病逝者背"涉嫌骗保"之名》（7月5日），一篇"议论风生"栏目的评论文章，再次为尘肺病人的权益保护发声，批评贵州遵义警方相关做法有违司法公正；《真假尘肺病》（7月8日），对贵州航天医院三名医生卷入"煤矿工人涉嫌诈骗社保资金案"进行深度报道。比较可见，《新京报》通过聚焦典型的争议性事件——全国首例"职业病医生因诊断涉嫌刑事犯罪"案件，拓展了这一议题的传播范围，引起更多人关注尘肺病矿工维权、职业病诊断鉴定等社会问题。

若观察澎湃新闻等个案，同样亦能发现类似分际。无论传统主流媒体抑或是新主流媒体，皆为当前中国新闻生态系统中的重要行动者。它们均具有官方认可的新闻采编资质，其社会角色是"新闻舆论工作者""党和政府的耳目喉舌"，在新闻生产中追求社会效益和经济效益的统一。在劳动关系议题上，不同性质的既有媒体，会呈现"异同相间"特征,上述"媒介能见度"是表征之一。概括而言,可归纳为以下几点:关于基本议题,具体新闻框架要素或有分际,但两者均会突出重点;依据系统内的功能定位,对议题类型的关注度有所不同,机关媒体一般会对特定议题有更多呈现,都市媒体则更关注普遍性的议题;对风险议题的呈现存在区别,对于普通风险议题,如平台从业者权益困境等,都市媒体相对会给予更多关注;至于"强冲突性"的风险议题,如劳动者群体性事件等,两者均是"低度呈现";与职工群体相关的新政策、新实践、新现象,诸如"零工经济""平台经济""机器换人"等新兴议题,两类媒体均是积极关注,不过基于功能定位差异,在新闻框架上存在一定分际。

按照"场域理论"(field theory),既有媒体内部何以会存在上述"异同相间"特征不难理解。场域是"不同位置之间的客观关系的网络",每一个场域均由相反的两极构成——所谓的他律极(heteronomous pole)代表场域外部的力量,自律极(autonomous pole)代表那个场域特有的资本。具体观察新闻场,同样是一个"高度他律(heteronomy)"而"低度自律(autonomy)"的场域,行动者在他律与自律的两极间不断进行斗争(本森、内维尔主编,2017),此即新闻场的自主性程度相当弱,高度受制于作为外力的社会体系。通常意义上,新闻场处于政治场与经济场之间,普遍地具有"双重依附"特征;在中国现实语境中,国家权力是媒体"他律"的主要来源,此为一个突出特征。由此,当前中国新闻业的空间大致划分为三类——"协商区域"(negotiating zone)、"容许和受鼓励区域"(permitted and encouraged zone)以及"禁止区域"(forbidden zone)(王海燕,2012)。其中,"协商区域"边界流动不居,在自律与他律的具体协商中不断重新界定,具有一种"液态"特征,当然最终定义者仍是"他律"的政治权力。在"容许和受鼓励区域"内,机关媒体和都市媒体皆能有所作为,且会呈现具体特色;在"禁止区域"内,二者在公开报道中,都会以"规避风险"作为基本准则。因而,在"协商区域"内如何具体行动,方是两者真正差异的所在之处。

三 有限的主体性:职工群体的媒介话语权

社会意义上的"可见性"(visibility)是一种承认,"不可见意味着社会承认被剥夺"(Brighenti,2007)。究其实质,"可见"与否,是一个关乎权力的问题。米歇尔·福柯(Michel Foucault)在翻阅18世纪法国的历史档案时,发现其中有一批"声名狼藉"之人,这些"无名者"能够被记录,只不过是因为与权力的偶然相遇。思考这些只言片语、兼具虚构与真实的档案时,他写下了《声名狼藉者的生活》,感叹:"所有这些生命,本来注定一世不为文字记录,甚至未被提及就了无踪迹,只有在刹那间与权力接触时,他们才留下了自己存在的痕迹,而且是那样短暂、激烈、谜团一般。"在他看来,那些简短而矛盾的文字,"往来于权力和这些无关紧要的生命之间,对于后者来说,无疑已经变成了赐予他们的唯一一座纪念碑",使之流传下来,让我们得以窥见其中的生命(福柯,2016a)。

在日益媒介化的社会中,媒介话语维度的"可见",本质上是一个"权力"问题。正如米歇尔·福柯在《主体与权力》中所强调的,权力概念的重点在于"关系",并且"权力关系要施展,则极度地借用符号的交换和生产"。作为社会体系的基本构成要素,权力在社会实践意义上是一种"改造能力",我们只有在关系中才能理解权力。并且,权力关系的构成,只能由下述两个"不可或缺"的要素进行"连接"——"'他人'(权力在他身上施展)始终被确定为行动的主体;面对权力关系,一整套回应、反应、结果和可能的发明就会涌现"(福柯,2016b)。因而,话语权可界定为:个人或群体能够自主表达其利益、意见和思想,从而对其他个人或群体产生影响的能力。它反映了在社会话语系统中个人或群体话语表达的实际地位、拥有的话语表达资源,以及其话语表达的潜在效果。相应地,"媒介话语权"是指个人或群体运用媒体自主表达其利益、意见和思想,从而对其他个人或群体产生影响的能力。

本研究尝试运用内容分析法,通过考察新闻框架测量职工群体媒介话语权的具体状况。追溯其源,"框架"概念旨在解答"人们如何建构社会现实"的问题,即尝试理解人们在具体情景中如何组织经验及赋予意义。任何框架都提供了一种特定的理解、思路或视角,形成"诠释的基模"(schemata of interpretation),令人以之"分辨、觉察、确认和命名似乎无限多的具体事实"(Goffman,1974)。按照新闻架构分析的基本观点,框架是"位处特定历史、经济、政治坐标点的社会个体或团体达成其特定理解或意义所遵循的认识和话语的组织原则",选择以何种"框架"来建构"现实一隅"或"意义的一个特定范畴"则是动态的"架构"(framing)过程(潘忠党,2006),此即传播者会以具体框架,对所涉现象的问题定义、因果解释、价值判断、处理措施等给出特定描述。对于媒体而言,新闻框架是它们"认知、诠释和呈现某种现象的稳固模型,也是选择、强调和排除某种现象的常用规则"(Gitlin,1980)。

鉴于劳动关系议题属性,我们将以《工人日报》作为主要样本媒体,并与《新京报》适当展开比较分析。根据对新闻生产常规的理解,我们从以下四个方面展开对新闻报道文本的具体考察。

其一,报道主题。构建新闻框架的第一步是选择主题。在一定时间范围内,新闻媒体对主题的选择会限定受众关注的焦点。本研究将对职工议题的报道分为下列类目:政策举措、先进典型、权益维护、综合、其他。其中,一个研究样本中若同时涉及多个主题,选择其中相对最重要的作为主题;若多个主题的分布相对均衡,则视为"综合"。

其二,消息来源。消息来源或称信源,通常被视为构建新闻框架的重要变项。信源问题关乎新闻生产的公正性、客观性,能反映不同群体的媒介近用权享有状况,是衡量话语权的一个重要指标。此处,消息来源指新闻报道的线索提供者,包括组织以及个人。新闻报道文本有些会明确交代消息来源,有些虽未具体直接标明消息来源,但从其叙述中可以推知。本研究将消息来源分为下列类目:党政机构、工会组织、企业单位、研究机构、普通职工、综合、其他。若同一研究样本中出现不止一个信源,则选择其中占据主导地位的作为消息来源;若多个信源的分布相对均衡,无法判定谁占主导,则视为"综合"。

其三,报道主角。报道主角通常指在报道中要直接或间接加以突出和表现的个人或组织。此处,报道主角是指在报道中出现并被突出、被引用的人,或者那些被报道所刻画、所描绘的人。本研究将报道主角分为下列类目:党政官员、工会人士、代表/委员、专家学者、普通职工、企业人士、综合、其他。若同一研究样本中出现多个人物,则选择其中最主要的作为报道主角;若无法判定谁占主导,则视为"综合"。

其四,话语引述。新闻报道中对特定群体的话语引述是衡量该群体媒介话语权状况的一个重要指标。本研究侧重于探讨相关新闻报道中是否引述普通职工的话语以及引述话语的倾向如何,设置下列类目：正面/满意、中性/无明显倾向、负面/不满、无话语引述。

经验现实显示，社会和经济的不平等，必然会体现于文化和话语之中。因而，我们可将能否实现"主体性表达"作为衡量媒体报道弱势社群新闻框架优劣的重要标准。主体性与人的自由和解放具有内在的一致性。本研究中，"主体性表达"概念旨在强调话语表达能够彰显主体地位、反映主体意识、体现能动关系。这可以通过考察媒体对职工议题的报道特征来探索，诸如是否报道职工们最为关心的主题、是否以普通职工作为消息来源、是否将普通职工当成报道主角、是否引述职工们的负面/不满话语，简言之即是否自主、能动地表达职工们的利益、意见和思想。2018~2020年，我们聚焦"主体性表达"概念，共进行了三次具体分析，尝试从不同角度探讨职工群体媒介话语权的状况。

（一）第一项研究：历时性的观察

2018年初，在研究21世纪以来《工人日报》的职工议题报道状况时，我们发现"最低工资""加班+过劳""尘肺病""心理健康/心理问题""生育保险+产假"5类具体议题的媒介能见度均为"较低"，有进一步讨论的必要性，于是决定对相关报道文本展开探究。

研究样本说明：以"中国重要报纸全文数据库"作为样本数据来源，采用篇名含特定关键词的方式，检索2000~2017年的《工人日报》文章发现，"最低工资"议题有131篇文章，其中新闻报道111篇、新闻评论15篇、其他文章5篇；"加班"议题有126篇文章，"过劳"议题有22篇文章，剔除重复文章之后，"加班+过劳"议题共有142篇文章，其中新闻报道118篇、新闻评论15

篇、其他文章9篇;"尘肺病"议题有73篇文章,其中新闻报道62篇、新闻评论5篇、其他文章6篇;"心理健康/心理问题"议题有79篇文章,其中新闻报道69篇、新闻评论3篇、其他文章7篇;"产假"议题有18篇文章,"生育保险"议题有18篇文章,"生育保险+产假"议题共有35篇文章,其中新闻报道28篇、新闻评论4篇、其他文章3篇。此次探究旨在分析新闻报道文本,最终样本数量分别是:"最低工资"议题111篇、"加班+过劳"议题118篇、"尘肺病"议题62篇、"心理健康/心理问题"议题69篇、"生育保险+产假"议题28篇。每类议题分别从报道主题、消息来源、报道主角、话语引述四个方面进行类目建构;在编码完成后,随机抽取10%的样本进行信度检测,编码员间信度值的均值为85%,达到内容分析要求;采用SPSS 19.0进行统计数据分析。

1. "最低工资"议题

2000～2017年,《工人日报》对"最低工资"议题的报道,具有如下特征。报道主题方面,"政策举措"最为常见,"权益维护"和"先进典型"次之,它们所占的比重分别是37.8%、26.1%和17.1%。消息来源方面,"党政机构"所占比重最大,达36.9%;"工会组织"次之,占比达35.1%;"普通职工"居第4位,占比只有7.2%。报道主角方面,"党政官员"和"工会人士"分居第1、2位,所占比重分别达33.3%、26.1%;"普通职工"居第3位,其占比为18.9%,"党政官员"和"工会人士"占比之和是"普通职工"所占比重的3.1倍。话语引述方面,绝大部分新闻报道"无话语引述",其比重高达71.2%;存在话语引述的报道中,只有"负面/不满""正面/满意"两类,所占比重分别为23.4%、5.4%(见表2-5)。

表 2-5　2000~2017 年《工人日报》"最低工资"议题报道状况

项目		出现频率（次）	占比（%）	有效占比（%）	累计占比（%）
报道主题	政策举措	42	37.8	37.8	37.8
	先进典型	19	17.1	17.1	55.0
	权益维护	29	26.1	26.1	81.1
	综合	18	16.2	16.2	97.3
	其他	3	2.7	2.7	100.0
消息来源	党政机构	41	36.9	36.9	36.9
	工会组织	39	35.1	35.1	72.1
	企业单位	4	3.6	3.6	75.7
	研究机构	3	2.7	2.7	78.4
	普通职工	8	7.2	7.2	85.6
	综合	16	14.4	14.4	100.0
报道主角	党政官员	37	33.3	33.3	33.3
	工会人士	29	26.1	26.1	59.5
	代表/委员	5	4.5	4.5	64.0
	专家学者	3	2.7	2.7	66.7
	普通职工	21	18.9	18.9	85.6
	企业人士	8	7.2	7.2	92.8
	综合	8	7.2	7.2	100.0
话语引述	正面/满意	6	5.4	5.4	5.4
	负面/不满	26	23.4	23.4	28.8
	无话语引述	79	71.2	71.2	100.0

2. "加班+过劳"议题

2000~2017 年，《工人日报》对"加班+过劳"议题的报道，具有如下特征。报道主题方面，"权益维护"所占比重高达 67.8%，为最常见的议题；"先进典型"和"政策举措"则居第 3、

4 位，占比分别为 7.6%、6.8%。消息来源方面，"普通职工"居于首位，占比 28.8%；"工会组织"和"党政机构"则居于第 2、3 位，占比分别为 22.0%、19.5%，二者所占比重之和是"普通职工"所占比重的 1.4 倍。报道主角方面，"普通职工"居于首位，占比达 41.5%；"工会人士"和"党政官员"分居第 2、3 位，占比分别为 19.5%、14.4%，二者所占比重之和为"普通职工"所占比重的 81.6%。话语引述方面，"负面/不满"话语居于首位，占比达 50.8%；超过 1/3 的新闻报道"无话语引述"，占比为 39.8%；"正面/满意"和"中性/无明显倾向"两类话语占比均较低，分别为 7.6% 和 1.7%（见表 2-6）。

表 2-6 2000~2017 年《工人日报》"加班+过劳"议题报道状况

项目		出现频率（次）	占比（%）	有效占比（%）	累计占比（%）
报道主题	政策举措	8	6.8	6.8	6.8
	先进典型	9	7.6	7.6	14.4
	权益维护	80	67.8	67.8	82.2
	综合	2	1.7	1.7	83.9
	其他	19	16.1	16.1	100.0
消息来源	党政机构	23	19.5	19.5	19.5
	工会组织	26	22.0	22.0	41.5
	企业单位	10	8.5	8.5	50.0
	研究机构	5	4.2	4.2	54.2
	普通职工	34	28.8	28.8	83.1
	综合	17	14.4	14.4	97.5
	其他	3	2.5	2.5	100.0

续表

项目		出现频率（次）	占比（%）	有效占比（%）	累计占比（%）
报道主角	党政官员	17	14.4	14.4	14.4
	工会人士	23	19.5	19.5	33.9
	代表/委员	6	5.1	5.1	39.0
	专家学者	11	9.3	9.3	48.3
	普通职工	49	41.5	41.5	89.8
	企业人士	8	6.8	6.8	96.6
	综合	1	0.8	0.8	97.5
	其他	3	2.5	2.5	100.0
话语引述	正面/满意	9	7.6	7.6	7.6
	中性/无明显倾向	2	1.7	1.7	9.3
	负面/不满	60	50.8	50.8	60.2
	无话语引述	47	39.8	39.8	100.0

3."尘肺病"议题

2000~2017年，《工人日报》对"尘肺病"议题的报道，具有如下特征。报道主题方面，"权益维护"最为常见，其比重达45.2%；主要是普及相关健康知识和防护措施的"其他"类别次之，占比为25.8%；"政策举措""先进典型"则居于第3、4位，占比分别为14.5%、12.9%。消息来源方面，"党政机构"居于首位，占比为32.3%；"研究机构"次之，占比为22.6%；"普通职工"和"工会组织"居于第3、4位，所占比重分别为17.7%、11.3%。报道主角方面，"普通职工"居于首位，然而其占比仅为27.4%，略超1/4；"党政官员"和"专家学者"次之，占比均为22.6%；而"工会人士"居第3位，占比为14.5%。话语引述方面，大部分新闻报道"无话语引述"，占比高达61.3%；存在话语引述的新闻报道中,只有"负面/不满""正面/满意"两类话语,所占比重分别为29.0%、9.7%(见表2-7)。

表2-7 2000~2017年《工人日报》"尘肺病"议题报道状况

项目		出现频率(次)	占比(%)	有效占比(%)	累计占比(%)
报道主题	政策举措	9	14.5	14.5	14.5
	先进典型	8	12.9	12.9	27.4
	权益维护	28	45.2	45.2	72.6
	综合	1	1.6	1.6	74.2
	其他	16	25.8	25.8	100.0
消息来源	党政机构	20	32.3	32.3	32.3
	工会组织	7	11.3	11.3	43.5
	企业单位	3	4.8	4.8	48.4
	研究机构	14	22.6	22.6	71.0
消息来源	普通职工	11	17.7	17.7	88.7
	综合	7	11.3	11.3	100.0
报道主角	党政官员	14	22.6	22.6	22.6
	工会人士	9	14.5	14.5	37.1
	代表/委员	2	3.2	3.2	40.3
	专家学者	14	22.6	22.6	62.9
	普通职工	17	27.4	27.4	90.3
	企业人士	4	6.5	6.5	96.8
	综合	1	1.6	1.6	98.4
	其他	1	1.6	1.6	100.0
话语引述	正面/满意	6	9.7	9.7	9.7
	负面/不满	18	29.0	29.0	38.7
	无话语引述	38	61.3	61.3	100.0

4. "心理健康/心理问题"议题

2000~2017年,《工人日报》对"心理健康/心理问题"议题的报道,具有如下特征。报道主题方面,"先进典型"最为常见,占比为36.2%;主要用于普及相关健康知识、探讨青少年心理问题的"其他"类别次之,占比为31.9%;"权益维护"居于第3位,所占比重为26.1%;"政府举措"所占比例则相当低,仅为2.9%。消息来源方面,"工会组织"居于首位,占比为30.4%;"研究机构"次之,占比为23.2%;"党政机构"和"综合"两类占比均为13.0%;"企业单位"的占比也相对较高,达11.6%;然而,"普通职工"居倒数第2位,占比仅为5.8%。报道主角方面,"工会人士"居于首位,"普通职工"次之,两者占比分别为27.5%、24.6%,较为接近;"专家学者"居第3位,占比为14.5%;"企业人士"的占比则罕见地超过"党政官员",占比分别为13.0%、10.1%。话语引述方面,大部分新闻报道仍然"无话语引述",占比达59.4%;存在话语引述的报道中,"负面/不满"话语占比为26.1%,是"正面/满意"(11.6%)和"中性/无明显倾向"(2.9%)两者所占比重之和的1.8倍(见表2-8)。

表2-8 2000~2017年《工人日报》"心理健康/心理问题"议题报道状况

项目		出现频率(次)	占比(%)	有效占比(%)	累计占比(%)
报道主题	政策举措	2	2.9	2.9	2.9
	先进典型	25	36.2	36.2	39.1
	权益维护	18	26.1	26.1	65.2
	综合	2	2.9	2.9	68.1
	其他	22	31.9	31.9	100.0

续表

项目		出现频率（次）	占比（%）	有效占比（%）	累计占比（%）
消息来源	党政机构	9	13.0	13.0	13.0
	工会组织	21	30.4	30.4	43.5
	企业单位	8	11.6	11.6	55.1
	研究机构	16	23.2	23.2	78.3
	普通职工	4	5.8	5.8	84.1
	综合	9	13.0	13.0	97.1
	其他	2	2.9	2.9	100.0
报道主角	党政官员	7	10.1	10.1	10.1
	工会人士	19	27.5	27.5	37.7
	代表/委员	2	2.9	2.9	40.6
	专家学者	10	14.5	14.5	55.1
	普通职工	17	24.6	24.6	79.7
报道主角	企业人士	9	13.0	13.0	92.8
	综合	1	1.5	1.5	94.2
	其他	4	5.8	5.8	100.0
话语引述	正面/满意	8	11.6	11.6	11.6
	中性/无明显倾向	2	2.9	2.9	14.5
	负面/不满	18	26.1	26.1	40.6
	无话语引述	41	59.4	59.4	100.0

5. "生育保险+产假"议题

2000~2017年，《工人日报》对"生育保险+产假"议题的报道，具有如下特征。报道主题方面，"权益维护"最为常见，其所占比重为46.4%；"政策举措"次之，其占比为39.3%；"先进典型"的占比则较低，仅为7.1%。消息来源方面，"党政机构"居于首位，占比达39.3%；多个信息源地位相对平衡的"综合"类型居第 2 位，占比为 35.7%；"普通职工"再次之，占比为 14.3%；然而，"工会组织"较罕见地占比仅为 3.6%。报道主角方面，"普通职工"居于首位，占比为 46.4%；"党政官员"次之，占比为 35.7%；余下的"工会人士""专家学者""企业人士"等诸类型，所占比重均为 3.6%。话语引述方面，超过一半的新闻报道含有"负面/不满"话语，其占比达 53.6%；"无话语引述"和"正面/满意"占比分别为 28.6% 和 17.9%（见表 2-9）。

表 2-9　2000~2017 年《工人日报》"生育保险+产假"议题报道状况

项目		出现频率（次）	占比（%）	有效占比（%）	累计占比（%）
报道主题	政策举措	11	39.3	39.3	39.3
	先进典型	2	7.1	7.1	46.4
	权益维护	13	46.4	46.4	92.9
	其他	2	7.1	7.1	100.0
消息来源	党政机构	11	39.3	39.3	39.3
	工会组织	1	3.6	3.6	42.9
	企业单位	1	3.6	3.6	46.4
	研究机构	1	3.6	3.6	50.0
	普通职工	4	14.3	14.3	64.3
	综合	10	35.7	35.7	100.0
报道主角	党政官员	10	35.7	35.7	35.7
	工会人士	1	3.6	3.6	39.3
	代表/委员	1	3.6	3.6	42.9
	专家学者	1	3.6	3.6	46.4
	普通职工	13	46.4	46.4	92.9
	企业人士	1	3.6	3.6	96.4
	其他	1	3.6	3.6	100.0

续表

项目		出现频率（次）	占比（%）	有效占比（%）	累计占比（%）
话语引述	正面/满意	5	17.9	17.9	17.9
	负面/不满	15	53.6	53.6	71.4
	无话语引述	8	28.6	28.6	100.0

（二）第二项研究：年度比较观察

2019年初，在比较2018年《工人日报》与《新京报》的职工议题报道时，我们发现无论传统主流媒体还是新主流媒体，皆对收入主题和就业主题最为关注，有必要聚焦于此，展开进一步分析。于是，我们选择"工资"、"就业/失业"及"讨薪/欠薪"三类职工议题，探讨新闻报道文本的具体特征。

研究样本说明：以"中国重要报纸全文数据库"作为样本数据来源，采用篇名含特定关键词的方式，检索2018年的《工人日报》文章发现，"工资""就业/失业""讨薪/欠薪"议题的文章分别有105篇、101篇、47篇，剔除其中的非新闻报道文本，最终获取的样本数量分别是102篇、95篇、44篇；以媒体机构的官方网站作为样本数据来源，同样采用篇名含特定关键词的方式，检索2018年的新京报网发现，"工资""就业/失业""讨薪/欠薪"议题的文章分别有96篇、102篇、32篇，剔除其中的非新闻报道文本，最终获取的样本数量分别是80篇、85篇、28篇。每类议题分别从报道主题、消息来源、报道主角、话语引述四个方面进行类目建构；在编码完成后，随机抽取10%样本进行信度检测，编码员间信度值的均值为84%，达到内容分析要求；采用SPSS 19.0进行统计数据分析。

1. "工资"议题

2018年,《工人日报》对"工资"议题的报道,具有如下特征。报道主题方面,"政策举措"最为常见,"先进典型"次之,"权益维护"亦有出现,它们的占比分别是44.1%、34.3%和13.7%。消息来源方面,"党政机构"所占比重最大,达44.1%;"工会组织"次之,达24.5%;不过"普通职工"居第4位,占比仅有5.9%。报道主角方面,"党政官员"和"工会人士"分居第1位和第2位,所占比重分别是41.2%和26.5%,"普通职工"居第4位,占比为9.8%,"党政官员"和"工会人士"所占比重之和是"普通职工"所占比重的6.9倍。话语引述方面,多数新闻报道"无话语引述",占比为62.7%。存在话语引述的报道中,"中性/无明显倾向"话语仅占1.0%;"正面/满意"与"负面/不满"两类话语占比分别为20.6%和15.7%(见表2-10)。

表2-10 2018年《工人日报》"工资"议题报道状况

项目		出现频率(次)	占比(%)	有效占比(%)	累计占比(%)
报道主题	政策举措	45	44.1	44.1	44.1
	先进典型	35	34.3	34.3	78.4
	权益维护	14	13.7	13.7	92.2
	其他	8	7.8	7.8	100.0
消息来源	党政机构	45	44.1	44.1	44.1
	工会组织	25	24.5	24.5	68.6
	企业单位	6	5.9	5.9	74.5
	研究机构	2	2.0	2.0	76.5
	普通职工	6	5.9	5.9	82.4
	综合	18	17.6	17.6	100.0

续表

项目		出现频率（次）	占比（%）	有效占比（%）	累计占比（%）
报道主角	党政官员	42	41.2	41.2	41.2
	工会人士	27	26.5	26.5	67.6
	专家学者	6	5.9	5.9	73.5
	普通职工	10	9.8	9.8	83.3
	企业人士	6	5.9	5.9	89.2
	综合	11	10.8	10.8	100.0
话语引述	正面/满意	21	20.6	20.6	20.6
	中性/无明显倾向	1	1.0	1.0	21.6
	负面/不满	16	15.7	15.7	37.3
	无话语引述	64	62.7	62.7	100.0

2018年，《新京报》对"工资"议题的报道，具有如下特征。报道主题方面，"政策举措"亦是最为常见，占比为56.3%；"权益维护"居第3位，占比为17.5%；而"先进典型"占比最低，仅为7.5%。消息来源方面，"党政机构"亦是最重要的消息来源，占比高达72.5%；"普通职工"虽居第2位，但占比仅为10%。报道主角方面，"党政官员"和"普通职工"居于第1位和第2位，不过所占比例悬殊，分别是67.5%和16.3%，前者为后者的4倍多。话语引述方面，多数新闻报道亦"无话语引述"，占比达78.8%；存在话语引述的报道中，"负面/不满"类话语居第1位，占比为8.8%，"正面/满意"和"中性/无明显倾向"两类话语的占比均为6.3%。需要强调的是，在"工资"议题上，"工会组织"未成为《新京报》的有效"消息来源"，"工会人士"亦非其关注的报道主角（见表2-11）。

表 2-11　2018 年《新京报》"工资"议题报道状况

项目		出现频率（次）	占比（%）	有效占比（%）	累计占比（%）
报道主题	政策举措	45	56.3	56.3	56.3
	先进典型	6	7.5	7.5	63.8
	权益维护	14	17.5	17.5	81.3
	其他	15	18.8	18.8	100.0
消息来源	党政机构	58	72.5	72.5	72.5
	企业单位	4	5.0	5.0	77.5
	研究机构	3	3.8	3.8	81.3
	普通职工	8	10.0	10.0	91.3
	综合	7	8.8	8.8	100.0
报道主角	党政官员	54	67.5	67.5	67.5
	代表/委员	1	1.3	1.3	68.8
	专家学者	3	3.8	3.8	72.5
	普通职工	13	16.3	16.3	88.8
	企业人士	4	5.0	5.0	93.8
	综合	4	5.0	5.0	98.8
	其他	1	1.3	1.3	100.0
话语引述	正面/满意	5	6.3	6.3	6.3
	中性/无明显倾向	5	6.3	6.3	12.5
	负面/不满	7	8.8	8.8	21.3
	无话语引述	63	78.8	78.8	100.0

2. "就业/失业"议题

2018 年，《工人日报》对"就业/失业"议题的报道，具有如下特征。报道主题方面，"政策举措"是最重要的主题，占比达45.3%；"先进典型"居第 2 位，占比为 24.2%；"权益维护"则居第 4 位，占比为 13.7%。消息来源方面，"党政机构"和"工会组织"作为最主要的信源，占比分别达 47.4% 和 23.2%；多个消息来源相对均衡的"综合"居第 3 位，占比为 18.9%；而"普通职工"居第 5 位，占比仅为 4.2%。报道主角方面，仍是"党政官员"和"工会人士"居于第 1 位和第 2 位，占比分别为 40.0% 和 20.0%；"普通职工"和"企业人士"同居第 4 位，占比为 8.4%；"代表/委员"紧随"普通职工"和"企业人士"之后，占比为 7.4%，这表明"就业/失业"议题在"两会"期间颇受关注。话语引述方面，多数新闻报道"无话语引述"，占比达 60.0%；存在话语引述的报道中，"正面/满意"类话语占多数，占比为 27.4%，"负面/不满"类话语占比仅为 9.5%（见表 2-12）。

表 2-12　2018 年《工人日报》"就业/失业"议题报道状况

项目		出现频率（次）	占比（%）	有效占比（%）	累计占比（%）
报道主题	政策举措	43	45.3	45.3	45.3
	先进典型	23	24.2	24.2	69.5
	权益维护	13	13.7	13.7	83.2
	综合	1	1.1	1.1	84.2
	其他	15	15.8	15.8	100.0
消息来源	党政机构	45	47.4	47.4	47.4
	工会组织	22	23.2	23.2	70.5
	企业单位	5	5.3	5.3	75.8
	研究机构	1	1.1	1.1	76.8
	普通职工	4	4.2	4.2	81.1
	综合	18	18.9	18.9	100.0

续表

项目		出现频率（次）	占比（%）	有效占比（%）	累计占比（%）
报道主角	党政官员	38	40.0	40.0	40.0
	工会人士	19	20.0	20.0	60.0
	代表/委员	7	7.4	7.4	67.4
	专家学者	4	4.2	4.2	71.6
	普通职工	8	8.4	8.4	80.0
	企业人士	8	8.4	8.4	88.4
	综合	11	11.6	11.6	100.0
话语引述	正面/满意	26	27.4	27.4	27.4
	中性/无明显倾向	3	3.2	3.2	30.5
	负面/不满	9	9.5	9.5	40.0
	无话语引述	57	60.0	60.0	100.0

2018年，《新京报》对"就业/失业"议题的报道，具有如下特征。报道主题方面，"政策举措"亦是最为常见，占比达56.5%；常规主题之外的"其他"居第2位，占比为30.6%，接近1/3；"先进典型"居第3位，占比为8.2%；而"权益维护"则居于末位，占比仅为4.7%。消息来源方面，最主要的信源亦是"党政机构"，占比高达74.1%；"企业单位"和"研究机构"同居第2位，占比均为7.1%；"工会组织"居于末位，占比仅为1.2%；需要注意的是，此处"普通职工"并未成为信源。报道主角方面，"党政官员"依旧占比最高，达64.7%；"企业人士"和"专家学者"居于第2位和第3位，占比分别为10.6%和9.4%；"普通职工"和"工会人士"同居于末位，占比仅为1.2%。话语引述方面，绝大多数新闻"无话语引述"，占比高达89.4%；存在话语引述的报道中，"负面/不满"和"正面/满意"两类话语占比分别为5.9%和4.7%（见表2-13）。

表 2-13 2018 年《新京报》"就业/失业"议题报道状况

项目		出现频率（次）	占比（%）	有效占比（%）	累计占比（%）
报道主题	政策举措	48	56.5	56.5	56.5
	先进典型	7	8.2	8.2	64.7
	权益维护	4	4.7	4.7	69.4
	其他	26	30.6	30.6	100.0
消息来源	党政机构	63	74.1	74.1	74.1
	工会组织	1	1.2	1.2	75.3
	企业单位	6	7.1	7.1	82.4
	研究机构	6	7.1	7.1	89.4
	综合	5	5.9	5.9	95.3
	其他	4	4.7	4.7	100.0
报道主角	党政官员	55	64.7	64.7	64.7
	工会人士	1	1.2	1.2	65.9
	代表/委员	3	3.5	3.5	69.4
	专家学者	8	9.4	9.4	78.8
	普通职工	1	1.2	1.2	80.0
	企业人士	9	10.6	10.6	90.6
	综合	3	3.5	3.5	94.1
	其他	5	5.9	5.9	100.0
话语引述	正面/满意	4	4.7	4.7	4.7
	负面/不满	5	5.9	5.9	10.6
	无话语引述	76	89.4	89.4	100.0

3. "讨薪/欠薪"议题

2018 年，《工人日报》对"讨薪/欠薪"议题的报道，具有如下特征。报道主题方面，"政策举措"是最常见的主题，占比达

72.7%;"先进典型"和"权益维护"所占比重相同,均为13.6%。消息来源方面,"党政机构"和"工会组织"作为最主要的信源,占比分别达59.1%和20.5%;"普通职工"和"企业单位"居于末两位,占比分别为4.5%和2.3%。报道主角方面,"党政官员"是绝对主角,占比达63.6%;"工会人士"居于第2位,占比为18.2%;"普通职工"和"专家学者"同居第4位,占比均为4.5%。话语引述方面,绝大多数新闻"无话语引述",占比达68.2%;存在话语引述的新闻中,"正面/满意"、"负面/不满"以及"中性/无明显倾向"三类话语所占比重分别为15.9%、9.1%和6.8%(见表2-14)。

表2-14　2018年《工人日报》"讨薪/欠薪"议题报道状况

	项目	出现频率(次)	占比(%)	有效占比(%)	累计占比(%)
报道主题	政策举措	32	72.7	72.7	72.7
	先进典型	6	13.6	13.6	86.4
	权益维护	6	13.6	13.6	100.0
消息来源	党政机构	26	59.1	59.1	59.1
	工会组织	9	20.5	20.5	79.5
	企业单位	1	2.3	2.3	81.8
	普通职工	2	4.5	4.5	86.4
	综合	6	13.6	13.6	100.0
报道主角	党政官员	28	63.6	63.6	63.6
	工会人士	8	18.2	18.2	81.8
	代表/委员	1	2.3	2.3	84.1
	专家学者	2	4.5	4.5	88.6
	普通职工	2	4.5	4.5	93.2
	综合	3	6.8	6.8	100.0

第二章　发声与遮蔽相交织：媒体作为的现实境况

续表

项目		出现频率（次）	占比（%）	有效占比（%）	累计占比（%）
话语引述	正面/满意	7	15.9	15.9	15.9
	中性/无明显倾向	3	6.8	6.8	22.7
	负面/不满	4	9.1	9.1	31.8
	无话语引述	30	68.2	68.2	100.0

2018年，《新京报》对"讨薪/欠薪"议题的报道，具有如下特征。报道主题方面，"权益维护"居于首位，占比达57.1%；"政策举措"和常规主题外的"其他"同居第2位，占比均为17.9%；"先进典型"则居于末位，所占比重为7.1%。消息来源方面，"党政机构"和报道中多个信源地位相对均衡的"综合"同居于首位，占比均为39.3%；常规类型外的"其他"居于第2位，占比为17.9%；"普通职工"则居于末位，占比仅为3.6%。报道主角方面，报道中多个人物地位相对均衡的"综合"居于首位，占比达35.7%，超过1/3；"党政官员"居第2位，占比为32.1%；"普通职工"和"企业人士"居于末两位，占比分别为7.1%和3.6%。话语引述方面，"无话语引述"的新闻占比为50.0%；存在话语引述的新闻中，"负面/不满"类话语占比高达46.4%，"正面/满意"类话语占比仅为3.6%（见表2-15）。

表2-15　2018年《新京报》"讨薪/欠薪"议题报道状况

项目		出现频率（次）	占比（%）	有效占比（%）	累计占比（%）
报道主题	政策举措	5	17.9	17.9	17.9
	先进典型	2	7.1	7.1	25.0
	权益维护	16	57.1	57.1	82.1
	其他	5	17.9	17.9	100.0

续表

项目		出现频率（次）	占比（%）	有效占比（%）	累计占比（%）
消息来源	党政机构	11	39.3	39.3	39.3
	普通职工	1	3.6	3.6	42.9
	综合	11	39.3	39.3	82.1
	其他	5	17.9	17.9	100.0
报道主角	党政官员	9	32.1	32.1	32.1
	普通职工	2	7.1	7.1	39.3
	企业人士	1	3.6	3.6	42.9
	综合	10	35.7	35.7	78.6
	其他	6	21.4	21.4	100.0
话语引述	正面/满意	1	3.6	3.6	3.6
	负面/不满	13	46.4	46.4	50.0
	无话语引述	14	50.0	50.0	100.0

（三）第三项研究：特定群体观察

2020年初，在前两项研究基础上，我们认为有必要选择一个具体群体作为观察对象，以更全面地探讨职工群体的媒介话语权。农民工是改革开放以来伴随我国社会经济体制和社会经济结构双重转型而出现的一个特殊群体。农民工群体已是我国职工队伍的重要组成部分，据国家统计局（2020）发布的《2019年农民工监测调查报告》，2019年农民工总量已达29077万人。然而，诸多经验研究显示：农民工这一群体所享有的法律、政治、社会、经济等诸多权利，在形式和实质层面均存在断裂，权益保护问题相当严峻。学者黄宗智（2013）在研究劳动法规的历史演变时发现：农民工大多游离于劳动法律的保护范围，被认为是临时性的"劳务人员"，处于

"劳务关系"而非"劳动关系"之中。因而，分析媒体有关农民工问题的报道，是探究职工群体媒介话语权的一个适宜切口。同时，《工人日报》相当关注农民工问题，2010年11月6日该报开辟中央主流媒体首个"农民工专刊"，将目标读者设定为农民工，旨在"随时反映农民工的心声，引导农民工正确表达自身的诉求和主张"。这项举措被视作"中华全国总工会为切实维护农民工利益、更好为农民工服务推出的又一力举"（王娇萍，2010）。基于上述考虑并结合研究的可行性，我们以2019年《工人日报》的"农民工"主题报道文本内容作为具体分析对象。

研究样本说明：以"中国重要报纸全文数据库"作为样本数据来源，采用篇名含特定关键词的方式进行检索，发现2019年1月1日至12月31日，《工人日报》共刊发227篇题名中含关键词"农民工"的文章，剔除1篇新闻评论，共获得226篇新闻报道作为研究样本；在类目建构上，分为报道主题、消息来源、报道主角、话语引述四类，与此前的研究相同，根据研究需要，又增加了一项"基本议题"，按照前述"职工议题"的概念，我们将《工人日报》对农民工群体的报道所涉议题分为收入、就业、社会保障、职业安全、职业卫生、劳动关系、综合、其他8个类目，其中，一个研究样本中若同时涉及多个议题，选择其中相对最重要议题的作为基本议题；若多个议题的地位相对均衡，则视为"综合"。在编码完成后，随机抽取10%的样本进行信度检测，编码员间信度值的均值为87%，达到内容分析要求；采用SPSS 25.0进行统计数据分析（见表2-16）。

表 2-16　2019 年《工人日报》"农民工"群体报道状况

项目		出现频率（次）	占比（%）	有效占比（%）	累计占比（%）
基本议题	收入	48	21.2	21.2	21.2
	就业	65	28.8	28.8	50.0
	社会保障	5	2.2	2.2	52.2
	职业安全	5	2.2	2.2	54.4
	职业卫生	5	2.2	2.2	56.6
	劳动关系	18	8.0	8.0	64.6
	综合	22	9.7	9.7	74.3
	其他	58	25.7	25.7	100.0
报道主题	政策举措	118	52.2	52.2	52.2
	先进典型	40	17.7	17.7	69.9
	权益维护	28	12.4	12.4	82.3
	综合	8	3.5	3.5	85.8
	其他	32	14.2	14.2	100.0
消息来源	党政机构	78	34.5	34.5	34.5
	工会组织	47	20.8	20.8	55.3
	企业单位	19	8.4	8.4	63.7
	研究机构	5	2.2	2.2	65.9
	普通职工	25	11.1	11.1	77.0
	综合	50	22.1	22.1	99.1
	其他	2	0.9	0.9	100.0
报道主角	党政官员	69	30.5	30.5	30.5
	工会人士	36	15.9	15.9	46.5
	代表/委员	8	3.5	3.5	50.0
	专家学者	13	5.8	5.8	55.8
	普通职工	57	25.2	25.2	81.0
	企业人士	13	5.8	5.8	86.7

续表

项目		出现频率（次）	占比（%）	有效占比（%）	累计占比（%）
报道主角	综合	27	11.9	11.9	98.7
	其他	3	1.3	1.3	100.0
话语引述	正面/满意	87	38.5	38.5	38.5
	中性/无明显倾向	18	8.0	8.0	46.5
	负面/不满	15	6.6	6.6	53.1
	无话语引述	106	46.9	46.9	100.0

1. 基本议题分布情况

2019年，《工人日报》上篇名含"农民工"的新闻报道，基本议题分布情况为："就业"居第1位，占比28.8%；诸项议题外的"其他"居第2位，占比25.7%；"收入"居第3位，占比21.2%；同时涉及多个议题的"综合"居第4位，占比9.7%；"劳动关系"居第5位，占比8.0%；"社会保障""职业安全""职业卫生"三项居于末位，占比均为2.2%。可见，"就业""收入"议题得到重点呈现，两者共同占比达50%。

进一步梳理发现，在2019年的"就业"议题（N=65）中，"返乡创业"问题的受关注度颇高，相关文章数量占比超过20%，这些文章大多为报道返乡创业相关政策支持、先进典型，诸如《吉林：选树典型再掀农民工返乡创业新高潮》（3月21日）、《青海农民工返乡创业可获奖励补助》（5月16日）、《南阳10万返乡农民工创造产值百亿元》（10月17日）等。值得强调的是，少数报道在肯定发展机遇时亦提醒潜在风险，如《返乡下乡创业创新为乡村注入新动能》（1月17日），既强调农村新产业、新业态为返乡创业人员提供了"巨大的创业空间和机会"，也提醒"返乡下乡创业创新人员基本上是技能型、经验型和知识型人才"，"农民工返乡创业多为'生存型创业'，与'机会型创业'相比，其面临的困难也更多。比如从事行业扎堆、跟风现象严重，资金短缺、融资困难，人才缺乏、技术落后等"。至于"收入"议题（N=48），其中的"讨薪/欠薪"问题的受关注度相对最高，相关文章数量占比超过50%，大多报道各地政府部门、工会组织在欠薪治理上的举措及成绩，诸如《青海专项检查清欠农民工工资4853万元》（2月21日）、《上海"三本台账"堵住农民工欠薪"黑洞"》（8月8日）、《把被欠薪农民工纳入工会重点维权帮扶范围》（12月7日）等。其中，聚焦典型问题、经验、行动的报道很有价值，如《农民工凭企业负责人银行转账记录成功维权》（2月28日）、《跟着讨薪农民工去立案》（12月14日）、《包工头"跑路"，劳务公司承担连带责任》（12月19日）等，这也体现出该报较鲜明的"公共服务"追求。在这一问题的报道中，《武汉7名农民工陷入讨薪"罗生门"》（7月4日）、《重庆13名农民工讨薪10年至今无果》（8月22日）两篇报道值得关注，反映出欠薪问题依然是痼疾，权益保障之路任重道远。占比居第2位的"其他"议题（N=58），关注面颇广，诸如年关返乡之路、打工子弟学校、留守儿童看护、公益活动参与、消费理财观念、出国务工经历、先进模范人物，一定程度上反映了农民工群体生活的日常及变迁。

2. 报道主题分布情况

2019年，《工人日报》上篇名含"农民工"的新闻报道，报道主题分布情况为："政策举措"居第1位，占比52.2%；"先进典型"居第2位，占比17.7%；而"权益维护"只居第4位，占比12.4%，排在占比14.2%的"其他"之后；同时涉及多个主题的"综合"居于末位，占比仅为3.5%。

第二章 发声与遮蔽相交织：媒体作为的现实境况 81

进一步梳理发现，2019年的"政策举措"主题（N=118），多与"就业""收入"两项议题相关，集中在工资保障支付、返乡创业就业、职业技能培训等方面，反映了当前农民工问题的重点及难点所在，《北京市就业新政重点帮扶农民工等群体》（4月11日）、《广西多举措稳就业 支持农民工技能培训》（7月25日）、《三省政府因保障农民工工资支付不力被约谈》（10月19日）、《"千方百计保障农民工工资能拿到手"》（10月31日）等报道都反映了这一问题。至于"先进典型"主题（N=40），首要是介绍地方典型经验，如《福建校企联合为农民工提供配套职业发展空间》（3月21日）、《德阳工会以典型案例指导基层集体协商》（4月2日）。其次是树立模范人物，如《一名农民工售票员的八年》（3月14日）、《农民工守护瘫妻26年》（6月20日），其中还包括对返乡创业精英的报道，如《"劳作是很有尊严的事"》（6月13日）等。此外，这些报道还涉及能与时俱进反映社会生活变迁的新型典范，如《一支农民工公益环保队的13年》（3月28日）、《80后小伙用直播帮农民工找工作》（4月4日）。"权益维护"主题（N=28）方面，聚焦"劳动报酬权"的报道共有18篇，如《本欲讨薪两千五 却获赔偿三万八》（5月11日）、《7名外企农民工遇欠薪难题 律师驰援10天解困》，占比高达64.3%；与"工伤赔偿"相关的报道有《企业少缴社保致工伤待遇降低 农民工维权获60万元差额赔偿》（12月12日）等6篇，占比21.4%；余下4篇报道所关注的问题有别，如《云南一企业与农民工续签合同竟要求签离职书》（8月8日）曝光一则典型违反《劳动合同法》的案例，《"想提升个学历，咋这么难"》（9月19日）披露农民工遭遇网络教育培训机构的骗局，《活在"夹缝"中的超龄农民工》（9月26日）则讨论如何保障超龄劳动者及其用工单位的合法权益，均有较突出

3. 消息来源分布情况

2019年,《工人日报》上篇名含"农民工"的新闻报道,消息来源分布情况为:"党政机构"居第1位,占比超过1/3,达34.5%;含多个信源的"综合"居第2位,占比22.1%;"工会组织"居第3位,占比20.8%;"普通职工"居第4位,占比11.1%;"企业单位"居第5位,占比8.4%;"研究机构"居第6位,占比2.2%;"其他"居于末位,占比0.9%。

通过进一步的交叉分析可以发现,"党政机构""工会组织"主要是充当"政策举措"主题的消息来源;"企业单位"则是"先进典型"主题的主要消息来源;"普通职工"则主要是作为"先进典型"和"其他"两项主题的消息来源;至于"综合"则较为均衡地分布在"政策举措""权益维护""其他"三个主题上。具体分析"权益维护"主题,其消息来源依次是:"综合"(42.9%)、"党政机构"(32.1%)、"工会组织"(17.9%)、"普通职工"(7.1%)(见表2-17、图2-1)。

表2-17　2019年《工人日报》"农民工"报道中消息来源的具体分布

消息来源	政策举措 出现频率(次)	政策举措 占比(%)	先进典型 出现频率(次)	先进典型 占比(%)	权益维护 出现频率(次)	权益维护 占比(%)	综合 出现频率(次)	综合 占比(%)	其他 出现频率(次)	其他 占比(%)
党政机构	64	82.1	3	3.8	9	11.5	1	1.3	1	1.3
工会组织	37	78.7	3	6.4	5	10.6	1	2.1	1	2.1
企业单位	1	5.3	16	84.2	0	0	0	0	2	10.5

续表

消息来源	政策举措 出现频率(次)	政策举措 占比(％)	先进典型 出现频率(次)	先进典型 占比(％)	权益维护 出现频率(次)	权益维护 占比(％)	综合 出现频率(次)	综合 占比(％)	其他 出现频率(次)	其他 占比(％)
研究机构	0	0	0	0	0	0	0	0	5	100
普通职工	1	4	13	52	2	8	0	0	9	36
综合	15	30	4	8	12	24	6	12	13	26
其他	0	0	1	50	0	0	0	0	1	50

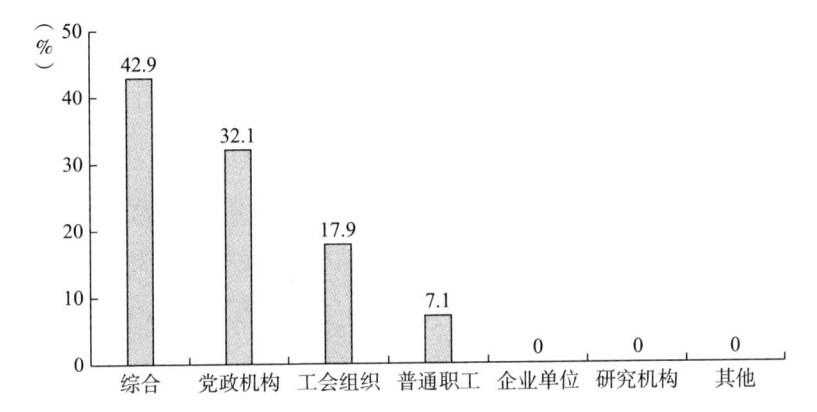

图 2-1　2019 年《工人日报》"农民工"报道中"权益维护"主题消息来源情况

4. 报道主角分布情况

2019 年，《工人日报》上篇名含"农民工"的新闻报道，报道主角分布情况为："党政官员"居第 1 位，占比接近 1/3，达 30.5％；"普通职工"居第 2 位，占比 25.2％；"工会人士"居第 3 位，占比 15.9％；含多个人物的"综合"居第 4 位，占比 11.9％；"企业人士"与"专家学者"并列第 5 位，占比均为 5.8％；"代表/委员"占比为 3.5％；"其他"居最末位，占比 1.3％。

进一步梳理发现,"普通职工"作为报道主角的报道（N=57）,主要分布在"其他"和"就业"两个基本议题中。前者有26篇相关文章,占比高达45.6%,主要报道农民工群体日常生活中具有新闻价值的现象、事件、问题,诸如《随迁子女的年：异乡团圆幸福不减》（2月14日）、《河南农民工意外身亡器官延续他人生命》（8月29日）、《三对农民工夫妻的工地婚纱照》（9月19日）、《家务重新分工成为农民工必经"阵痛"》（10月24日）等。后者有19篇相关文章,占比达33.3%,除聚焦于返乡创业就业、职业技能培训,也关注到"就业"议题中的新现象、新问题,如《"非遗菜系传承人"何以成了就业"蓄水池"？》（7月25日）、《新生代农民工的择业观变了》（12月5日）、《南昌散工超市如何让农民工更有获得感》（12月12日）等。余下的12篇文章则零星分布在其他6个议题中,不乏具有鲜明问题意识的报道,诸如《"新农合"异地结算：好政策还需实践中完善》（2月28日）关注农民工的社会保障困境,《建筑行业"失宠"年轻农民工难留》（6月13日）探讨建筑行业劳动力短缺难题,较能客观地反映农民工群体的利益诉求。

5. 话语引述分布状况

2019年,《工人日报》上篇名含"农民工"的新闻报道,话语引述情况分布具体为："无话语引述"居于首位,占比46.9%；"正面/满意"话语居第2位,占比38.5%；"中性/无明显倾向"话语居第3位,占比8%；"负面/不满"话语居于末位,占比6.6%。本研究中"话语引述"特指是否引述普通职工的话语。由此可见,普通职工的利益表达力度整体而言比较弱,因为"负面/不满"话语往往是反映改善现状的迫切诉求。

进一步的分析可以发现,"职业卫生"外的7项议题中均含有"负面/不满"话语（见图2-2）。再具体观察每一项议题话语引述情况，"负面/不满"话语在除"职业安全"议题外的其他议题中的占比均相当低，这在"收入""就业"两大基本议题中尤为突出（见表2-18）。值得强调的是，尽管总体数量（N=15）偏少，然而这些报道还是颇有质量，如《部分用人单位和农民工联手"规避"缴纳社保》（1月24日）、《合法的工伤赔偿，农民工不告拿不到钱》（9月12日）等，聚焦劳动薪酬、工伤赔偿、社会保险等诸项权益保障问题。其中，部分报道对当前农民工问题的制度性困境有一定呈现，诸如《非法劳务市场隐患暗藏整治行动亟待深入》（7月18日）反映了"非法用工"屡禁不止的现实动因，《午休还是挣钱，一些农民工面临两难选择》（10月31日）提出了保障普通职工合理休息权的诉求，而《一个农民工家庭的人间大爱》（7月4日）、《左手面包，右手爱情》（11月21日）等则描述了新生代农民工的婚恋家庭问题。

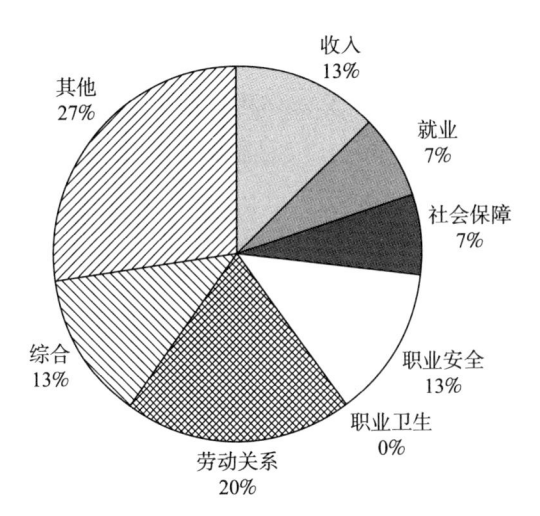

图2-2 2019年《工人日报》"农民工"报道中"负面/不满"
话语所涉议题分布情况

表 2-18　2019 年《工人日报》"农民工"报道中话语引述的具体分布

议题	正面/满意 出现频率（次）	正面/满意 占比（%）	中性/无明显倾向 出现频率（次）	中性/无明显倾向 占比（%）	负面/不满 出现频率（次）	负面/不满 占比（%）	无话语引述 出现频率（次）	无话语引述 占比（%）
收入	10	20.8	1	2.1	2	4.2	35	72.9
就业	33	50.8	7	10.8	1	1.5	24	36.9
社会保障	1	20	0	0	1	20	3	60
职业安全	1	20	1	20	2	40	1	20
职业卫生	3	60	0	0	0	0	2	40
劳动关系	6	33.3	2	11.1	3	16.7	7	38.9
综合	5	22.7	0	0	2	9.1	15	68.2
其他	28	48.3	7	12.1	4	6.9	19	32.8

（四）主体性表达与话语边界

上述三项具体研究，皆是运用内容分析研究方法，考察《工人日报》及《新京报》对职工议题所采取的新闻报道框架。《劳动法》第三条规定："劳动者享有平等就业和选择职业的权利、取得劳动报酬的权利、休息休假的权利、获得劳动安全卫生保护的权利、接受职业技能培训的权利、享受社会保险和福利的权利、提请劳动争议处理的权利以及法律规定的其他劳动权利。"该法的第七章还明确界定了对女职工和未成年工的特殊保护。我们所分析的诸项具体议题，均关乎职工群体的基本法定权益。其中，"生育保险+产假"议题更是与女职工的权益密切相关。基于以上研究，可做如下小结。

在第一项研究中，我们可以得出如下结论。报道主题方面，

《工人日报》对基本框架的选择与当前政治议题密切相关，每一项议题中"政策举措"和"先进典型"两类共同占比均很突出，同时，该报亦注重职工群体的"权益维护"。消息来源方面，《工人日报》倾向于选择"党政机构"和"工会组织"，两者共同占比在每一项议题中均超过40%；"普通职工"的信源地位仅在"加班+过劳""尘肺病"两项议题中较为突出。在"尘肺病""心理健康/心理问题"两项较多涉及专业知识的议题上，"研究机构"成为主要信源之一。报道主角方面，《工人日报》倾向于报道"党政官员"和"工会人士"，两者共同占比在每一项议题中均超过1/3，同时，需要强调的是，"代表/委员"中有相当比例的党政官员和工会人士，只是媒体在"两会"期间，更强调他们的人大代表或政协委员的身份。在"加班+过劳""生育保险+产假"两项议题中，"普通职工"的主角地位很突出，占比均超过了40%。在其他议题中，"党政官员"和"工会人员"占比仍较高。话语引述方面，"无话语引述"的状况较为突出，在"生育保险+产假"一项中的占比最低，但也达28.4%，这也表明近1/3的新闻报道中缺乏普通职工的声音。具体在"最低工资"议题中，"无话语引述"的占比甚至达71.2%。此外，"负面/不满"话语在每一项议题中的占比均超过了1/5，尤其是在"加班+过劳""生育保险+产假"两项议题中的占比均不止1/2。上述分析显示，《工人日报》在报道职工议题时，注重维护普通职工权益，同时有浓厚的"机关报"气息，紧密追随和阐述政策议题，倾向于使用相对固定的精英信源，行政和组织倾向鲜明。

在第二项研究中，考察平均占比，我们可以得出如下结论。报道主题方面，《工人日报》偏重使用"政策举措"（54.0%）和"先进典型"（24.0%）框架，"权益维护"（13.7%）框架亦有一定比重。《新京报》则偏重使用"政策举措"(43.6%)框架和"权益维护"(26.4%)框架,较少使用"先进典型"(7.6%)框架。消息来源方面,《工人日报》倾向于选择"党政机构"(50.2%)和"工会组织"(22.7%),而"普通职工"(4.9%)、"企业单位"(4.5%)、"研究机构"(1.0%)的单独信源地位均较一般。《新京报》相对更依赖于"党政机构"(62.0%),而几乎不选择"工会组织"(0.4%),"企业单位"(5.8%)、"普通职工"(4.5%)、"研究机构"(4.0%)亦较少作为单独消息来源。报道主角方面,《工人日报》明显倾向于呈现"党政官员"(48.3%)和"工会人士"(21.6%),"普通职工"(7.6%)则较少作为独立的报道主角,但比重略高于"专家学者"(4.9%)和"企业人士"(4.8%)。《新京报》则更倾向于呈现"政府官员"(54.8%),几乎忽略"工会人士"(0.4%),"普通职工"(8.2%)的报道主角地位亦不突出,但比重同样略高于"企业人士"(6.4%)和"专家学者"(4.4%)。在话语引述方面,《工人日报》中"无话语引述"的状况(63.6%)相当突出;存在话语引述的报道中,"正面/满意"(21.3%)话语居于首位,"负面/不满"(11.4%)话语次之,"中性/无明显倾向"(3.7%)话语亦有出现。《新京报》中"无话语引述"(72.7%)的状况更为明显,不过,存在话语引述的报道中,"负面/不满"(20.4%)话语居于首位,而"正面/满意"(4.9%)话语和"中性/无明显倾向"(2.1%)话语均不常见。此外,较之《工人日报》,《新京报》更愿意尝试常规报道主题外的"其他"类型(22.4%),更倾向于使用"综合"类型(18%)的信息来源,在报道主角上会更多选择人物地位相对均衡的"综合"类型(14.7%)。上述分析表明,《工人日报》和《新京报》具体类型有别,然而均紧密追随和阐述政策议题,倾向于采取"党政主导"的框架,显示出中国语境下主流媒体总体上的核心特征。在此前提之下,《工人日报》的"机关报"气息浓厚,行政和组织倾向很鲜明,注重开展典型报道,总结各级工会组织的先进经验和具体成绩。《新京报》更关注社会冲突性议题,总体遵循以"规避风险"为中心的新闻报道常规,同时又寻求机会实践新闻专业理念,这在"讨薪/欠薪"议题上表现得尤为明显。但是,它对工会系统的活动包括维护职工权益的具体实践几乎不予关注。两类主流媒体都能注重维护普通职工的权益,使用"权益维护"框架,就一些比较突出的、有普遍性的现存问题积极进行建言。不过,两者均倾向于使用相对固定的精英信源,普通职工的声音尤其是意见和批评都较为缺乏,有待进一步被打捞、倾听和呈现。

在第三项研究中,我们可以得出如下结论。在诸项议题中,"就业"和"收入"的能见度最高,劳动经济权益保障依然是农民工问题的重心。报道主题以政治议题为主导,"政策举措"和"先进典型"是报道重点,且紧跟特定形势进行政策宣传和社会动员。同时,《工人日报》在"权益维护"方面亦有可观作为,能够对严重违反劳动法律法规的具体问题、现象展开报道。消息来源的使用上相对稳定化、精英化,"党政机构"和"工会组织"是最主要的信源,体现出鲜明的行政和组织特色。农民工的"报道主角"地位在一定程度上、一定范围内能够反映农民工的主体及能动意识。然而,与理想的"主体性表达"尚有相当距离,关键在于提高他们媒介话语的自主性。这至少需要改善目前绝大多数报道无普通职工"话语引述"的状况。此外,虽然"正面/满意"话语未必不是心声反映,但是有必要努力增加对"中性/无明显倾向"和"负面/不满"两类话语的引述,它们通常更能体现利益表达的诉求及力度。可见整体而言,《工人日报》以"宣传+动员"框架为主、

"维权+服务"框架为辅进行报道。

三项具体研究合计分析1048篇新闻报道,其中含《工人日报》855篇、《新京报》193篇,若以"主体性表达"作为衡量指标,职工群体的媒介话语权境况不容乐观,可描述为"弱主体性"或"低度主体性"。新闻是对现实的社会性建构,新闻生产过程是社会控制的过程。综合而言,从微观到宏观,新闻生产处于三个层次的"综合控制"中:一是个体/群体层面,从业者自身的专业理想与职业意识;二是组织层面,媒体机构的具体定位和利益诉求,以及编辑部内部的常规生产机制;三是社会层面,权力部门的政治控制、商业机构的经济控制和新闻环境的行业控制。就本研究所考察的个案而言,不同类型的主流媒体在职工议题建构上,尽管会因议题性质而存在微观分际,但是在报道主题、报道主角、消息来源、话语引述上的"共通原则"更为明显,其话语边界由党的路线方针、当前政策形势、相关法律法规、媒体具体定位等要素综合划定,从而使职工群体在媒介话语中只能进行相当有限的自主利益表达。

在当前中国新闻生态系统中,既有媒体大致可分为机关媒体和都市媒体。其中,《工人日报》是典型的机关媒体,创刊已逾70年,一位副总编在总结工作经验时提出:该报的"立身之本"是"始终坚持正确的政治方向、舆论导向和价值取向";"立命之本"则是紧紧围绕党和国家的工作大局和工会工作全局,服务广大职工,突出"工"特色(赵巧萍,2019)。这一"立身之本"所强调的立场,不仅是对机关媒体的普遍要求,其实也适用于当前国内都市媒体。有研究者还发现:由于生存环境和政策环境的变化,都市媒体在具体新闻生产实践中逐渐强化"宣传模式",与机关媒体的差异不断减少(张志安、汤敏,2018)。因而,上述对样本媒体的观察与判断,在较普遍的意义上能够成立,此即在当前既有媒体上，职工群体的媒介话语权状况可描述为"有限的主体性"，其边界基本已被框定。前述当前国内"新闻场"是一个"新闻与政治融合的场域"，鉴于这一本质特征，在基本议题、报道主题、报道主角、消息来源、话语引述等具体指标上，专业媒体内部可能会存在"量"的分际，但很难出现"质"的差异。

四 本章小结：增进两种现实之间的契合度

此前，一项关于新生代农民工群体的经验研究显示：鉴于劳动关系议题的"难以脱敏"，大众媒体通常呈现"制度性沉默"；自媒体的"边缘发声"充满不确定性（吴麟，2016）。而今，扩展到考察职工群体状况及职工议题报道，我们可在此基础上进一步讨论。

既有媒体其实有可见的作为，在框定的边界内能主动为劳动者权益发声。我们所访谈的三位《工人日报》记者，虽然他们具体负责领域相异，但是都曾表示：在坚持"正确舆论导向"前提下，个人会积极地关注职工权益议题。系统梳理他们在近5年内的报道[①]，能够印证这一说法。其中，Y提出"报社风气很好，想做新闻的话，还是有很大的发挥空间"。作为记者，其个人追求为："努力写好报纸稿件，力求在具体领域内做到最专业最权威。另外，积极适应媒体融合需要，积极给新媒体平台供稿，特别在劳动关系领域、农民工维权方面，都会及时发声，占领舆论阵地。"截至2019年12月31日，Y在《工人日报》上共发表141篇与农民工直接相关的

[①] 2015年1月1日至2019年12月31日，Z、P、Y在《工人日报》上发表的署名稿件数量分别为439篇、230篇、509篇。笔者指导三名学生分别整理了他们的报道文本。

新闻报道，分析发现具有如下特征①。主题涵盖全面且又重点突出，其中"权益维护"类报道占比达46%。惯于通过个体故事折射群体困境，同时注重让当事人自主表达，统计报道文本中的直接引语，源自农民工的居于首位，占比达25%。"欠薪"与"工伤"是农民工遭遇的两大现实难题，Y对此努力寻找相关新闻线索，"隔一段时间就呼吁一次"，并且尽可能地写出新意。例如"工伤私了"问题，Y自2013年以来一共写过4篇报道，看似主题雷同，实则内核各异，其中最近一篇，关键点是讨论"诉讼时效认定"问题，对于工伤维权诉讼具有重要意义。在微信群"LGXZQ"中，财新传媒的W一度最为活跃，一有具体劳资冲突事件发生，便积极通过群内知情者寻求信息，每当相关劳动政策发布，便会主动请求学者和律师提供解读。自2011年6月至2014年11月，W在财新网和《新世纪》周刊发表了50篇关于劳动关系议题的文章，其努力得到劳工界的认可和推许，其作品被认为"专业且富有情怀"。

然而，同时遮蔽确实也是显著存在的。根据我们与前述9位媒体人的交流，总体而言"风险"是最主要的限制性因素——劳动关系议题相对"敏感"，劳动争议尤其是劳资群体性事件，作为典型的社会冲突性问题，更是"难以脱敏"。在日常的新闻采编中，"风险控制"成为最重要的准则——如果涉及劳动关系尤其劳资冲突，报选题时就会有更多的斟酌，审稿件时亦会有更多的流程，即使如此，最终能否刊出，相较其他选题，会有更多的不确定性。具体地说，这种结构性的遮蔽与所涉的人物、事件、议题有直接关联。

---

① 2019年10月至12月，笔者指导一位学生深入采访Y，并结合访谈内容和具体报道文本分析，完成学校规定所要求的学年论文。此处数据分析源自这篇习作。

既有媒体这一"边界内的发声"与"结构性的遮蔽"并存之境况,适用于绝大多数其他类型的媒体。何以如此?我们从结构(structural)、表征(representational)和互动(interactional)三个维度进行综合考察,不难做出初步解释。在这一分析框架中,"结构维度"是指正规制度特点,包括媒介组织的所有权、定义传播自由的法律框架等,它往往与政治制度相关联,因为其不仅构成媒体运作的"政治生态"背景,而且还为信息流通的内容和形式"设定边界"。"表征维度"是指媒体的产出,即媒体所提供的内容,包括议题设置、表征方式、意识形态倾向等具体标准。"互动维度"则主要包括两方面——公众与媒体的互动,即公众如何理解、诠释和使用媒体内容,以及公民之间的互动(Dahlgren,2005)。比较既有媒体、政务媒体、自媒体与平台媒体,表征维度、互动维度上或有具体差异,结构维度上的限制则是共通的。需要强调的是,极少数劳工立场的自媒体,在表征维度上会建立与主流媒体存在差异化的话语模式,从而在寻求"发声"、反对"遮蔽"上有更突出的作为,不过已有个案研究显示,它们均面临互动维度的挑战,尤其是结构维度的困境,往往只能在缝隙中辗转腾挪(李艳红,2016;吴麟,2017)。因而,在当前新闻生态系统中,媒体作为的现实境况,可概括为"发声与遮蔽相交织"。

置身日益媒介化的现代社会,能否在媒体空间中进行利益表达以及表达是否充分,关乎个人及群体的切身利益。在职工议题上,普通劳动者的真实诉求能得到全面而深刻的呈现,关乎基本劳动权益保障以及进一步实现体面劳动的愿景。通过上述具体的数据分析与个案考察,我们认为,媒体在此方面有可见的作为,不过还应进行更为系统的努力。其中的关键在于,媒体需要尽可能地提升风险性职工议题的能见度、重视普通职工的媒介表达主体性,以增进

"媒介现实"与"客观现实"之间的契合度。如何增进？基于已有分析，应当尽可能拓展当前新闻业空间中"协商区域"的边界。如何拓展？一方面，根本在于党和政府应审慎调整现有"国家－媒体"关系，降低新闻生产风险。另一方面，职工群体覆盖各行各业、内部异质性较明显，职工议题涉及方方面面且多具有社会冲突性，媒体系统诸行动者需要达成共识，增强公共性的自觉，合力服务于以公众为主体的多元意见的形成、表达与聚合。制度空间与能动主体的良性互动，方有可能促进社会保护、促成社会对话，使劳动关系治理能趋向"善治"。

第三章
实践感与责任伦理：
媒体行动的价值理念

作为嵌入具体时空结构中的一种中介机制，媒体是否作为及作为空间如何，通常取决于政治、经济与技术三重逻辑的共同作用，通过第二章的分析可知，"媒体作为的现实境况"呈现为"边界内的发声"与"结构性的遮蔽"并存，我们对此已有初步体会。那么，当前中国语境中媒体需要如何行动，方可充分有效地表达多元行动主体的利益诉求，增进"媒介现实"与"客观现实"之间的契合度？通常而言，行动由观念与实践两方面构成。因而，一个需要厘清的问题是：媒体作为一种嵌入性的中介体制，需要秉持什么样的价值理念，方能成为劳动关系治理的有机参与者？这将是本章讨论的中心。

一 研究设计：两类媒体与拓展个案研究

当前中国社会兼具"转型关键期"与"矛盾凸显期"的特征，劳动关系的结构性紧张已演化为社会治理潜在的"重大风险"。因此，劳动关系议题在相当程度上具有风险属性，既有平台媒体、政务媒体等往往选择对其进行规避,尤其是敏感的冲突性议题,自媒体则可能成为劳动关系议题的替代性传播渠道。对这一经验现实的体察,是本研究的出发点。这提醒我们在讨论媒体与劳动关系问题时,不妨采取另一种分类标准——按照隶属政府治理系统与否,现阶段中国媒体,大体可划分为两种类型:一是建制内的媒体,可称为"主流媒体";二是建制外的媒体,可称为"另类媒体"。关于"主流媒体"的概念界定及内部分际,在前述"结构性的偏向:职工议题的媒介能见度"一节中,我们已有讨论,此处不再赘述。那么,何谓"另类媒体"?则需细致辨析。

另类媒体是一个动态的历史概念。约翰·唐宁(John Downing)于1984年出版的著作《激进媒介:另类传播的政治体验》(*Radical Media: The Political Experience of Alternative Communication*)被视为当代系统研究另类媒体的起点。此书于2001年出了修订本《激进媒介:反抗传播与社会运动》(*Radical Media: Rebellious Communication and Social Movements*),在历史背景、地理空间、媒介形态的维度上拓展了相关内容,但主旨依然是在社会运动的历史语境中考察激进媒介的意义。正如詹姆斯·汉密尔顿(James Hamilton)所言,"另类媒体"是一个松散的、富有争议性且难以统一界定的概念,而非对一种媒体的统称。较之建制内的主流媒体,它们通常处于非主流(non-mainstream)的边缘位置,其称谓在不同时空中有所流变[1],充分体现了"另类"意蕴的模糊与动态性(Hamilton, 2000)。可见,另类媒体究竟为何,其实颇难简洁且明晰地予以

---

[1] 迄今,至少出现过"地下媒体"(underground media)、"公民媒体"(citizen media)、"激进媒体"(radical media)、"自治媒体"(autonomous media)、"独立媒体"(independent media)、"草根媒体"(grassroots media)、"社区媒体"(community media)等具体内涵同中有异的称谓。关于西方另类媒体的概念辨析与内涵界定,可参见罗慧于2012年出版的著作《传播公地的重建——西方另类媒体与传播民主化》。

界定。

纵观已有相关研究，"非主流"都被视为另类媒体的重要属性，虽然这一判断并不背离事实，不过若仅从这一层面来理解，失之偏颇，很有可能陷入非此即彼的论述陷阱。在此，克里斯·阿顿（Chris Atton）的提醒值得重视：任何对另类媒体的界定，或其与主流媒体的差异，"都不是绝对的"；另类媒体的经营模式、表现形式，甚至批判对象，并非僵化概念，而是"具有某种程度的相对性与流动性"（Atton，2002）。我们应破除"二元本质主义"的迷障，运用"历史语境主义"的方法论展开探讨。由此，当下在探讨另类媒体的概念及意涵时，需要厘清三个问题：另类媒体在现阶段中国社会是否有存在的必要？另类媒体应如何处理与建制内主流媒体的关系？另类媒体的存在对弱势社群究竟具有什么意义？

根据对上述问题的具体思考，我们认为可从共性与个性两个层面理解转型期中国社会中另类媒体的概念及意涵。共性层面，它在内容生产、组织形态和社会行动上亦均显示出民主的追求，包括平等近用媒介、主动的阅听人、参与式传播、主体性弘扬、群体认同建立、意识觉醒促进、挑战主流媒体论述、保障弱势社群发声等核心要素。个性层面，必须要考虑区域的差异性，不必也不应当以学理意义上的"完全独立"作为衡量标准，能够在实务操作中相对拥有独立、自主和批判意识即可，并且，另类媒体与主流媒体的理想关系类型不应是持续的对抗，而是竞争与合作并存。媒体在与社会关联的过程中形成媒介权力（media power），从此视角出发，我们能进一步对主流媒体与另类媒体进行"区隔"（distinction）。按照罗伯特·哈克特的阐释，媒介权力形态可划分为"经由媒介的权力"（power through the media）和"媒介自身的权力"（power of the media）（Hackett，2006）。当前中国的主流媒体，实质上是政府治理体系有机构成，其权力形态更多地体现为"经由媒介的权力"。现有的"国家－媒体"关系下，无论传播技术如何变迁，都不足以改变主流媒体"作为权力运作技术的本质"。相对而言，另类媒体的权力形态则侧重于"媒介自身的权力"，试图挑战信息霸权、争取公平传播权益，颇具皮埃尔·布迪厄所论述的"象征权力"（symbolic power）意味。

观察当前国内媒体对劳动关系议题的建构实践，我们业已发现，多数主流媒体采取"他者化"的路径，在提升风险性职工议题的能见度、重视普通职工媒介表达主体性方面尚需系统努力。同时，在劳工立场上另类媒体的实践初步可见，普通劳动者及特定行动者，开始利用自媒体发声，其鲜明特征是凸显主体性以抗议"霸权论述"。基于两类媒体的属性差异，我们有必要展开分类探讨。

在具体研究中，我们准备通过个案探寻媒体行动的价值理念。在方法论意义上，个案研究始终面临着"如何处理特殊性与普遍性、微观与宏观之间的关系问题"这一挑战。有研究者提出主要存在"超越个案概括""个案中的概括""分析性的概括""扩展个案方法"四种处理方式（卢晖临、李雪，2007）。本研究将尽可能地尝试"拓展个案方法"的路径，搜集材料时兼涉宏观和微观、分析中始终秉持反思性信条。同时，需要强调的是，个案本身亦有其独特价值。在分析个案时，我们将根据研究的实际需要，综合运用深度访谈、田野观察、话语分析等方法。

二 媒体行动的价值：寻求呈现实践逻辑

在当代中国经济社会转型中，"资本主导"地位有其特定的历史形成途径。与此同时，在劳资契约的制定、生产及分配领域，

"劳动的弱化"相当明显，劳动关系冲突"由隐性走向显性"（罗宁，2010）。确实，已发生的诸多事件显示，不少历史的、隐蔽的存在，逐步成为现实的、鲜明的问题，童工劳动即是如此。规制层面，当前中国法律明令禁止使用童工，然而，雇用童工现象在现实经济活动中并不鲜见。由于法律严禁而事实尚存的悖论境况，童工劳动是具有明显风险属性的劳动关系问题。我们拟通过聚焦于这一具体议题，探讨当前中国媒体行动在劳动关系治理中的价值究竟是什么。

（一）个案研究

溯其本源，童工劳动是世界近代化发展过程中的伴生问题。西方工业革命初期，甚至出现过专门的"童工交易"市场。近代中国工业化进程中，使用童工也是一种普遍现象，并且存在"明显的地域性和行业性特征"（李楠，2015）。早在20世纪初，国内学界便已出现不少讨论童工劳动产生原因、现实危害、解决举措的著述（鲁运庚、张美，2018）。1949年至1978年，作为一种"普遍社会现象"的童工劳动不复存在。然而，自20世纪80年代中期起，随着商品经济的发展，童工劳动再度成为"社会问题"。1987年，《劳动保护》杂志登载一封群众来信，反映广西柳州地区的乡镇小煤窑雇用童工，编辑在回复中表示这一违法现象正在不同地方、行业的乡镇企业中蔓延。同年，《法学》杂志亦刊发一篇关于应迅速制定《限制童工法》的文章。

从政策举措的角度观察，中国政府为消除童工现象进行了诸多努力。1988年，劳动部等五部门联合发布《关于严禁使用童工的通知》，强调这是"我国社会主义制度绝对不能允许的"。1991年国务院出台《禁止使用童工规定》，后在2002年予以修订，其中规定"国家机关、社会团体、企业事业单位、民办非企业单位或者个体工商户均不得招用不满16周岁的未成年人"。1994年，《劳动法》实施，第十五条规定"禁止用人单位招用未满十六周岁的未成年人"。《刑法》《未成年人保护法》《义务教育法》等法律中亦有相关条文。此外，中国还加入了《儿童权利公约》《准予就业最低年龄公约》《禁止和立即行动消除最恶劣形式的童工劳动公约》等重要国际条约。不过，理念和行动之间存在显见的距离，童工劳动依然是真实的社会存在。对此，论者多在法律规范层面探讨，从"国际劳工标准"或"青少年劳动之保护法制"等角度审视中国当前的童工立法缺陷，主张面对当下社会转型现实，通过加强法治建设予以完善。

媒体与劳动关系研究是一个"有待深垦"的领域（吴麟，2015b），具体在童工治理问题上亦不例外。既有研究多是简单述及媒体舆论监督功能，强调媒体对非法使用童工事件的曝光，让公众意识到童工现象是一个现实的社会问题。以媒体童工报道为中心的系统探讨，目前仅有一项内容分析研究，基于对2001年1月1日至2002年1月31日在人民网中检索出的200篇报道和评论样本所进行的讨论，指出：媒体注重采取法律视角、注意表达童工声音，从而在促进童工问题的解决、"形成社会上有利于儿童权利实现的共识"等方面有着重要作用（卜卫，2002）。这一结论在整体上是成立的，显示出媒体参与劳动关系治理的可能性。鉴于经验现实的错综复杂性，对媒体的具体行动及实际影响，我们尚需进行更深入细致的考察。

1. 案例说明与资料来源

童工劳动是一个风险意味颇浓的议题，不过国内媒体并未完全回避对其进行关注报道。

在"中国重要报纸全文数据库"中检索,2000年1月1日至2020年12月31日,篇名中含关键词"童工"的新闻与评论共有330篇①,其年度分布状况为2000年16篇、2001年5篇、2002年15篇、2003年19篇、2004年19篇、2005年17篇、2006年26篇、2007年39篇、2008年48篇、2009年7篇、2010年9篇、2011年4篇、2012年16篇、2013年9篇、2014年31篇、2015年5篇、2016年30篇、2017年5篇、2018年5篇、2019年4篇、2020年1篇。逐一阅读发现,其中95%左右的新闻与评论指向本研究所关注的国内童工劳动问题。在上述媒体文章中,"凉山童工"是被提及最多的群体,有19篇相关文章,并且有两次的集中出现:一是2008年(9篇),二是2014年(9篇)。这两次集中出现的触发点均是企业非法使用童工事件。

2. 媒体呈现的一个特定框架:"黑色交易"

观察历年以来国内童工劳动问题的报道与评论,媒体呈现的基本内容不外乎如下几点:描述童工境遇——"失学"+"繁重劳动";解释童工成因——"家庭贫困"+"企业非法用工";突出政府行动——"解救"+"专项整治"。

在新闻架构中,框架被认为通常有四个栖身之所——"传播者的认知"、"传播者建构的文本"、"文本接受者的认知"以及"传播活动和文本流通的场景"(Entman,1993)。上述媒体呈现的基本内容主要为"传播者建构的文本",基本是静态的分析。潘忠党(2006)强调:话语(文本为再现的体系)、话语的建构(框架建构的行动及过程)、话语的接收(效果及其心理机制),作为架构分析

---

① 在不同时间采取相同步骤检索时,结果有所出入。2019年6月17日检索,2007年有39篇、2014年有30篇、2016年有30篇;2020年1月27日检索,2007年有37篇、2014年有31篇、2016年有28篇。我们在分析中倾向于取偏多者为样本。

的三大范畴，在社会建构主义的学理框架内，每一项均是动态的过程，皆以行动及其场景为构成元素。鉴此，以下将从"传—受"双方中"文本接受者的认知"方面试进行探讨。

《南方都市报》对珠三角地区"凉山童工"事件的报道，较以往同类报道，激起了更为强烈的反响，一个关键因素是该报对童工问题的关注和报道。对于传播者建构的"黑色交易"框架，文本接受者究竟是如何认知的，我们至少可以观察两类主体。

第一类为媒体和普通公众，他们的反应是"认同＋谴责"。截至2020年12月底，"中国重要报纸全文数据库"共收录了9篇新闻评论。这些媒体文章的观察视角、核心观点虽然各有千秋，但是行文均先认同存在童工"黑色交易"，继而以谴责的态度展开具体分析。普通社会公众大体也是持这一"认同＋谴责"的观点，从零星可见的网络留言中能略见一斑。第二类为专业研究者，其反应则是"震惊＋疑惑—探寻"。由于事件直接指向珠三角地区的彝族劳工群体，致力于劳工研究、族群研究的学者相当关注此事。对媒体建构的传播文本，他们既感震惊，基于专业判断又生疑惑。当"黑色交易"框架被否定后，专业研究者也未停止思考，认为事件反映出的问题有待解答，于是展开进一步探究，以寻求更深入的理解。

综上，2008年《南方都市报》在报道珠三角地区"凉山童工"事件时，传播者基于自身"暗访"调查的判断，具体运用不同类型的框架符号和归因符号，建构出一个"黑色交易"的特定框架。

3. 人类学研究的批判：媒体"误读"领工制

迄今，媒体对珠三角地区"凉山童工"事件的曝光，所激起的社会反响在同类题材中最为显著，原初报道及后续讨论所建构、强化的"黑色交易"框架，无疑是一个关键要素。然而，观察文本接受者的认知，专业研究者对此持"疑惑"态度。其间，一个人类学研究团队的行动值得关注，他们对媒体报道涉及的"带工"现象及"工头"群体进行了深入探究。

这一研究团队由中央民族大学民族学与社会学学院数位老师及所指导的硕士、博士生构成。2009年5月，该团队先是进行了一次"探险式"调查，据说这次为期不过5天的调查，在相当程度上"校正"了他们从报道中获知的信息。之后，这一团队的主要负责人申请到研究经费，正式启动"西部少数民族农民人口流动调查"研究项目，于2010年至2012年间先后7次组织团队到珠三角和凉山地区开展田野工作①。刘东旭的博士学位论文《流动社会的秩序——珠三角彝人的组织与群体行为研究》是其中一项学术成果，该论文围绕"领工制"展开，对《南方都市报》的报道进行了全面审视。

这项研究完成于2013年，为专业学术社群所认可，荣获2014年"余天休社会学优秀博士论文奖"，颁奖词中指出这是一篇优秀的人类学民族志作品，有机结合"工人研究"与"族群研究"两种视野，揭示了当下中国工人群体"基于族群因素而生成的内部多样性"。根据刘东旭（2016）的自述，他在广东和凉山的田野时间总计达13个月左右，与东莞的彝族工头们建立了"不错的关系"。其间，他还随20多位彝族工人一道，被工头送到富士康的一家工厂做工。他的博士学位论文开篇即整段引述了《南方都市报》一则关于珠三角地区"凉山童工"事件的新闻报道中的文字，指出这一报道及后续的相关讨论，让"彝族领工工头"这一特殊群体进入公

---

① 根据公开资料，该团队还产出了一篇同主题的硕士学位论文——《领工制：珠三角彝族劳工的生境和组织》，完成于2011年，其田野工作主要在东莞市进行。

众视野。他在一定程度上肯定媒体作为——其所呈现的童工境遇发挥了唤起同情、刺激问责的作用，然而，更多的是批判——他认为媒体舆论使工人与工头的关系被建构成"近似于过去奴隶主与奴隶的关系"，并且着重强调这一富有"想象力"的联系，对于"普遍被社会进化论话语所熏染"的公众来说，非常具有"煽动效应"，对珠三角地区成千上万流动彝族人的境遇造成了"长远的负面影响"。

在这项研究中，"领工制"被界定为一种"用工和招工模式"①，对于这一特定机制的生成及运行实质，特别是彝族工头与工人之间的关系，刘东旭基于扎实的田野调查进行了系统分析。纵观他的研究，下述发现值得注意，这是对前述媒体报道建构的"黑色交易"框架的回应与校正。

一是自 20 世纪 90 年代中期开始，彝族人才有规模地离开传统彝区，前往省内外的其他城市从事务工经商活动，其最主要的选择是投身制造业工厂。相较于长三角地区，珠三角地区的工厂招工要求大多并不严格，内部管理也是颇为松散，成为年轻彝族外出务工群体的首要选择。在陌生的新环境中，流动彝族人处理现实问题时，依然会援引习惯的观念和习俗，传统的"等级、家支和纠纷解决机制"是其日常生活中的重要行为逻辑。

二是大量彝族人能在珠三角地区流动，与普遍存在的"代工转包生产体制"紧密相关。这一极其依赖于密集劳动力的发展模式是缔造珠三角"经济奇迹"的重要因素。2001 年前后，临时工、学

---

① 刘东旭（2016）对其的界定为"彝族工头利用个人的外出打工经验、资金优势和社会关系等便利因素，从四川、云南和贵州的彝区，将老乡或亲戚成批地带到广东的东莞、深圳、惠州等地进厂打工，并提供相应的培训、庇护、资金资助等服务，最后由工头与工厂结算工人收入，并从工人的工时工资中抽取一定份额作为利润"。

生工、派遣工等多样化的群体开始出现，用工模式从"偏一致化"转向"差序化、等级化"。企业在世界市场波动中"逐底竞争"的需求、政府的事实"默许"和政策"空间"，使得临时用工模式大行其道，珠三角地区劳动市场中形成一种"差序的劳工体制"，彝族工人由于语言、习俗和组织方式异于主流的工人群体，成为"后备劳工游击队"。综合多方数据保守估计，2008年前后活跃于珠三角地区的彝族工人总数不下10万人，主要集中在东莞、深圳和惠州三地。

三是彝族人放弃"自由和面子"进厂打工，不仅是基于获取经济利益和改善物质生活的需要，往往还缠绕着其他非经济的"社会性因素"。领工制以群体方式安排工人进厂的做法，契合了他们对族群内部"群体性生活"的强烈需求，其出现为彝族人大规模流入珠三角地区奠定了基础。2002年前后，"代工分包企业不稳定的短期用工需求"，直接刺激了彝族人的领工制模式兴起，其后续发展则受到市场和国家政策的综合影响，它的流变体现了彝族人群体"在过度市场化的处境中重新寻求社会性整合和庇护的过程"。

四是彝族人"领工制"是一种以工头为核心的劳务经济形态，起步之初即与彝族人传统的血缘、姻缘、地缘"紧密地镶嵌在一起"，工头群体基于追求利益而生成，同时具有家门、亲戚、老乡等颇具温情的"社会性含义"。在连接工人和企业的过程中，工头群体担当着"中间人"角色协调二者关系，并且需要为困境中的彝族人个体提供"生存性保障"。因而，彝族工人以工头为中心形成的群体总体上像是一个"流动的社区共同体"。

简言之，人类学的经验研究认为：彝族领工制实际上更像是一种"准工会制"或"准劳务派遣制"，经济上的契约关系之外，它还倚重亲戚、同乡和社群等社会网络关系。珠三角地区"代工转包生产体制"所催生出的"差序的劳工体制"是这一模式生成及发展的"结构性背景"。作为劳动力市场中的"底边群体",彝族工人愿意安于领工制的内在逻辑,不仅是在"丛林社会"中寻求生存庇护的策略选择,而且是流动生涯中对"共同体"精神归属的渴盼。可见,人类学学者对媒体的批判要点在于:简单以"黑色交易"的框架呈现彝族的"带工"现象,将工人与工头的关系片面地描述为"经济强制的人身依附关系"是对领工制的严重"误读"。

(二) 结论与讨论

经由上述分析,我们可以发现 2008 年《南方都市报》对珠三角地区"凉山童工"事件的原初报道及后续讨论,聚焦重要且敏感的童工劳动问题,具有突出的公共性指向,显现出媒体在当前劳动关系治理中能有一定作为,即唤起社会公众关注,成为制度变革起点。然而,人类学的经验研究对媒体报道的社会功能虽有肯定,但更多的却是批判——提出媒体未能深入探寻珠三角彝族工人的组织与群体行为的特定逻辑,其所建构出的"黑色交易"框架,既未能完全准确地描述问题的表象,更未能趋向精准地为问题实质定向,以致严重"误读"了镶嵌在特定政治经济结构中的"领工制"。那么,这一个案的具体启示是什么?是否具有普遍意义?

1. 方法论的自觉与成为能动主体

新闻生产与学术生产有着不同的逻辑。在时空因素的结构性限制下,媒体报道通常难以像学术研究一样深入与精细。在与笔者讨论这一案例时,劳工问题研究者 D 认为:在当前中国语境下,媒体"报道/曝光"对于"促进具体事件的解决乃至更宏大的劳动关系调整体系的建构都有很强的作用"。"严谨"的学术论文,可能在揭示"事实真相"方面比"粗糙"的新闻报道更值得信任，但未必能引发同样的"公众注意"，乃至"更进一步的群体情绪的积累和爆发"，从而推动现实治理展开。笔者认同这一观点，在童工事件中，《南方都市报》的报道尽管在事实细节描述方面存在不足，但在"唤起注意"方面无疑有所作为，揭露出珠三角地区部分代工企业存在的非法用工现象，是一次典型的曝光非法劳动关系的"舆论监督"报道，对于劳动关系治理有所裨益。它所建构的"黑色交易"框架也并非毫无根据，我们所援引的人类学研究作品中也有提及：随着进入劳务市场情况的变迁，相较于早期工人对工头的请托，工人反过来对工头进行挑拣，工头之间的竞争日趋白热化，其中确实有人不惜通过"拐骗""欺骗"的方式招工（刘东旭，2016）。那么，人类学研究对于媒体报道的批判是否还有意义？

剖析这一个案，其启示可归纳为：在构建"中国特色劳动关系"的语境中，聚焦于真问题并且努力寻求呈现具体问题的实践逻辑，是媒体参与劳动关系治理的一种进路。此处，"实践逻辑"概念源自布迪厄（2012）所主张的"实践社会学"，即行动者在实践中所遵循的逻辑。在他看来，"社会现象学"与"社会物理学"存在共同缺陷——偏好用"理论理性"替代"实践理性"，即往往将行动者在实践活动中的"理性"等同于研究者在学术研究中的"理性"，因而他提出"实践社会学"的主旨是超越这两种传统研究模式之间的对立，去探究行动者在实际中所采用的"实践逻辑"。这是一种"自在逻辑"，"既无有意识的反思又无逻辑的控制"，更确切地说，它是"任何实践感的逻辑。"对于他的具体阐述，可进行如下解读："实践"是"非意识化的在习性引导下开展的行动"，是"在时间中逐渐展开的不可逆且不确定的历时性过程"；对行动者而言，实践过程会呈现一种"非总体性、非同时性"的状态。其间,"实践逻辑"相较于理论逻辑或话语逻辑,相应地具有"非连贯性(非总体性)和非严密性(模糊性)"的基本特征(谢立中,2019a)。那么,媒体在具体新闻生产中如何寻求呈现实践逻辑?论及劳动关系治理,人类学研究对于媒体报道的批判有其特定意义,至少在下述两个层面上需要注意。

首先是在方法论层面,鉴于劳动关系是劳动力与劳动力使用者以及相关组织为实现劳动过程所构成的"社会经济关系",媒体在报道劳动关系问题时,应当具备一种"元问题"的认知自觉——"所有的经济活动都是社会性的"。此即经济行为确实嵌入在社会网络中,我们需要反对"化约主义"与"整体主义",尽可能运用"复杂思维"分析社会经济现象。在此,"低度社会化"与"过度社会化"的阐释思路均不可取——因为"行动者既不会像原子一样孤立在他们的社会脉络之外做出决定、采取行动,也不会盲目遵从他们刚好所属的社会文化族群为他们的特殊类型所写的表演脚本。相反,他们有目的的行动背后的意图嵌入在社会关系具体且不断发展的系统中"(格兰诺维特,2019)。我们所聚焦的 2008 年《南方都市报》报道的"凉山童工"事件,其实质是讲述一个族群劳动力商品化的故事,也发现了其中存在着一条明显的利益链条。但是问题在于,媒体所建构的"黑色交易"框架,未能准确呈现其中以"领工制"为核心的中介体系。对珠三角地区流动彝族人而言,领工制的生成实际上是其劳动力深度市场化的表征,同时基于领工制而生成的"群聚性"又有着社会性层面的意涵。较于媒体报道,人类学研究的亮点在于挖掘出市场与社会关系的复杂性——现实语境中"领工制"在推动劳动力商品化的同时又兼具社会保护之职能。劳工问题研究者 W 在一篇书评中,称赞这项研究对劳动力市场中的"组织体系、利益链条、权力关系和控制方式"进行了清晰的解析。可见，只有关注市场性和社会性及它们彼此间的关系，才有可能真正触及"凉山童工"事件本质。

其次在具体操作上，媒体在报道劳动关系问题时，需要尽可能地避免静态刻板"画像""寻根式"的解释以及"去语境化"的阐释。刘东旭在田野观察中就发现，媒体所建构的彝族人形象总是和"所谓独特的文化特征息息相关"，偏好运用"激情的火把节"等沿袭已久的符号，此种"画像"远不足以反映当下彝族人的真实境况，媒体应致力于对动态的流变过程进行描摹。"寻根式"的解释——习惯于寻找传统特征作为解释现实问题的依据——更是大忌，即存在"固有想象"，直接地、轻易地"搬套"历史和传统来理解当下的社会现象是"非常鲁莽"的行为。至于"去语境化"的阐释，则难以有效地勾连问题的表象与实质。在访谈中，论及《南方都市报》的具体报道内容对于童工问题的严峻性以及部分细节描述的真实性，刘东旭并不否认，他在调查中有过切身体会——曾与9名"16~21岁的年轻人"一起被工头安排进厂，其中"有的已做了5年临时工"，"外出务工时间最短的也已经有1年半"，他还曾多次目睹工厂人事主管在工头的安排下挑选工人时，"俨然一幅在商场购物的派头"。在他看来，媒体报道的明显缺陷是，阐释具体现象时存在"去语境化"的弊病。询问其对相关媒体报道的观感，他的回复耐人寻味——"所有的细节在一定意义上讲都可能是真实存在的，但这些细节不能脱离于它们所处的情境来理解，更不能用一套包装过的高尚道德标准来评价。他很勇敢，但他对彝人在东莞所处的复杂环境并不了解，对凉山彝人长期贫困的结构性原因更是一无所知"。在实地访谈中，他再三地强调媒体需要"理解东莞""理解凉山"，以及理解彝族人的"表达风格"。

一项新闻生产经验研究显示：《南方都市报》整体的生产惯习

糅合了"新闻专业主义"（以深度报道为主）、"市场导向新闻学"（以社会新闻和娱乐新闻为代表）、"文人论政传统"（以时评为代表），具有"分裂感和糅杂性"，但"拥有公共意识和独立立场的诉求和指向"也非常明显（张志安，2019）。本研究所讨论的个案，鲜明地体现了这一"生产惯习"，报道出现偏差亦与此密切相关。媒体研究者 C 就提出：此次调查主体是"南都东莞站的记者"，他们的报道多为社会新闻，"很少往深度报道方向去写"，不过更重要的因素应是报道空间有限，据其田野经验，依据"防止炒作"批示，在宣传指令体系中要求"不再跟踪报道"。深入这一个案，我们不难感知：建制内的媒体，总体上作为"治理参与者"而存在，基本行动方向已然明确。"典型报道"抑或"批评报道"，究其本质均可视作一种"治理技术"（孙五三，2002）。不过，能否在一定程度上超越纯粹"治理技术"特征，会显著影响媒体的作为效果。当前中国的"国家－媒体"关系别具特色："国家"作为影响媒介行动的关键性力量，通常会承担着"批评报道的推动者和支持者"功能（王冰，2019）。在这一特定"国家－媒体"关系所框定的界限内，具体结构位置以及能动性的差异，往往导致媒体实际作为存在明显分际。可见，在新闻生产中聚焦真问题且寻求呈现问题实践逻辑相当不易，具有方法论的自觉非常重要，然而媒体可否成为能动主体更为关键。

2. 结构位置分际与追寻共同价值

媒体是嵌入具体时空政经结构中的一种社会机制，我们需要秉持"关系思维"，在动态的社会权力关系中对其展开分析。上述个案分析，我们主要围绕《南方都市报》的调查报道展开，发现：在劳动关系治理中，寻求呈现实践逻辑是媒体行动的真正价值所系。那么，这一基于主流媒体报道样本的研究结论，是否适用于另类媒体？毕竟，二者的结构位置分际明显。

溯其本源，另类媒体一出现便指向特定的价值旨趣。关于西方另类媒体，罗慧（2012）在专著中从"传播公地重建"的角度进行过系统研究。据其梳理，内容生产层面，另类媒体"致力于呈现被主流商业媒体不予报道或忽视"的事件、声音及观点；组织形态层面，它通常在"非商业化定位"的基础上构建一种"平行合作而非垂直等级的关系"；社会行动层面，它则寻求通过内容和形式上的创新，"挑战主流商业媒体的霸权地位"，"甚至通过直接参与社会运动引发社会变革"。总之，作为"一种修正主流商业媒体弊端的传播机制"，另类媒体代表了一种努力方向和行动方式，进行着三个层面的民主实践——"基于反信息霸权的内容民主"、"基于参与式传播的空间民主"，以及"基于社会行动的行动民主"。成露茜（2004）在介绍台湾《立报》和《破报》的经验时提出：另类媒体通常存在"倡导性"（advocacy）和"草根性"（grassroots）两种类型。从历史角度来看，另类媒体在社会运动中扮演着不可忽视的角色，而且"持续作为异议和抵抗的代表"。黄孙权（2010）则基于自己在台湾《立报》的办报经验，提出：另类媒体珍贵之处在于"制度内的民主制度与制度外的社会性"，它不以自身存活为目的，而是成为社会进步的"试纸"，其与社会进步之间是"接和"（articulate）与"辨证"的关系。在综合的基础上，郭良文（2010）对另类媒体的内涵及其理念，进行了相对完整的阐述——另类媒体是"一个独立、非商业的平等近用媒介，透过主动阅听人与市民的参与、多元表达的方式来分享信息、建立群体认同与促使意识觉醒"，以及"透过被忽视观点的呈现或以对抗主流媒体的新闻论述与再现等方式，形塑反抗文化或进行反压迫，进而弘扬弱势或少数团体之主体性、促进市民社会与民主化的发展"。可见，已有研究文献多强调另类媒体是一种对抗机制,"非主流"均被视作另类媒体的重要属性,这也是其特定价值来源。

另类媒体在本质上的确具有对抗(oppositional)意蕴,其存在的重要意义便是反对信息霸权(counter-information hegemony)。然而,这并不意味着另类媒体与主流媒体之间没有共同的价值追求。我们需要警惕"非此即彼"的绝对冲突型论述陷阱。在中国语境中,在致力呈现可能被主流媒体或忽视或遮蔽的事实、观点时,寻求呈现具体问题实践逻辑,同样应当是另类媒体行动需要追寻的价值。如果缺乏足够的实践理性,纯粹以对抗性论述为宗,何尝不是另一种忽视与遮蔽。无论是主流媒体还是另类媒体,呈现实践时都应有足够自省。在此,布迪厄(2012)的这段反讽值得我们认真体味——在那些对社会世界的话语拥有垄断权的人身上,思维方式因考虑自己还是考虑他人(即其他阶级)而异,他们往往对自己是唯灵论者,对自己是自由主义者,对他人则是统制论者。而且,同样合乎逻辑的是,他们对自己是目的论者和理智主义者,对他人则是机械论者。

如何呈现新就业形态下平台工人的生存境况及其内在逻辑,就是一个可探讨的具体案例。在"导论"一章中,我们梳理《人物》杂志的调查报道《外卖骑手,困在系统里》及其引发的关注,发现"算法"成了聚焦点——报道援引学者的研究,强调"系统算法的控制与规训","饿了么"和"美团"也相继回应,将"改进"算法以"优化"系统,中央电视台、新华社等主流媒体也纷纷谴责算法的"失衡"与"异化"。然而,也存在着不同声音。2020年9月9日,微信公众号"Alfred数据室"发表《外卖骑手的困局,算法不背这个锅》,分析《人物》杂志的报道对算法的批判存在逻辑问题提出,对于骑手困局,外卖平台是最大的责任方,同时部分骑手、用户也负有责任,"唯有算法是任人打扮利用、专门背锅的小姑娘",强调无论是否处在数字经济时代,"关键的都不是算法,而是资本和人"。2020年9月14日,"原子智库-腾讯新闻"微信公众号刊发一篇学术评论《与其说外卖骑手困在系统里,不如说困在农民工的权益洼地里》,该文"编者按"中提出"将其困境归因于算法——诸如数字劳工、算法奴役这些概念,除了显得前沿时髦花哨之外,实际上反而遮蔽了问题的实质——外卖骑手的劳动权益问题"。2020年12月21日,明显具有另类媒体属性的微信公众号"尖椒部落"刊发《外卖女骑手:热点过后,舆论胜了,而我们依然溃败》一文,作者唐丝丝自称是一名深圳的女性外卖骑手,她提出"会一五一十给大家解释被主流舆论遮蔽的,另一个版本的"外卖骑手境况。例如:"美团"的声明只不过是"公关"行为,骑手的配送时间"一丁点的延长都没有"。此文还论及外卖平台的劳动环境一直在恶化,认为最重要的原因还是"骑手(心)不齐","难以形成一股向心的合力,没办法去和平台讲条件,更不用说什么谈判之类的"。这些不同论述至少显示,如果只停留于批判"算法"层面,其实还未完全呈现实践逻辑。

究其本质,新闻是作为中介而存在的,具有独特"连接"价值,同时受多种因素的制约影响,新闻也会以"符号表征上的简化""遮蔽"乃至"扭曲"事实世界。因而,新闻往往是一种"矛盾性"的中介存在(杨保军,2019)。单一的媒体行动者,恐怕无论如何努力,都难以全面精确地呈现事实世界;多元的媒体行动者,具体结构位置虽然有分际,倘若均以呈现实践逻辑为价值旨趣,更有可能将信息碎片拼成全景图。其间,是否具备充分的实践感至关重要,唯此才能"避免强行向实践索取某种连贯性,或把一种牵强的连贯性强加给它"(布迪厄,2012)。

三 媒体行动的理念：成为负责任的中介

寻求呈现实践逻辑应成为媒体行动的共同价值。然而，不同类型的媒体，毕竟有着相异的调性。主流媒体和另类媒体的现实分殊是我们需要直面的问题。那么，媒体如何才能成为参与劳动关系治理的积极行动者？基于对经验现实的观察，我们认为：不同的媒体行动者均需充分体认治理的根本目标及其内在张力，进而依据自身的结构性位置发挥主观能动性，成为劳动关系治理中负责任的中介，公正呈现不同利益主体的诉求、实现多元主体间的沟通与连接。

这一对媒体行动理念的主张，源自我们对当前中国社会治理的理解。正如冯仕政（2021）的分析：作为伴随现代化进程而演化的一种人类生活形态，"社会"在内涵上具有"大社会"与"小社会"、"角落里"与"连接处"的二重性，蕴含着"社会性与公共性"、"连接与团结"的根本张力。因而，社会治理的核心是有效调节"社会"二重性的内在张力，寻求努力实现"社会连接与社会团结的互动共生和良性循环"。作为一种社会经济关系，劳动关系是社会的有机构成，其治理的宗旨与总体社会治理的宗旨是一致的。如果构建活力与秩序兼具的"有机社会"是社会治理的中心任务，那么劳动关系治理的目标就在于实现权益、稳定、发展之间的动态和谐。由此，成为负责任的中介，应当是媒体行动的理念。

此处，"负责任"意味着媒体在中介实践中需要尽可能地持守责任伦理。1919年，马克斯·韦伯在《政治作为一种志业》的著名演讲中，对"信念伦理"①与"责任伦理"进行了区分，提出："一切具有伦理意义的行动，都可归属到两种准则中的某一个之下；而这两种准则，在根本上互异，同时有着不可调和的冲突。这两种为人类行动提供伦理意义的准则，分别是心志伦理和责任伦理。这不是说心志伦理不负责任，也不是说责任伦理便无视于心志和信念。这自然不在话下。不过，一个人是按照心志伦理的准则行动（在宗教的说法上，就是'基督徒的行为是正当的，后果则委诸上帝'），或者是按照责任伦理的准则行动（当事人对自己行动'可预见'的后果负有责任），其间有着深邃的对立。"对于"信念伦理"与"责任伦理"的关键不同，沃尔夫冈·施路赫特（Wolfgang Schluchter）认为可归纳为：它们"能为"的评价方式不同，即"信奉责任伦理的人，考虑他的行动之后果的价值，从而将行动获得实现的机会以及结果一并列入考虑；接受心志伦理的人，关心的却只是信念本身，完全独立于一切关于后果的计算"（韦伯，2004）。对于媒体实践而言，"责任伦理"应成为一项重要的德行准则。

那么，在媒体实践中如何方是秉持"责任伦理"？或可参照胡适倡导的"敬慎无所苟"的议政理念。经由细致地梳理相关论述，有研究者发现胡适认为贯彻这一理念至少需要具备三个必要条件。其一，"独立的精神"，指"不倚傍任何党派，不迷信任何成见，用负责任的言论来发表我们各人思考的结果"。其二，"研究的态度"，指在尊重事实的基础上进行研究，"是有几分证据，才说几分的话"。其三，"清楚的思想"，指思考与写作均应"明白清楚"，不可滥用"抽象名词"（吴麟，2007）。当然，胡适提出这一理念

---

① "信念伦理"通称又可称为"意图伦理""心志伦理""信仰伦理"等。

有其具体语境，对于今日的媒体行动者而言，其最重要的启示或在于：应高度重视"责任"道德层面的意涵，需要清楚自己行为的可能后果并且为此要担负起道德上的义务，从而自觉地将"责任"作为自律准则。如此，在报道和评论具体问题时，方有可能呈现实践逻辑，助力探索治理之道。

那么，在劳动关系治理中，媒体如何才能成为负责任的中介？其关键在于，媒体能否充分体认治理的根本目标及其内在张力，进而依据自身的结构性位置发挥主观能动性。要而言之，作为治理参与的行动者，媒体需要具备充分的实践感，并据此构建适度主体性。

此前，我们提出过"主体性表达"概念，旨在衡量弱势社群媒介话语权的状况。此处，提出"适度主体性"，意在分析媒体何以成为负责任的中介。为了更准确地讨论，有必要对"主体性"意涵略做辨析。1979年李泽厚撰写的《批判哲学的批判》一书出版，作为西方哲学中的一个重要概念的"主体性"一词由此传入中国后，引起当时学术界广泛的关注和争论。"主体性"与"公民社会"和"公共性"，被认为是改革开放以来"中国思想史上出现的三个重要观念"（张法，2010）。人在主体地位上表现出来的具体特征——"人自身的现实结构与规定性"、"人在其对象性关系和行为中的'为我'倾向"、"人的主动自为性"以及"自律和他律的统一"，构成现实主体性的主要内容。因而，"主体性"可理解为"人在自己对象性行为中的权利和责任特征"，相应地，"主体性问题"的实质是"人在自己对象性行为中的地位和作用问题"。此处，"人"是指广义的人，包括"人的各种社会集合形式"（李德顺，2020）。

在概念辨析后，回到我们要讨论的核心问题——对于媒体而言，什么是适度主体性？如何构建？扼要言之，"主体性"是指媒体需要成为能动的行动者；"适度"则强调媒体行动必须有现实边界感。能否致力自觉且负责的公共传播实践，对于适度主体性的构建而言，既是重要表征，亦是关键进路，媒体行动者的理念与实践是一种互动共生的关系。不过，由于结构位置差异，不同类型媒体的主体性，"适度"的内涵及实践表现存在明显分际。

新闻活动是一种有规律的主体性活动。1843年在《莱比锡总汇报》被查封事件中，马克思对此有过一段深刻论述，"要使报刊完成自己的使命，首先不应该从外部施加任何压力，必须承认它具有连植物也具有的那种为我们所承认的东西，即承认它具有自己的内在规律，这种规律它不能而且也不应该由于专横暴戾而丧失掉"（中共中央马克思恩格斯列宁斯大林著作编译局编译，1956）。马克思所言的"内在规律"是强调报刊活动具有不可任意改变的客观规律。这其实适用于所有新闻媒介，可以认为：只要存在新闻活动，就会具有新闻规律。究其实质，规律是一个关系性概念，对其的认知与理解，需要基于具体经验现实，前辈学者王中对此有过精辟论述[①]。目前关于新闻规律，杨保军的研究较为系统，于2019年出版相关专著，提出：新闻规律的具体特征体现为"系统性的主体交流规律"、"以传收规律为核心的互动交流规律"和"以新闻为主要内容的交流规律"。其中，"传收互动律"是新闻活动的核心规律，由"新闻选择律"、"新闻效用律"和"新闻接近律"构成。人类新闻活动的宏观规律整体上呈现为"新闻依赖律"和"技术主导

[①] 王中先生的表述为——"既不能脱离整个社会现实，孤立地考察新闻事业，也不能从主观动机和愿望出发，更不能从虚幻的社会存在出发，而必须从社会的普遍联系中，从活生生的社会现实中，从不断变更的群众生活条件中，探索新闻事业的客观规律"（王中，1980）。

律"，前者是指新闻业的发展依赖于社会整体的发展，后者则强调新闻活动方式决定于技术发展的整体水平。当代中国新闻业中，"党媒"即"中国共产党创办和实质拥有的新闻媒体"需要严格遵循"党性统摄律"、"人民中心律"和"舆论引导律"三大特殊规律。新闻规律应体现于实践活动中，要求以"新闻事实"为传播本源、以"客观真实"为操作准则、以"服务公众"为价值目标，在传播方式上需要"及时公开"。

在当前中国语境中，媒体作为行动者参与劳动关系治理，以新闻活动为依托，遵循新闻规律自是必然要求。其中，主流媒体更需要将普遍规律与特殊规律进行有机结合。首先，应当遵循普遍规律，包括宏观的"新闻依赖律"和"技术主导律"，以及新闻活动中的"新闻选择律"、"新闻效用律"和"新闻接近律"。其次，以特殊规律为核心，运行实践中应以"党性统摄律"、"人民中心律"和"舆论引导律"为指导。这意味着：主流媒体需要以持续的、创新的新闻生产实践，在劳动关系议题上增强自身的"传播力、引导力、影响力和公信力"，成为劳动者实现"知情权、表达权、监督权、参与权"的重要平台，完成规定的职责和使命。那么，具体如何进行实践？我们拟以《工人日报》历届中国新闻奖的获奖作品为案例展开讨论。

国内新闻场中，中国新闻奖作为经中共中央批准常设的全国优秀新闻作品最高奖，其评价制度与实践具有显著的"加冕"意涵。1990年，在时代背景与现实状况的交织之下，党和国家决定"为新闻界及其从业者重建荣誉 - 名望系统"（黄顺铭，2017），中国记协在"现场短新闻"评比的基础上创办中国新闻奖，作为加强新闻队伍建设的"重要抓手"。迄今，这一活动已成为新闻舆论工作的有机组成部分,评奖宗旨①与前述"党媒视野中的特殊规律"相契合,获奖作品被赋予"指挥棒和风向标"的引领意义。1990年之前,在"全国好新闻奖"评选中,《工人日报》多篇报道获奖。自1990年至2020年,在历届中国新闻奖评选中,《工人日报》累计获特别奖1篇、一等奖12篇、二等奖33篇、三等奖49篇、名专栏2个。2019年创刊70周年之际,该报微信公众号刊文回顾,指出:这是"以笔为戈扬正气"之举——"岁月变迁中,工人日报激浊扬清、记录时代,留下了一份厚重的历史底稿"②。在进行这一个案研究时,我们搜集到了全部95篇获奖作品、2个名专栏的部分文章和最近五届获奖作品的参评推荐表,重点分析涉及劳动关系议题的报道和评论,并且与3位获奖的记者/编辑Z、P、Y,以及一篇获奖作品的幕后合作者L有过讨论交流。从中,我们发现:能在新闻生产实践中自觉运用新闻规律至为关键。

案例1:报道《李毅中质疑:为何还没人被究刑责?》,刊于2007年11月23日《工人日报》"要闻"版,获第十八届中国新闻奖的文字消息一等奖。文章的主题重大且写作精巧,有研究者视之为"一篇舆论监督的佳作"(刘保全,2009)。《工人日报》记者随

---

① 据中国记协的相关负责人介绍,中国新闻奖的评奖宗旨总体可归结为五个方面:"一是紧贴党和国家工作大局,坚持人民立场,坚持正确导向,积极传播党的声音、阐释党的主张,充分把握时代特征,敏锐记录时代变迁,及时反映伟大社会实践,充分体现新闻舆论工作主阵地作用。二是体现新闻传播基本规律,新闻性强、时效性强、表现力强,社会效果、传播效果好。三是倡导'短、实、新',鼓励新闻工作者改作风转文风,践行'脚力、眼力、脑力、笔力'要求。四是鼓励融合传播,传播手段、传播技术追求创新突破,体现媒体深度融合传播趋势。五是经得起历史和社会检验,有效提升传播力引导力影响力公信力。"转引自《30 而立!十问中国新闻奖》,中国记协网,http://www.zgjx.cn/2021-01/14/c_139668152.htm。

② 2019年7月12日,"工人日报"微信公众号发布《闪耀新闻史!工人日报与中国新闻奖的那些人,那些事儿……》。此文列出了1990年至2017年的获奖作品信息,我们又根据中国记协网上的获奖名单,增补了2018年至2020年的相关信息,合并统计出累计的获奖数据。

同国务院安委会督查组赴黑龙江省采访，发现一个重要新闻事实——2007年11月22日与黑龙江省政府交换意见时，国家安监总局原局长李毅中作为督查组组长，当场质疑：重大责任事故"七台河矿难"发生已近两年，责任人为何未被追究刑责？基于专业积累，记者当即意识到这是重要的关乎维护职工生命安全权益的制度建设与执行问题，于是深入采访、连夜成稿，在次日见报后，引起社会各界高度关注。11月25日，国务院做出批示"不能听之任之，也不能不了了之"（刘保全，2009），随后治理行动迅速展开——12月15日，这桩拖延近两年的案件开庭审理；12月22日，《国务院安委会办公室关于做好重特大事故责任追究落实工作的通知》正式发布，要求各地吸取教训，复查2005年以来重特大事故的调查处理和责任追究情况。从文本上看，这篇报道短小精悍，运用展示现场、直接引述、描述细节等方式，具有相当的感染力，鲜活地透视出矿难事故背后的结构性问题。

案例2：报道《12元高温津贴竟被克扣9元》，刊于2015年8月6日的《工人日报》，获第二十六届中国新闻奖的文字消息三等奖。文章通过典型个案讨论普遍问题：作为劳动者的一项重要基础劳动保障，高温津贴如何才能落到实处？记者从一起维权诉讼案入手——每天12元的高温津贴竟被克扣掉9元，为了讨要总金额仅为846元的高温津贴，劳动者不得不与用工企业对簿公堂。文章还结合湖北省人社厅管理规定和武汉市安监局的实地检查情况，揭示出当地"高温津贴落地难、劳动者维权难"的尴尬现实，既深刻地反映了现实问题，又客观地提出了解决途径。文章以小见大、以点带面，聚焦维护劳动者权益的重大主题，不足千字的短文却蕴藏着相当丰富的信息量。据悉，这篇报道促成有关部门组成联合调查组，针对湖北省高温津贴发放问题进行专项检查和整治，促进了相

第三章　实践感与责任伦理：媒体行动的价值理念 121

关部门对劳动者权益的维护。

案例3：报道《"这个采购方案，我有不同看法！"——陕钢实行职工民主监督评价会制度二三事》聚焦陕西钢铁集团实行职工民主监督评价会制度，刊于2015年12月24日《工人日报》"要闻"版，获第二十六届中国新闻奖的文字通讯二等奖。文章生动地回答了一个重要的问题——在企业管理中，扩大基层民主作为一项重要制度，需要以什么样的机制和平台，方能得以真正落实？记者自述：其最初接到的线索是"民主管理"和"经济下行中工会能有何作为"，现场采访后却深受震动——"普通工人临场还在计算、记录的凝重，会中俨然律师步步紧逼的追问，会场赛过法庭的唇枪舌剑，连续3小时却没有一个人走神"，感觉"这里面一定有更深的东西"。于是，在和编辑部反复交流后，记者又连续两次深入企业、评价会现场采访，最终明确报道思路。一是"主题立意要高"，即什么样的制度创新才能真正落实工人的"主人翁"地位，从而激活其积极性和创造力？二是"落笔下手要低"，即再现鲜活的现场，尽可能精练、准确、平实地呈现具体的制度实践，以凸显这一机制的可操作性及复制性。从文本上看，这篇报道结构清晰，叙述以直接引语为主，现场刻画富有张力。

案例4：报道《从"掌子面"到"流水线"》、《人事主管的特殊人事》、《"内退"之后的日子》、《抱团儿"闯江湖"》和《"远征"异地》，相继刊于2016年5月20日至25日《工人日报》"要闻"版，获第二十七届中国新闻奖的文字系列三等奖。2015年中央经济工作会议提出：需要推进供给侧结构性改革，实现"去产能、去库存、去杠杆、降成本、补短板"五大任务。那么，在"去降补"过程中，"保就业"如何进行？这是一个相当严峻的现实问题，关乎民生，关乎社会稳定与发展。《工人日报》驻安徽记者站记者通过深入蹲点采访，多角度剖析一家大型煤炭企业皖北煤电集团上万职工的转岗分流之路，既有总体情况，又有细节描述，兼顾不同类型职工，以一个深入的个案去回应宏大的主题。记者奔赴多地采访，历时近一个月，其中遇到的最大难处是：一些离开了煤矿的职工不愿透露个人真实状况，而且不少转岗职工的状况也处于不断变化当中。为了能及时、客观、全面地报道，记者与被采访对象同劳动、同生活，与他们保持密切的联系，因而获得了采访对象的信任、了解到更多信息。在系列报道采写过程中，前方记者与报社编辑部沟通频密，机动性与灵活性相结合，充分保证了传播的效果。据悉，当地高度关注这组报道，认为其通过反映转岗职工的真实境况，为企业分流安置的下一步举措提供了借鉴。从文本上看，每篇报道均在精练篇幅中涵盖了丰富的信息量，而且通过充分使用直接引语、细腻描述采访场景缩减了距离感。

案例5：一则聚焦私企"不愿参加技能竞赛"现象的报道[①]，刊于2019年11月14日的《工人日报》"要闻"版，获第三十届中国新闻奖的文字通讯与深度报道一等奖。2019年10月底，哈尔滨市举办了第十六届职工技术运动会焊工实操比赛，与往年最大的不同在于，此次专门设立非公、小微类型企业的专区，还开辟获奖选手晋升通道。但是，记者在现场采访时发现，如此精心准备的比赛竟然只来了两家企业，于是抓住这一问题在赛场内外进行了深入采访，得知：实际上这类企业的职工，既了解国家近年来加大产业工人培养力度的政策，也渴望通过提升职业技能提高自己的职业待遇，但是，奈何企业老板们有不解与为难，认为"他去参赛了，谁

---

① 这则报道标题为《哈尔滨一场专为非公、小微企业量身定做的焊工比赛，却只有两家企业参加——一些私企为何不愿参加技能竞赛？》。

来干活"。这是一则思想性突出的报道，文章以小见大，实际意义显著，敏锐地通过一场技能比赛的现场观察，提出了一个重要的机制问题：高质量发展需要一支高技能水平的大军，产业工人是创新驱动发展的骨干力量，那么如何才能调动他们的积极性、主动性、创造性？记者通过采访有关部门，对相关问题进行了深入解读并尝试探讨解决之道。

案例6：评论《别把超时加班美化为"拼搏和敬业"》，刊于2019年4月11日的《工人日报》"评论·综合"版，获第三十届中国新闻奖的文字评论二等奖。针对当时网络社区"996.ICU"项目引发的公众热议，此文直接指出：一些企业以稳定收入和职业发展为筹码，将超时加班美化为"拼搏和敬业"，迫使员工忍耐长时间加班的做法，违反了《劳动法》。文章深入分析"加班文化"对员工身心健康、企业发展所造成的严重负面影响，明确主张"辛勤劳动不等于无所顾忌的加班和漫无边际的任务指标，'为幸福而奋斗'也不应当成为企业逾越法律红线、忽视员工健康权休息权的代名词"，此文还进一步倡导"高质量发展是一场耐力赛"——全社会需要秉持以人为本的原则，从观念和行动上进行改变，以"更合理的工作节奏、更高效的运转模式、更科学的管理方法"，助推高质量发展。这篇评论密切关注劳动关系领域的新问题——一些企业将"996工作制"常态化并赋予"敬业""奋斗"色彩，从维护劳动者健康休息权、实现经济高质量发展的高度展开分析，发声及时而有力，且论述入情入理。随后《人民日报》、新华社也相继发表了类似"996与奋斗无关"的观点，强调需要坚定维护广大劳动者的权益。从文本上看，此文的观点犀利、结构清晰、逻辑严谨，兼具批评性和建设性，充分发挥了新闻评论对于澄清模糊认知、凝聚社会共识的积极作用。

以上新闻作品均有较为鲜明的问题意识，体现了主流媒体在具体业务层面的追求及在劳动关系问题上可能的作为。除此之外，《职工收入增长提速不能一拖再拖》（2010年）、《谁关闭了120名职工的"生命之门"？》（2013年）等单篇报道，以及《劳动者的权利与尊严》（2004年）、《5位一线工人代表"生活压力账本"追踪》（2010年）、《五位一线工人代表直言"劳动之惑"》（2012年）、《聚焦"绝活不能真成了'绝'活"》（2018年）等系列报道，亦是如此。从中可见建制内的主流媒体致力于将"一般新闻规律"与"党媒特殊规律"有机结合，不仅是舆论宣传工具，也是新闻生产机构，具有多样化的功能。这体现于新闻活动实践之中，主要表现为对"舆论引导"与"守望社会"功能的灵活调适，在"党性统摄"的总体原则下，以"人民中心"为价值追求，切实反映普通劳动者的生活境遇，全面呈现劳动关系治理中的现实风险，寻求建设多元利益主体之间的沟通渠道。

新闻规律内在于新闻活动中，最重要的属性特征有二——"客观性和主体性"，其产生作用的基本方式，总体上是"自发与自觉的统一"（杨保军，2019）。这意味着：在具体新闻生产实践中，是否积极地发挥主体性以能动地运用新闻规律是媒体能否作为最为关键的影响因素。新闻从业者和媒介组织需要共同努力，在现实边界内构建适度主体性，成为能动的行动者。前述获奖作品记者/编辑的经验与感悟对此有所印证。

Y是一名较年轻的记者，在专业领域一直表现得颇为活跃，自述日常会主动联系律所、协会，与律师、学者、法官、仲裁员等积极交流，通过新闻发布会、中国裁判文书网、农民工求助、寻找新闻热点的"第二落点"等渠道汇集新闻线索、确定选题方向，在劳动关系领域追求"及时发声，占领舆论阵地"，当看到好新闻、好线索时"会激动不已"。在他看来，报社"近年来发展不错，发行量一直在上升，待遇也一直在提高，在中央媒体里面属于中上等"，而且最重要的是，"报社风气很好，想做新闻的话，还是有很大的发挥空间，因此一直留在这里"。2019年1月，杭州一家公司在年会上公开宣称将实行"996工作制"，Y率先独家采访到当地劳动监察部门，还邀请了律师、学者等专业人士，具体分析"996工作制"涉嫌违法的情况。这篇报道后被刊于《工人日报》的头版，引起较广泛的关注。论及报道边界把控问题，其个人经验如下——一是"肯定要坚持正确的舆论导向"，如果是政治性敏感话题，"肯定要坚持上级单位和报社的报道要求和纪律"；二是"坚持法律标准，不道德泛化，一定要坚持摆事实、摆证据，不能听信弱势者的一面之词，需要采访相关各方，做到客观平衡"，尤其敏感议题"肯定要拿到核心证据并保存"；三是"报道力求能够有指导、借鉴、警示意义，对违法企业有所批判"。论及个人做报道时所秉持的理念，Y总结为"要坚持新闻专业主义，坚持人道主义精神"。他所做的农民工主题报道，多涉及欠薪、工伤、裁员、社保、子女教育等议题，"希望能够在法律允许的范围内帮助解决问题"。

P是一名资深驻站记者，提出《工人日报》作为中华全国总工会的机关报，"肯定是劳动关系领域的权威"，其公信力建立于"我们对事实的追求和印证"，而非与自媒体"拼速度"。在她看来，新闻纪律划定了报道的边界，对重大生产事故等问题的报道，"会有比较严格的新闻纪律"，同时，新闻纪律也更好地防止记者"以偏概全"。结合个人的报道经验，她进一步分析：网络论坛上流传的一些敏感问题，如疫情中订单流失、工人裁员等，"不会当作新闻事实，只会作为一个线索"，对于任何想报道的、想披露的，我们"一定进行核实"，尤其"一旦涉及纠纷"，"我们永远都要听三方的声音"，这样事情才会被比较完整、立体和真实地呈现，"秉承这样的新闻纪律"才是主流媒体的公信力所在。

Z也是一名资深记者，多年从事工会机关与中华全国总工会要闻的报道工作。她强调《工人日报》具有中央媒体与中华全国总工会机关报的双重定位，其报道首先需要保证政治正确，其次"技术层面"要有追求。据其个人经验，"做记者最重要的就是勤奋"，需要"努力的积累"，每一篇稿子都需要经过认真修改，因为"你要对得起你的名字"，自己在每篇文章见报前"都会十分紧张"，害怕稿子"被人挑出毛病"，对本职工作要有一定责任感，基础就是"不能出错"。她还提出，工会领域的问题，"宽泛来说实际上是劳动关系问题"，相关报道需要探讨劳动关系的法律边界与现实难题。劳动关系涉及三方乃至多方的关系，专业性相当强，记者对很多事物都是一知半解，"希望报社能够更多培养专业性记者"，在工作一段时间后也能成为"半个专家"。工会需要"引领职工"，然而如何更好地引领"就是一个很大的学问"，面对青年职工群体更是如此。记者需要充分了解工会工作的基础背景、实践行动和前瞻方向，"踏踏实实地去报道"，"以专业技巧呈现"。关于如何评判稿件质量，她提出会"看重社会价值"，"可以是一个维权的稿子，但是不能只说社会现象，社会价值最糟糕的稿件就是只说出问题"，记者"要成为一个社会建设者"，首先需要提出问题，然后采访专业人士找寻解决途径，"建议从哪个角度进行改善"。

在现实制度框架内，主流媒体自主运用新闻规律，充分地发挥主观能动性，在劳动关系治理中可能会有显著作为，这是有先例的。1999年3月31日，《工人日报》刊发一则有关深圳外来劳工工伤问题的报道，全篇不足千字，但是相当具有深度和力度，见报后引发高度关注，后获第十届中国新闻奖消息二等奖，促进了相关治理实践——中华全国总工会、国家经济贸易委员会、劳动人事部等部门组成联合调查组赴深圳调查，并发布《关于加强外商投资企业和私营企业劳动安全工作的通知》（总工发〔1999〕10号），提出：需要做好维护劳动者合法权益的工作，"不能以劳动者的致残来换取外资引入和经济增长"，坚决纠正"不顾工人死活，强令工人冒险作业，严重侵害职工安全健康的行为"。记者为撰写这篇报道，下足了调查研究的功夫——据悉，前前后后有三个月，深入企业、医院、出租屋等地调查实情，掌握了大量证据式材料，包括众多打工者的照片、录音，以及1万多名伤残工人的名单及鉴定表。时为《深圳法制报》记者的L回忆，1999年春节期间他和《工人日报》驻深圳记者站记者一起对7家医院进行实地采访，共同撰写了一份内参反映深圳工伤问题的严峻性，上报后中华全国总工会很快就展开了相关行动。① 公开的报道呈现了内参中的主要内容，出于对L的保护，工人日报记者单独署名发表。一位撰有多篇内参的新华社高级记者，在总结职业经验时提出：记者不是"写稿匠"，不能只是实际生活消极的"旁观者"和单纯的"反应者"，坚持调查研究是"记者生命的反映"（吴复民，1995，2019）。确实，对于劳动关系这一社会转型中的风险议题，当下主流媒体从业者应以更强烈的责任感，成为治理参与的行动者。

四 本章小结：底线共识与合理多元表达

2019年6月，知名社会学学者赵鼎新在《二十一世纪》杂志

---

① L后离开报社后创办了珠三角地区一家知名的劳工社会组织。据他回忆——内参上报后，很快"中央就派工作组到深圳召开加强职业安全健康和保护工人权益的会议，有一份多个部委和全总的联合文件，大约在1999年5月"。

发表文章《当前中国最大的潜在危险》，提出：自己是一个乐观的人，基本上把20世纪90年代以来的诸种"社会危机"视作"前进中的曲折"，而非"不可逾越的障碍"，然而，2018年以来的这一波"社会焦虑"让其颇为忧心。何以如此？一个重要原因就是"中国公共舆论空间的性质在近年来发生了令人担忧的变化"。在他看来，改革开放以来中国社会公共舆论分布先后呈现三种特征：1978年至2003年，一直呈现"右强左弱的偏斜单峰型"特征；2003年至2014年，开始朝"正态分布"的方向发展；2014年以来，却逐步演化成一个"左右冲高、中间走低的两极双峰型"。此文引发了多层次的讨论，虽不乏争议与批评①，但是其所强调的"公共舆论空间的性质和政治稳定之间的原理性关系"值得深思——从国家治理视角看，公共舆论空间的意见呈"正态分布"，有助于产生"交互性的利益和认同感"（cross-cutting interests and identities），给人们"现实感"以及使"极端立场"难以成为社会主导，产生政治稳定效应。确实，在当前中国语境中，构建一个健全的公共舆论空间，是迫在眉睫的现实需要。基于对媒体与劳动关系议题的具体经验研究，我们认同赵鼎新（2019）的这一政策建议：在有序可控的范围之内逐渐放宽舆论，渐进引导舆论空间再次转向正态分布。

在本章中，我们通过拓展个案研究提出了，在劳动关系治理中，不同类型媒体虽然存在分际，但是都应以"寻求呈现实践逻辑"作为共同追寻的价值。这当然需要方法论的自觉，更为关键的是媒体要成为能动主体。媒体行动的理念则是"成为负责任的中

---

① 一位关注现代中国公共舆论的历史学研究者T教授就提出：此文所采取的结构主义和功能主义的分析框架，遮蔽了当代中国思想语境和社会情境的复杂性。此外，也有社会学研究者Z教授认为：此文所采取的左右二分框架已显著不能解释当前现实。

介",根据自身的结构性位置积极发挥具体的主观能动性,主流媒体应当遵循新闻规律,另类媒体则需寻求平衡之道。

与上述公共舆论空间讨论相结合,我们进一步认为,首先,媒体行动的价值理念应以"底线共识"为基础。在劳动关系议题上,作为底线的共识是:劳动关系主体及其利益诉求呈多元化,不同诉求之间充满张力而又同时存在,媒体有效参与劳动关系治理的关键在于形成一套有效协调不同利益的制度化机制。其次,为形成健全的舆论空间,需以"宽容与法治"为基本准则,为媒体系统的"合理多元表达"营造一个开放的制度空间。在具体事件中,劳动者、政府、资本等不同主体的话语往往会指向权益、稳定、发展等不同的目标。除限制纯粹宣扬劳动关系对抗性的极端声音外,应允许存在高度多样性的、无根本伤害的中间观点。

对于转型中国社会变迁的阐释,目前存在"阶级分析"和"分层研究"两种范式(冯仕政,2008)。它们之间有着根本区别,体现在对于社会不平等问题的观点上,前者强调"冲突论",后者则持"功能论"。鉴于在科学解释上各有优势和局限,两种分析范式应相互映照、互为借鉴。其实,这不仅仅是学术研究范式,也是一种媒体话语范式。对于具体劳动关系议题的呈现与讨论,主流媒体普遍运用"分层研究"范式,另类媒体通常偏好"阶级分析"范式,两者在表征维度的明显分际正源于此。有研究者提出:如果我们能够拭去附着在"阶级"概念上的诸种曲解或误解,而不是"谈虎色变"或"因袭僵化",那么"阶级"仍然是一个强有力的概念工具,适用于分析权力、利益、社会不平等以及社会冲突等问题(李路路、杨娜,2016)。这一主张的启示是:对于另类媒体话语及其意义,我们要有趋向开明与辨证的认知,关键在于对于"多元"意涵需有一个完整而准确的理解。在当前社会生活中,现实主体的存在是多元的，不同主体之间"在价值关系上不可能彼此等同、重合或代替"，只要人类内部尚存多元化生存条件、多样化利益差别、多样化角色分工的情况，"价值的多元化"便是一种不可避免的基本现象（李德顺，2020）。因而，在媒介规制中，国家需要充分注意并合理对待价值的多元性，媒体行动者也必须尽可能地持守"责任伦理"。如此共同努力，方有可能在劳动关系治理中，实现多元主体的良好沟通，构建动态稳定的劳动关系。

第四章
专业性与建设性实践：
媒体治理参与的进路

在开篇伊始，我们提出本研究旨在探寻的核心问题为：在当前中国语境中，媒体可否成为参与劳动关系治理的行动者？其价值理念、现实进路以及活动空间具体如何？对此，在前三章论述中，我们已给出如下回应。在风险社会的结构性背景中，劳动关系治理的关键是建立一个尽可能健全的多元主体利益协调机制；媒体作为一种社会中介机制，无论政治逻辑赋予的应然角色，抑或过往事实所蕴含的实然经验，皆表明媒体需要成为"社会风险治理参与的行动者"。然而，媒体嵌入在具体时空结构中，其作为的实际境况总体上呈现"发声与遮蔽相交织"，与理想角色设定尚有相当距离，急需增进"媒介现实"与"客观现实"之间的契合度。这在根本上有赖于制度空间与能动主体的良性互动。其间，媒体作为行动者，价值在于"寻求呈现实践逻辑"，理念则是"成为负责任的中介"。那么，既有活动空间中，媒体经由什么样的现实进路，方能实践前述价值理念？这将是本章讨论的中心。

一 研究设计：观察具体脉络中的新闻业创新

在一个"不确定性"（uncertainty）充溢的时代，新闻业急需"创新"（innovation）。事实上，这也是当下关于新闻业发展的共识。然而，何谓"创新"、如何"创新"，则呈众说纷纭之势。约瑟夫·熊彼特（Joseph Alois Schumpeter）对现代创新理论有过系统阐述，虽始自对经济发展问题的思考，但亦适用于理解新闻领域的创新。有研究者提出该理论的启发意义关键有二：一是新闻创新关注的重点应是"行动"，而不应局限于对象与形式；二是新闻创新需要注重创新活动中的"行动者"，更加强调创新实践者的主动性。据此，"新闻创新"（journalism innovation）作为一个理论概念，可界定为"多元新闻实践主体创造、采纳或扩散新闻工作新观念、新方式的行动过程"。基于新闻业的公共性及其社会功能，这一过程具有双重目标，新闻实践主体不仅需要使"自身获得可持续的发展"，而且同时需要"实现和维系新闻业的社会使命"（王辰瑶，2020a）。这一论述有其洞见，提醒我们需要观察全面，新闻业的创新不仅见于具体实践，亦体现于新闻实践主体观念的演化以及对新闻业创新独特性的理解，其终极目标应当是追求能够持续地以高质量新闻促进良好的公共生活。

媒体具有创新意识以及相应实践，方能真正履行公共服务使命，成为治理参与的积极行动者。然而，创新不易，点滴皆是如此。正可谓"日常的哪怕是最小行动，也体现着巨大的心智上的努力"，而且，"在例行事务的边界以外，每行一步都有困难，都包含一个新的要素"（熊彼特，2017）。若是关注风险议题，对于媒体创新而言，哪怕只是微观行动，考验都是相当严峻的。

根据长期经验观察，我们发现唯有立足兼具专业性与建设性的实践，媒体方能成为参与劳动关系治理的行动者。这些实践多源自具体的新闻创新，包括新观念、新形式的创造、采纳或扩散，不过，目前基本尚停留在个案层面。鉴于此，本章将通过梳理现有典型个案来呈现什么是这般实践，即观察特定脉络中的新闻业创新。数字时代新闻业的主体是一个关联的"新闻行动者网络"，由内层的"实践圈层"和外层的"影响圈层"共同构成，前者包括既有媒体、平台媒体、原生数字媒体、自媒体和政务媒体，后者则含有使用者、管理者、教育者和信源。数字时代的新闻产生于"实践圈层"，被"影响圈层"形塑（王辰瑶、刘天宇，2021）。我们的观察将从两个方面展开，首先，探讨"专业性"与"建设性"在当前中国语境中的具体意涵。作为驱动微观实践的理念，两者与源自西方的"新闻专业主义""建设性新闻"有区别亦有关联，需要结合现实案例进行辨析，以免概念误置。其次，描述已有关乎劳动关系治理的多元行动者的建设性媒介实践。在一个"万物媒介化"（mediation of everything）的时代，我们需要将视界从"媒体"扩展到"媒介"，将宽泛意义的、多种形式的具体实践纳入观察，只要这些具体实践有一定的公共性追求且与劳动关系问题存在实质关联。

二 理念与语境：中国媒体的专业性与建设性

2021年3月，"十四五"规划公布。对于其中的"新发展格局"问题，有研究者解读：这一战略选择对我国劳动关系的"模式选择、体系运行、机制协调"提出了新要求，其中，"维护和发展好劳动者权益"应当是构建劳动关系新协调机制的首要重点（闻效仪，2021）。的确，劳动者权益若不能得到切实保障，劳动关系在源头上就难稳定。然而，如何有效保障劳动者的权益，始终是劳动关系治理的难点所在。这在农民工问题上体现得尤为突出，"按时足额获得工资"的底线性权益保障，至今仍需中央发文三令五申。代际转换所催生出的新生代农民工问题更是严峻，新生代农民工们普遍处于"双重脱嵌"境况，既无法退回乡土，又难以扎根城市。这一困境所危害的不仅是劳动者，对国家与社会而言亦是重大隐患。基于本质属性与社会功能，媒体在劳动关系治理中的作为，应是以专业性与建设性的实践，提升风险议题的能见度、保障弱势社群的话语权，从而推进多元主体对话，健全利益协调机制。在我们的观察中，已发现有令人欣喜的个案。

案例1：2005年9月6日至23日，《中国青年报》推出一组"新生代农民工"专题报道，以"报道+评论"的方式，多角度、立体化地呈现了这一群体的生活境况、人生追求以及现实困境。此专题由10篇新闻特稿以及配发的新闻述评构成，具体篇目包括：《拥有了北京户口的打工青年感叹：我们这一代人很不同》+《这个人——新生代农民工的精神气质》；《长沙农民工公寓为何无人入住》+《让微弱的声音响亮起来——新生代农民工的生存诉求》；《民工子弟学校入驻高档小区遭抵制》+《让平等的阳光照耀心怀——新生代农民工的生活渴望》；《这一路，我走得很辛苦——一个杰出外来务工青年的自白》+《让成功的笑容不再凝重——新生代农民工的人生感受》；《员工委员会：实现权利的沟通实验》+《让理性的精神引导诉求——新生代农民工的权利意识》；《"当最低生存维持不下去时，他们就可能铤而走险"——乖孩子进城为何变成了抢夺团伙》+《让人生的方向不再迷失——新生代农民工的生活观念》；《王晓桥申请建立农民工工会捍卫权益 湖北省云梦县

第四章　专业性与建设性实践：媒体治理参与的进路　135

总工会批准当地第一个农民工工会成立》+《让正义的力量不再缺席——新生代农民工的维权期待》；《工伤不赔偿、工资拖欠，被视为劳资纠纷中的"火灾隐患"　义乌市尝试破解农民工难题》+《让希望的号角声更加响亮——新生代农民工的社会关怀》；《92%的农民工认为自己曾受歧视　山城热议"棒棒"改名》+《让冷漠的眼神变得温暖——新生代农民工的时代环境》；《为农民工融入城市创造条件　小陈热线映照打工青年生存景象》+《这梦想，很长，很远——写在"新生代农民工系列报道"结束之际》。这组报道皆在"经济版"头条位置刊发，所涉及的地域宽广、所关注的主题丰富，以问题为导向，采取普通人的视角，以前述"媒介话语权"的分析框架进行考察，很好地凸显了新生代农民工的主体性利益表达，至今仍是同类报道中的精品。

　　案例2：2011年《南方都市报》组织一支特别报道团队，其中含60多名骨干记者，推出"中国农民工三十年迁徙史"专题报道。从当年6月至次年1月，半年多中总共发出42篇"编年史系列"报道，记者足迹遍及26个省份40多个县市，采集了大量翔实的资料，通过口述故事、记者访谈、个案剖析、历史图谱及社会学分析，从"人"的角度去呈现改革开放以来农民工群体像洪流般迁徙流动的鲜活历史。该专题分为五个部分：第一部分为《反叛土地的农民（1981—1984）》，包括"从田里拔出脚，变成一个商人""摘衣帽做工人""输出劳务，翻越城乡高墙""走天涯，闯世界"4组样本；第二部分为《跨一只脚进城（1984—1988）》，包括"农民工造城办厂，离土不离乡""城市拓荒者'打工妹'群像"2组样本；第三部分为《洪流席卷中国（1989—1999）》，包括"中原动，全国起大潮""打工梦想，当自己的老板""潮来潮往，潮起潮落"3组样本；第四部分为《留不下的城，回不去的乡（2000—

2008）》，包括"城市户口，一道跨不过的政策坎""无名分，城市白居不易"2组样本；第五部分为《新生代农民工 迷失在城市里的一代（2009—）》，包括"新生代农民工上岗""农村城市两茫茫，路在何方"2组样本。这组系列报道，获评由《看历史》杂志发起的"国家记忆2011·致敬历史记录者"唯一的"年度历史写作大奖"，授奖词中写道："以底层的视角，真实地再现了30年间中国农民工的生活变迁，并从中探究中国社会巨大改变的原动力，很好地诠释了'新闻是明天的历史，历史是昨天的新闻'的媒体使命。"这一专题后以《中国农民工30年迁徙史：洪流》为名结集出版，收获诸如2013年南国书香节"首届非虚构写作大奖之'公共关怀奖'"等荣誉。此外，《南方都市报》还设置了"专门史"系列报道，选取若干样本，从村庄史、家庭史和个人命运史三个方向出发，进行更细致入微的社会学记录挖掘，共20篇深度报道，后以《中国农民工30年迁徙史：呼吸》为名出版。书名有其深刻寓意——"呼吸，是细致入微，是攸关生死，你必须要以此方式去贴近去静听，才能了解他们理解历史"。此书出版后亦获广泛好评，如学者党国英称赞"六个农民家庭走向城市的故事，形象地勾画了一部当代中国农民与命运抗争的历史"。

上述两例个案，皆是可圈可点。那么，驱动此微观实践的理念具体为何？相关行动者的回顾与思考，是值得我们关注的经验材料。案例1中，基于"发现问题、设置议题、提供认识"的角色定位，《中国青年报》推出"新生代农民工"专题报道，旨在深入探究中国社会转型中的"真问题"。对该专题的策划始于2005年夏，出于对当时一些媒体在报道农民工事件时"强烈的道德倾向"的警惕与反思（刘畅，2006），《中国青年报》确立以"理性精神引导诉求"的目标，选择"特稿＋评论"的报道样式，在采编过程中寻求兼顾报道客观事实与提供理性认知的平衡，既呈现农民工群体的生存境况和真实诉求，又尽可能避开可能危及新闻客观与公正的陷阱，"就像一盏灯，让人看见周遭真实的境况，又要让人看清前方的路"。案例2中，《南方都市报》的行动则基于下列认知，农民工问题是当代中国"三农"问题的重要支脉，不应将"他们"作为"生产资料"，而应从"人"的角度去理解这一群体。他们以血肉之躯撞开了层层壁垒，成为中国社会变迁与发展的基石，应当对其产生与流动进行有历史纵深的观察与记录。在具体实践中，样本的选择、数据的获取以及观点的突破，均是报道团队需要面临的挑战，"我为之有跃跃欲试的激情澎湃也深感浩如烟海的茫然无序"，项目执行人、时任副总编的王钧曾如是说（《南方都市报》特别报道组，2012）。报道团队参考了诸多的学术研究，决定从"建立方法论"开始，召开专家座谈会并与华中师范大学中国农村问题研究中心合作，明确在"立足迁徙史"，致力日常的个案记录外，尝试探寻其中的历史逻辑，通过全面的记录促进全社会对农民工群体的理解，"缓和各阶层之间因误解导致的矛盾情绪，为社会管理创新提供一手资料与政策参考"。上述业务札记，一定程度上反映出驱动媒体实践的理念乃是"专业性"与"建设性"。以理论视角观察，这些理念与在西方语境中生发的"新闻专业主义""建设性新闻"理念，既有关联亦有区别，需要进行细致辨析，以尽可能准确诠释其在转型中国语境中的具体意涵。

1. 专业性：基于反思性实践的规范理念

以职业社会学的视角观察，社会分工产生"行业"（occupation），需要经过特定的发展过程方可成为"专业"（profession）。新闻工作是"行业"，当其被称为"专业"时，必然强调从事新闻工作所必需的特定的专业技能、行业规范和评判标准。在从"行业"向"专业"演化的"专业化"过程中，专业主义（professionalism）得以生成。西方新闻专业主义远不止于描述职业操作技能及标准，还包括"主义"层面的内涵——"界定媒介社会功能的信念"、"规范新闻工作的职业伦理"、"服从政治和经济权力之外更高权威的精神"及"服务公众的自觉态度"（陆晔、潘忠党，2002）。相关基本原则的形成与相应实践是一个具体的、历史的过程，有其特定时空背景。在"原生地"美国，新闻专业主义源自市场经济的勃兴，蕴含"进步运动"所创造的"恒久价值"，理念上具有"温和渐进民主改革的精神"，技术上则强调"事实与意见分开"（李金铨，2018）。

自20世纪90年代末输入中国大陆以来（郭镇之，1999），新闻专业主义成为中国新闻学界与业界颇为关注的一个重要议题。经由高度"语境化"的阐释策略，新闻专业主义逐步发展成一套具有边缘突破作用的新型实践话语，总体上虽只是碎片的、流散的存在，但在相当程度上已然被视作塑造新闻权威的一种象征资源。著名记者卢跃刚就提出——"专业主义是对付专制主义最有力的武器"，它"不仅可以给有职业追求的记者以标准，还可以给自信"（张志安，2007）。尽管具体形态有异，《南方周末》、《财经》杂志和中央电视台《新闻调查》栏目等有标志性意义的媒体，皆在实践中表达过对新闻专业主义的追求（陈阳，2008；郭镇之，2014）。不过，其理论内涵及实践可能性，在国内也面临不少质疑，近年来尤甚。其中，在理论层面，政治经济学路径的批判相当犀利激越，诸如西方新闻专业主义只是充满幻象的"迷思"，是被"资本力量附身"的媒体机构建构出的道德合法性来源（王维佳，2014）；它在本质上应被界定为一种"社会控制方式和营销方式"（陈世华，2017）；中国市场化媒体的专业主义实践具有"阶级钳制"的本质，与"新自由主义意识形态"高度契合（赵月枝，2019）。在实践层面，新闻专业主义在中国语境下是否适用成为焦点，论者多从新媒体技术挑战、体制结构性制约着手，诸如微博新闻在"专业范式、客观性、道德规范"诸方面明显地消解了传统的新闻专业主义（王君超，2014）；新闻业数字化转型所遵循的"产品/用户"思维催生了数字时代专业主义的危机（翟秀凤，2018）；在传统"准入制度"和"政治家办报"的语境中，新闻专业主义既无"描述"意义亦难发挥"规范"作用（芮必峰，2010）；考察本土语境中"主体性"建构可知，新闻专业主义因与中国宏观环境性质相异而"不适用"（虞鑫、陈昌凤，2018）。何以存在如此论争？扼要言之，一方面，新闻专业主义的意蕴相当丰富，堪称一个综合性的符号体系，若以纯粹概念分析视角观察，可谓一个流动的"意识形态景观"（胡翼青，2018），同时，国内学者为抒发对新闻业的愿景，又或以"描述乃至想象"的方式任意扩张其表意空间（陈信凌，2018）。另一方面，则是由于当下新闻业面临的"危机"，媒体业态与传播生态的深刻变迁，相关言说呈现"商业主义"统合的特征（李艳红、陈鹏，2016），专业主义话语整体上被"排除"、"抑制"，乃至出现判定新闻专业主义必然"退场"的论调。

作为一种"理想型"、"历史地"形成的规范理论，新闻专业主义的内核是强调"公共服务"和"经验主义"两套准则（陆晔、潘忠党，2017），它是否适用于规范中国语境下的新闻实践，的确需要充分且有理据的讨论。事实上，新闻专业主义业已成为"当下新闻学话语系统中一个无须回避的组成部分"（支庭荣，2014）。只要基于学理逻辑，褒或贬均有其价值。已有辨析讨论中，下述观点值得重视。一是理论的"引入、混生与适调"是一个漫长且复杂的过程，需要虑及"语境对接的程度与面相"，但不可变更其基本精神；不能贸然复制"西方的乌托邦式批评"，否则必陷入方枘圆凿的困境；需要尽力避免"具体错置的谬误"（fallacy of misplaced concreteness）、破除"我执和妄想"，不妨采取"选择性吸纳"（selective incorporation）的方式（李金铨，2018）。二是新闻专业主义并非只是一种权力修辞，其建立至少存在"作为一种合法性的工具"和"建构新闻从业者职业权威"的双重意图（吴飞、徐百灵，2018），有进步作用；当前国家领导人关于新闻规律、新闻职业道德等问题的论述，与新闻专业主义的核心内容存在"交叉之处"，不妨将其视作"一个对话领域"，以"创造性转化"的心态对待这一宣称服务于公共利益的专业性理念（吴飞、唐娟，2018）。观察具体论述，不难体会上述观点既开放又持重，这是一种讨论复杂问题的适宜态度。

置诸中文语境，"主义"一说极易滋生误解。专业主义被批判为旨在倡导争夺政治自主权的"新意识形态霸权"，与此不无关联。在当下中国新闻业的场域中，聚焦现实的、具体的问题，从"实践"维度探讨媒体如何践行专业性，意义更为显著。本研究中，我们秉持理性对话的态度，将中国语境中驱动媒体实践的理念称为"专业性"，其与"专业主义"异同相间，可谓一种"选择性吸纳"。其中，所谓"同"，主要指向应关注鲜活的实践。毕竟，对于当下中国新闻业的实践而言，新闻专业主义的核心价值并非理论体系的严谨与规整，而是提供一种"实践探索的思想资源"（黄月琴，2015）。所谓"异"，则是强调两者的具体内涵有别。"专业性"偏重指向业务层面，包括专业知识、操作技能、实践伦理等；"专业主义"不只如此，更追求"作为整合专业社区的意识形态"和"确立专业人格的社会控制模式"（陆晔、潘忠党，2002）。当然，这并不意味着媒体的社会功能、新闻从业者的责任、新闻生产中的社会控制等议题在"专业性"中会被摒除或忽视,其与业务问题无法真正分割,重点是需要在政治性与自主性之间寻求平衡。

兼顾应然与实然,我们将"专业性"界定为"基于反思性实践的规范理念"。此处,"规范理念"旨在强调"专业性"应当成为一种职业信念,即从业者愿意在充满不确定性的现实中将其作为价值追求。这意味着:为建构"有机的公共生活"(林尚立,2006),推动社会治理趋向"善治",新闻业需要担负"求真"(truth)的道义责任,提供"背景"(context)的知识责任以及提供"舆论阵地"(public forum)的组织和政治责任(彭增军,2017)。这一规范理念的实现可能,则建基于"反思性实践"(reflexive practice)。在西方近代哲学视野中,"反思"具有方法论范畴的重要意义。对主体自身的探究必然伴随反思过程,只有通过反思,才有可能真正实现对世界本质的把握,"哲学的认识方式只是一种反思——意指跟随在事实后面的反复思考"(黑格尔,2004),"一切判断,甚至一切比较,都需要一种反思"(李秋零主编,2004)。在进行具体思考时,反思所关注的并非现成状态,而是"何以可能的过程",这需要与"判断力"相关联(卢春红,2015)。新闻业中的"反思性实践",主要是指:新闻人个体或群体,以专业自觉意识,不断审视与批判自我经验,从而体悟专业准则、达成专业共识、内化专业信念,并将之贯彻于具体实践的行动过程。

已有相关案例可兹观察:报道者基于"令人震惊"的个体经验,反思专业实践中的"事实原则"、与"民意"的关系、记者职业角色等议题(李艳红、龚彦方,2014);"南方新闻人"群体围绕微观职业经验、宏观新闻环境等展开"反思性书写",以有意识的"自我言说"建构出一套具有"谋道亦谋食"风格的专业理念

（李红涛、黄顺铭，2014）。这两项经验研究均显示，存在媒体组织内空间、职业共同体空间，对于"反思性实践"的生成而言至关重要。鉴此，2020年《人物》杂志推出的新栏目"手记"值得称道，旨在通过"还原一些报道的操作过程与幕后故事"的方式，与"读者、同行进行更多更专业、深入且严肃"的探讨。该栏目第1期是《外卖骑手，困在系统里》一文的作者与编辑的分享，这为我们探讨媒体如何专业地报道劳动关系问题提供了观察标本。

这篇"手记"题为《能够帮外卖骑手走出困境的，不是怜悯》，由"人物"微信公众号于2020年9月28日推送。据该文章所述，在采写过程中，编辑最初提出的选题是"为什么外卖骑手的车祸越来越多"，记者翻阅资料后发现过往新闻大多是报道现象或是浮泛的行业规则，感觉"不可能是单一原因造成的"，决定从"寻找骑手"起展开调查。这一环节耗时甚长——"2019年的最后两个月我几乎都在寻找全国各地愿意说出故事的外卖骑手"，因为"一篇有说服力的深度报道的基础，就是要有足够多的样本量，以及足够丰富且有力的证据和细节"，"样本量不仅要充足，还要分配平均"。经此努力，在最后的报道呈现中，访谈样本几乎覆盖了所有骑手的类型。在寻找过程中，记者初步了解了外卖平台骑手端的运行规则，同时也获得了大量有关外卖骑手工作困境的故事和细节。然而，"一篇扎实、令人信服的深度报道，仅有故事、细节是远远不够的"，还需要寻找现象背后的原因。于是，在外卖骑手讲述的工作流程基础上，记者开始第二阶段的调查，将目标定位于站点的站长、调度、商务拓展等配送链条中的人员，他们相对更清楚系统如何运作。起初接触不易，他们害怕说太多会丢了工作，记者以足够的耐心与真诚，逐步建立起信任，毕竟"无论世界以何种方式运转，人与人之间的关系，总有一些永远适用且不会改变的基本规则"。通过上述调查，采编者发觉现象背后的"系统"已经浮出水面，外卖骑手面临的问题是结构性困境，为了更深入地探究，还需要寻求交警、社会学学者等的"他者视角"和"外部视角"。这一努力使报道具备了更为扎实的资料与理论基础，"无论是论据还是论述，都变得更加严谨与厚重"。这篇超过两万字的深度调查报道，从操作到完成用时约10个月，其写作者先后写了五稿，其中，前两稿写于对大量骑手的采访完成后，稿件提供了丰富生动的细节和故事，但并未深入探究系统的运行情况，在此基础上，又开展了前述大量的调查和探究。整体而言，前三稿主要是追求信息密度和准确度，"不停地凿下去、探下去"，后两稿则需要努力思考结构。成稿历经五个版本，"很像是一个应用程序的不断迭代"，每一次写作都是对当时掌握素材的梳理和消化，从中进一步发现不足与缺漏，然后再去补充。最终，相关人员反复讨论后，确定了文章结构构成方式——以"收到""大雨""导航""电梯""守门""佩奇与可乐""游戏""电动车""微笑行动""五星好评""最后一道屏障""无限游戏"共12个关键词代表外卖骑手在配送中面临的问题，尝试用还原配送过程的方式讲述这个"庞大的、密不透风的"系统。操作过程中，每进行一个阶段的采访，记者与编辑都会进行复盘，写作完成后，编辑对稿件进行反复打磨，包括调整叙事的脉络和节奏、优化语言和晦涩概念的叙述等。文章最初的标题为《骑手逆行而来》，后根据全编辑部的投票，将标题定为《外卖骑手，困在系统里》。

这篇报道被刊发之后，引发很多有关外卖骑手工作生活困境、数字劳动关系，以及零工经济等的严肃讨论。尽管还存在一定的遗憾——"美团"和"饿了么"算法技术团队的工程师，大多以"公司机密"为由拒绝了约访，作者只能通过查阅公开资料，尽力还原和讲述算法系统的基本规则,但是在同题材报道中,专业品质无出其右者。此文最为难能可贵之处在于,深入挖掘一个被熟视无睹的问题。采编者自谦"只是尽了一个报道者的本分,没有停留在表面的现象",希望技术背后的"人"——活生生的、努力奔跑的劳动者们——能够得到外卖平台更多的关注,"他们的身体、情感、需求和生命应该是比时间、利润、数据,更重要的事"。其实,"尽职业的本分"正是专业性的精髓,这意味着需要注重服务公众,基于经验主义的认识论准则,尽力呈现可验证的事实,寻求社会正义。

以"专业性"为追求,新闻实践是最好的观察切口。具体到劳动关系议题中,研究者目力所及,在媒体机构方面,财新传媒的表现值得称道。《财新周刊》创刊之时名为《新世纪》,初为旬刊,2010年改为周刊,2010年1月4日第2期"社会"版的两篇报道《迁徙的蜗居》《尘肺病:维权无尽头》,均与劳动关系问题相关,前者聚焦北京农民工群体的居住境况,指出"上百万为城市化做出贡献的农民工,一次又一次搬向城市的最边缘",后者关注湖南张家界尘肺病工人的维权困境,他们当年在深圳建筑行业做风钻工时染病,指出"一系列文书材料,成为阻碍劳动者维权的门槛"。1月11日第3期为正式的"改刊纪念号",当期刊发的《编者致辞:新世纪新十年,我们同在》一文,明确提出作为职业新闻人,将"继续新闻专业主义的坚守与拓进",并且强调在转型期中国社会,这一努力"是可能和可行的,有价值更有需求"。2015年3月16日,正式更名为《财新周刊》,胡舒立撰写当期社评《未来从现在开始》,提出:他们将以"既变亦不变"来应对社交媒体兴起后的变革与挑战——一方面,"全力拥抱新媒体技术";另一方面,"新闻价值观则始终如一"。此即"形式、介质、长短,什么都可以变,惟有追求原创好内容不变"。进行本研究时，我们在"财新App"中通览了2010年至2019年的500期杂志，发现它确实为转型中国的劳动关系问题留下了一份相当有价值的记录，涉及诸多具体议题，既有事实的挖掘，亦有观点的争鸣。兹按时间顺序罗列相关主要文章如下。

2010年相关文章主要有：《失业率再调查》《新民工荒探源》《本田罢工：分水岭》《震撼富士康》《"世界工厂"与政府角色》《涨薪冲击波》《薪资博弈》《保障平等议价权》《工资－通胀螺旋上升期未到》《滞后的补偿》《薪酬压力上涨释放》《高温健康权益谁保障？》《奋斗者还是劳动者？》《重估退休年龄》《上海"柔性退休"影响几何》《富士康的"学生工"》《农民工何正文维权之旅》《海上劳工》。

2011年相关文章主要有：《企业年金再发力》《家乐福"隐蔽用工"探秘》《再控人口规模 谁去？谁留？》《辩论：应否废除劳务派遣制度？》《中西部争抢农民工》《告别低工资》《广州新塘冲突详本》《职业病防治修法：监管不如赋权》《东莞模式走到头？》《长沙铁路司机停工风波》《打工—日记》《临时工的人生》《一个非职业病患者的维权》《比亚迪：裁员通过谈判桌》《有想法的工人》。

2012年相关文章主要有：《劳工的律师》《小微企业困局难解》《"春风行动"遇冷》《农村教育：最有效的投资》《陈会君讨说法》《广东：社会的归社会》《为社会松绑》《企业登记突破》《打火机光亮不再》《松绑社会组织管理体制》《你为谁服务？》《随迁子女就地参加高考建言》《小企业的另类挤压》《制造业转移谁主沉浮》《平等保护所有劳动者的权益——〈劳动合同法〉修订之我见》《求治劳务派遣滥用》《流动的教育》《瑞安：开放的尴尬》

《促进就业机会均等化的关键》《中国涨工资 墨西哥受惠》《停办职工医保 推行全民健保》《穿越》《养老保险警讯》。

2013年相关文章主要有：《另类民工的觉醒》《一位快递小老板的困惑》《富士康坚推自动化》《火殇》《悲伤大尹家屯》《液氨危险》《资深农民工的烦恼》《应发布调查失业率》《乡村社区营造者》《收入的真相》《同工同酬与福利社保》《给农村孩子眼镜》。

2014年相关文章主要有：《反腐浪潮下的企业家犯罪》《角力劳工集体协商》《木工师傅的难题》《协议受害》《改革中国式职业教育》《职教试转型》。

2015年相关文章主要有：《为大众创业营造法治环境》《"机器人能干，就让它干！"》《以机器人为核心改造生产线》《中国式人机协作》《所有机器人厂商关注的一个自动化改造》《逆转的招工关系》《招工》《何时退休？》《一样打工 两种动机》《农民工"新常态"》《就业容忍线》《农民工的金融梦》《农村养老何处去》《莫让留守儿童悲剧重演》《普光电子停工风波》《农民工们正在变老》《佛山"机器换人"》《劳动力蓄水池在枯竭》《山东职教转型探路》《谁管流动儿童义务教育？》。

2016年相关文章主要有：《退休职工该不该缴医保》《尘肺病终获正视》《延迟退休"小步慢走"》《活在流水线上的人们》《艰难的康复》《劫后归来》《养老金上调多少，谁说了算？》《"禁摩限电"改变的生活》《家乡是他们的流放地》《机器人转向》《就业困局》《异地高考广东落地》《山村幼儿园的星光》《台商寻找新对标》《农村小规模学校何往》《多地企业工资指导线涨幅放缓》《产业政策反思与改革》《产业政策得与失》。

2017年相关文章主要有：《安全生产改革再布局》《停摆的"滴滴村"》《骑行返乡》《凉山村庄的彝族年》《新经济离不开政

府信息公开》《生育险何去何从?》《打工子弟学校迁移》《营养餐五年成效》《李金发一家的选择》《打工子弟学校何处去》《我的凉山：孩子镜头中自己的村庄》《保护企业家 文件好更要执行好》《小镇共享梦醒》《富士康重注转型》《返乡之路》《从凉山到东莞，一场2000公里的成人礼》。

2018年相关文章主要有：《富士康36天"闪电过会"记》《调查失业率出炉》《挽留78所乡村学校》《"尘肺病是一种无法治愈的病"》《再减万所中小学》《促进政策的最好裁判是中小企业》《3000万人职工医保"不知所踪"》《民企为何焦虑》《怎样拯救民企》《民营企业的政策大底》《民企众生相》《黑色午夜》《市场准入须着力消除隐性壁垒》《手机供应链过冬》。

2019年相关文章主要有：《稳就业压力加大》《尽快降低企业社保费率》《如何看待互联网企业裁员潮》《尽快实现养老保险全国统筹》《以政策透明度提升营商环境》《响水余响》《化工园区的路径依赖》《苏北化工去留》《何以化解养老焦虑》《中国制造业转型三大关》《破解中小企业融资难要靠市场》《社保改革：当做之事尽早做》《重视民众对国家治理的切身感受》《全面开放是中国经济转型之必需》《就是要充分体现企业家价值》。

上述文本，涵盖深度调查、社评、特稿、对话、专栏文章、手记等多种体裁，含10余期封面专题报道及多期"特别报道"，既有对具体境况的描述，亦有对复杂现象的剖析，还有立场鲜明的建言；既有对新闻事件如裁员潮的即时记录，亦有对风险议题如尘肺病的长期关注。笔者之所以不厌其烦地一一罗列，旨在相对具体地呈现《财新周刊》所涉及的议题。从中可见，财新传媒既关注劳动力生产与再生产的方方面面，涉及工资、就业、失业、讨薪、工伤、职业病、社保、医保、养老保险、安全生产、劳动争议、劳动合同、延迟退休、留守儿童、家庭关系、打工子弟学校、中职教育等议题，亦聚焦政府、资本、劳动者等不同主体的关系，讨论营商环境、经济政策、产业转型、发展模式、市场壁垒、政企关系、国企改制、工会改革、劳动立法、集体协商机制、劳工社会组织等问题。"我们理解的新闻重要性，植根于中国现实。我们关注的中国国情，正是这个时代中国的经济发展与转轨，以及转轨过程中政府与社会的关系变迁"——2015年在社论《未来从现在开始》中，胡舒立论及新闻价值与媒体职责，提出"选择何处安身何以立命，最终界定新闻媒体的使命，也检验新闻工作者的成色"。观察《财新周刊》的具体实践，可以发现：劳动关系被其视作转型中国社会的重要政经议题，他们尽可能运用"复杂思维"进行新闻生产，整体上呈现不同主体的行动逻辑、多重目标的内在张力，具有鲜明的专业性追求并且已达较高的水准，对于推进具体问题治理有所裨益，所擅长的深度调查报道更是如此。袁光峰在探讨底层痛苦与公共表达时，提出：疼痛的表达需要"代理者语言"（language of agency），"代理者语言"作为"桥梁"，是让底层痛苦获得其他阶层"理解"的主要通道。媒体是否使用以及如何使用"代理者语言"，都会影响人们对"痛苦"的体验。一则简短消息和一篇调查报道相较，显然拥有不同的塑造公众同情的效果。《财新周刊》的调查报道积极运用"代理者语言"，如运用比喻"卖火柴的小女孩"等，深入呈现留守儿童的"痛苦"并赋予其以公共价值，引发"道德震撼"和公众"同情"，推动公共讨论（袁光锋，2017）。

2. 建设性：寻求实践方案为重心的理念

在传统新闻业数字化转型的过程中，源自丹麦等国的"建设性新闻"（constructive journalism）运动近年来引人瞩目，我们可将其视作一种旨在重新塑造新闻业权威及合法性的新闻创新。追溯其源,"建设性新闻"是始自欧美新闻业界的一场新闻改革实验。目前一般认为,首倡者是资深记者乌尔里克·哈格鲁普(Ulrik Haagerup),作为丹麦国家广播公司新闻主管,他于2008年提出"建设性新闻"倡议,主张以"建设性"效应补充传统的新闻价值观。另一位关键人物凯瑟琳·吉尔登斯特德(Cathrine Gyldensted)也是丹麦记者出身,赴美国宾夕法尼亚大学学习心理学后,认为"积极心理学"(positive psychology)可以用于指引"建设性新闻"的实践。两位都批评西方传统主流新闻业存在严重的"负面偏向"问题,不过各自所用术语存在一定区别,前者常用"constructive news",侧重于建设性在新闻文本中的体现,即如何成为新闻的标准与框架,依然是一种"行业话语"的论述;后者习用"constructive journalism",则注重建设性的理念与技巧何以在新闻实践中具体运用,开始为新闻实践引入学理基础。2015年,美国学者凯伦·麦金泰尔(Karen McIntyre)在其博士学位论文中正式提出了作为学术概念的"建设性新闻"。自2017年8月《编辑之友》刊登晏青对凯伦·麦金泰尔的学术访谈对话后,这一新鲜议题引起了国内研究者较普遍的兴趣。截至2021年4月,中文社会科学引文索引(简称CSSCI)数据库中,已收录篇名含关键词"建设性新闻"论文41篇,涉及概念界定、特征归纳、启示分析、争议梳理、学理反思等诸议题。不过,"建设性"并非一个全新的概念,其作为现代新闻业的基本理念,早已见诸中西新闻理论文献,多被用于阐述新闻业的社会使命。确实,新闻业是现代社会的有机构成,"一个健康的社会离不开新闻的建设性"(唐绪军,2020)。然而,对概念的理解需置于具体语境,不同社会脉络中"建设性"的内涵,往往同中有异。那么,在转型中国社会语境中,"新闻的建设性"指向什么?何种新闻实践可称为"建设性新闻"?与西方新闻界的"建设性新闻"运动相较,二者在理念与实践上有何关联?劳动关系议题的媒体呈现中是否存在基于"建设性"理念的具体实践?

迄今,域外的"建设性新闻"运动,究其本质是对西方新闻传统的反省、纠偏、修正与补充。作为行动路径,它被认为是一种新兴的新闻形式,涵盖"方案新闻、预期新闻、和平新闻、恢复性叙事"四个重要分支,强调需要坚持履行新闻核心功能,同时在新闻流程和具体产品中运用积极心理策略,致力于生产"卓有成效和参与性的报道"(McIntyre and Gyldensted, 2017),以更好地服务于公众。作为新闻理念,它包括"解决特定问题、以未来为导向、包容与多元、公民赋权、解释新闻语境、协同创新"六个核心要素(Hermans and Gyldensted, 2019)。概括而言,"建设性新闻"主要以积极心理学作为"负面偏向"传统的改造工具,在客观性基础上强调介入性,突出新闻实践的"公众导向、方案导向、未来导向、行动导向"。国内研究者的评述,多肯定其是具有创新意义的积极探索,诸如"建设性新闻"是"公共新闻"的延续和发展,"以反传统的实践"追求维护公共利益的新闻业传统价值(蔡雯、郭浩田,2019);"建设性新闻"以追求人类社会中的"公共善"为旨趣,以积极心理学的策略应用弥合分歧与凝聚认同(陈薇,2019);"建设性新闻"具有典型的"伞式"特征,试图囊括历次、多种的西方新闻改革运动理念与实践,具有"树起新一轮公共责任大旗的可能"(金苗,2019);作为公共传播时代传统媒体"重塑社会角色"的实践或理念,"建设性新闻"很有可能会成为"我们这一代新闻业的主流"(唐绪军,2019);作为新闻从业者基于实践的理论创新,"建设性新闻"主要通过更新新闻知识生产方式、建立记者与受众的对话模式、拓深新闻价值要素等方式,逐步确立"一种新的新闻范式"(晏青、舒锱惠,2020);"建设性新闻"理念意味着媒体功能的一次重要转型,由客观性新闻所支持的"监察"转向"社会建设",其所强调的"赋权和弥合社会分裂"更适用于当下风险社会语境(王建峰,2020);社会正义是新闻业的终极价值追求,"建设性新闻"理念与媒介正义所要求的传播原则、表达框架、目的指向等相一致(夏雨欣,2020);通过促进"公众认知的再平衡","建设性新闻"在当下"信息疫情"语境中能够积极参与信息治理(殷乐、王丹蕊,2020)。这些论述体现出学者们对新闻业创新的乐观态度,但是不乏陈义过高之辞,反思与质疑因而具有特定价值。已有研究者冷静地审视它的理论局限、实践困境以及语境适用等问题,诸如"建设性新闻"以积极心理学为核心思想资源,对其进行直接参照乃至全盘挪用,自然也承担了此理论转嫁的风险(胡百精,2019);"建设性新闻"的流行仍局限于特定区域且尚未形成"连贯和可识别"的系列实践(白红义、张恬,2020);"建设性新闻"的实践策略主要有赖于记者在新闻生产中追求"建设性",能否扩散面临众多不确定性,其目前的探索距离重新"规范"新闻实践目标甚远,所强调的"负面偏向"反思,在一贯遵循"正面报道为主"方针的中国语境中也需再考察(王辰瑶,2020b);"建设性新闻"运动的影响不可高估,"以公众为导向""以解决问题为导向"等主张面临严峻的现实挑战,同时中西方"建设性"话语也存在不同的合法性基础(郭毅,2020);"建设性新闻"理念虽然具有"范式转换"的新意,但作为特定背景下的一种新型"替代理论",其难以被推广并主流化(刘自雄,2020)。他山之石,可以攻玉。无论具体观点如何,我们关注西方新闻界"建设性新闻"运动,根本旨趣在于以此作为透镜,探讨当代中国新闻传播理论与实践创新的可能。其中,如何准确地理解"建设性"乃是关键所在,它作为一个开放性概念有着多重意涵。

在此，鉴于"建设性新闻"的突出实践属性，来自国内业界的经验思考尤值得关注。中国青年报报社编委吴湘韩（2019）提出，"建设性是党媒必须遵循的新闻理念"，因为"党性与人民性从来都是一致的"，党对于舆论监督"历来强调建设性"，相对立的概念是"破坏性""颠覆性"而非"负面"，不应将"建设性新闻"视为相对独立的新闻产品类型，而应是一种"以解决社会问题为归依"的新闻理念，需要渗透于生产与传播的全过程。在具体实践中，《中国青年报》从"正能量的传播者、建设性舆论监督的践行者、公益事业的参与者"三个方面展开探索。苏州广播电视总台台长陆玉方（2019）提出：只要以坚持马克思主义新闻观为前提，"建设性新闻"的基本理念和操作方法"完全可以为我所用"。苏州广播电视总台以"构建绿色舆论生态"为出发点，主动开展相关实践，将报道框架由"负面、冲突"转向"意见开放、共同面对、协商解决"，取得可见成效，其主要经验是"话题选择直面热点、观点表达开放包容、依法提供解决方案"。凤凰网总编辑邹明（2019）提出："求真"与"向善"是新闻业需要坚守的价值。基于"善"的维度，凤凰网酝酿出"善传播"理念并开展积极尝试，这与"建设性新闻"的两个分支"方案新闻"及"恢复性叙事"具有"很强的亲和力"，其具体操作经验是"栏目化、视频化、关注大事件、关注大议题"。新京报评论部副主编佘宗明（2020）提出：侧重"破"还是"立"，是时事评论常见的立场选择难题，"建设性新闻"为思路重构提供了启示——展开批评之外提供更多具有建设性的观点。该报评论实践中的"建设性"以公共性为前提，在重大事件上保持"在场"姿态，以"演讲者"而非"旁观者"的立场提供有价值的解决方案，"依靠专业的力量"让论说更有见地。此外，涉及业界行动的一些研究，建设性新闻实践中的具体观点亦可供讨论，诸如"建设性新闻"的全球实践呈现"并行与共振"态势，中国的探索在一定程度上可理解为民生新闻、问政节目等"正面报道"的升级（殷乐，2019）。"建设性新闻"是"共识价值驱动下的多元化本土实践"，"建设性"的主要目标在北欧、美国、中国的不同现实语境中，分别显现为达成多元协商、重建媒体信任、推动社会进步（史安斌、王沛楠，2019）。中西方新闻的"建设性"追求，操作层面虽有共通，但价值目标各有不同，"中国新闻奖"评选是一个典型样本，"媒体办智库"等业务探索拓展了中国新闻的"建设性"内涵（蔡雯、凌昱，2020）。中国范式中的"建设性"推崇"整体观和系统观"，民生新闻、公共新闻、参与式新闻、暖新闻等尝试都是"建设性新闻"的中国样本（漆亚林，2020）。"建设性新闻"的全球实践主要存在"试点、参与式报道、镜鉴、长尾报道"四种模式，它们相互交织方能最大限度地实现"建设性"效能（殷乐，2020）。"澎湃新闻"平台的垃圾分类报道显示，在"以正面报道为主"和"正能量传播"原则的指导下，中国媒体实践与西方"建设性新闻"理念存在相当分际，宣传话语与典型框架的影响依然存在，报道中的"行动方案"也因扁平单一而流于形式（邵鹏、谢怡然，2020）。上述具体观点之间其实颇有出入，可见"建设性"是一个富有张力的概念，内涵涉及中西方社会的历史语境、新闻业的基本价值、国家与媒体的关系等诸多问题。因而，"去语境化"或"高度语境化"的阐释均不足取，前者固然掩盖明显的矛盾，但失之粗疏，后者则会放大琐屑的差异，陷于庞杂。对此，我们需要秉持限度意识，采取适宜的"再语境化"分析策略。

兼顾应然与实然，我们将"建设性"界定为"以寻求实践方案为重心的理念"。此处，"理念"旨在强调"建设性"应成为渗透和贯穿于新闻生产全过程的内在价值追求，特定的类型或样式等并非判断新闻产品具备"建设性"与否的决定性要素，在具体新闻生产中是否运用积极心理学或相关行为科学技巧亦非关键所在。尤其需要警惕罔顾脉络地批评新闻报道的"负面偏向"问题，否则很可能会出现具体错置的谬误。其实，西方"建设性新闻"仍然需要遵循新闻业的基本准则、发挥新闻核心功能，并非积极新闻或正面宣传，而是"对具有社会意义重要主题的严格报道"（晏青、麦金泰尔，2020），社会监督是其应有之义。作为一种价值追求，"建设性"应以赋权多元主体、促成公共商议、凝聚社会共识为旨归。由此，衡量"建设性"的核心标准在于，新闻产品的议题、信源、框架等关键要素能在多大程度上服务于这一指标。此种价值追求具体如何实现？在此，西方"建设性新闻"所重视的"方案导向"颇具启发意义，其强调需要从消极"揭示问题"转向积极"解决问题"，通过报道解决方案、推动社会进步体现媒体的"建设性"功能。若要真正推动社会建设，解决方案必须避免凌空蹈虚。黄宗智（2020）倡导建立一种"前瞻性的实践社会科学研究"，其要旨是从扎实的经验证据出发，检验现有理论并确定如何进行"取舍、汇合、重构、推进"，以进行更契合实际的概括。新闻报道虽非学术研究，然而遵循"经验主义"准则亦是专业要求，尝试提出方案时更需充分地体悟经验现实的复杂性。因而，在转型中国社会中，作为理念的"建设性"，新闻报道重心应当为"寻求实践方案"，即基于实践理性探寻方案，遵循实践逻辑，而非理论或是话语逻辑进行方案设计，扼要言之，需要具备充足的实践感，立足于经验世界及其逻辑，探寻问题可能的解决之道，在当下风险充溢的环境中、歧见迭出的重要议题上尤应如此。为更充分地发挥建设性功能，在观念上，基于恩斯特·布洛赫（Ernst Bloch）所主张的"希望哲学"，一种"鼓舞世人批判现实、超越现实、走出黑暗、瞩望未来的哲学"（周惠杰，2012），媒体可尝试建构"希望新闻学"（吴飞、李佳敏，2019），秉持面向未来的"希望"理念，平衡公正地呈现人类探索的"尚未形成"性。在实践中，媒体应尽可能地进行"反思性的自我调控"，吸收"建设性新闻"运动实践中的有益养分，尝试在"积极自由"概念框架内形成"主动记者"的角色定位（芮必峰、余跃洪，2020），深度参与具体社会问题治理。

建设性以专业性为基础。此前，我们将"专业性"界定为基于反思性实践的规范理念。这意味着在寻求建设性行动的过程中，新闻从业者亦需不断进行反思，探究相关实践方案何以可能。其间，新闻从业者有意识地还原报道的后台生产过程，并分享于公共空间以引起更多关注，促成多元主体之间的对话展开与共识达致，这是一条颇具可行性的现实进路。在此，2019年"界面新闻"关于"职校学生工"的报道可兹观察，记者对幕后采写经过以及个人感悟进行了细致分享，为我们探讨媒体如何具体实践"建设性"提供了典型标本。

学生实习原本是当代中国职业教育教学的重要环节，旨在以"产教结合"的形式提升培养质量。为保护实习学生的合法权益、突出实习的教育教学属性，国家相继出台《中等职业学校学生实习管理办法》（2007年）、《职业学校学生实习管理规定》（2016年）等规定，对于实习的岗位性质、时间安排、报酬底线、劳动强度、安全保护等事项都进行了明文规定。然而，在畸形的"实习经济"中，出现了"学生工"问题，实习学生沦为非正规的"廉价劳动力"，被安排进行高强度、超时限的工作，而且缺乏相应的社会保障。对此，媒体给予了一定的关注。2021年4月底我们通过检索"中国重要报纸全文数据库"发现，其共收录了36篇标题含关键词

"学生工"的报道和评论，时间分布于 2007 年至 2018 年，其主要内容可归纳为：这一现象是违法的尴尬存在，侵犯学生劳动权益、妨碍中职教育发展、影响中国制造质量，可采取斩断利益链条、完善联动监管机制、立法规范管理等治理举措。2019 年 2 月 20 日，"界面新闻"刊发万余字的调查报道，揭露四川省宜宾市三家私立职业学校以"勤工俭学"为名输送学生到深圳和东莞的工厂实习，其中不少学生不足 16 岁，明显违反相关实习规定。此则报道揭露：他们采取相同运作模式，"固定且娴熟"，工厂节省用工人力成本、中介赚取工厂招工费用、职校收取中介的"管理费"、初中收受职校的"人头费"。这则报道随即引发当地政府的"高度关注"，当地政府迅速成立工作组调查违规安排在校学生顶岗实习、组织未满 16 周岁的学生实习、有偿招生等问题。

　　观察上述新闻作品，作为典型的调查性报道，议题虽然聚焦社会的"负面问题"，然而并未采取"负面偏向"框架，内蕴显著的建设性，这显现于三个方面。第一，具有颇为突出的专业性追求。记者刘向南入行至今已 20 年，始终追求做一名调查记者，在《传媒江湖荟》的访谈中，他坦言在现实新闻业环境中，此种职业定位如同逆水行舟，"往往得不到支持和理解，甚至连工作单位和平台也不支持"，然而自己"没想过要退缩"，会尽力寻找机会去进行舆论监督。据其经验，调查性报道的生产，往往源自对并不起眼的新闻线索的深入追踪，很可能会"挖掘出深藏于水下的硕大冰山"。此篇报道即是如此，2018 年 12 月下旬得到线索，在报料者透露的信息中，他注意到有一些学生尚不满 16 周岁，此前职校利用"学生工"牟利的新闻报道已有很多，但是此现象仍然值得深入挖掘。于是，2019 年 1 月他开始展开具体行动，一是前往宜宾，调查职校输送"学生工"的过程，重在调查各个环节的操作模式及牟利方式究竟为何；二是前往广东，调查具体输送情况，包括他们是什么样的孩子？怎么进入的职校？如何被带往广东？工厂怎么接收他们？在工厂里都做什么？……经过多日采访，他发现"职校－劳务中介－工厂"之间的利益链及其具体利益分配模式。在随后的文本写作中，他尽量以调查性报道要求的"准确、精练、冷峻"为标准。第二，具备至为关键的"建设性"元素。现有诸种论说，皆认为"积极"和"参与"是"建设性新闻"的两个基本特征。前者可理解为新闻能够给人"向上向善"的力量，以解决现实问题作为出发点，在报道中尝试提出可能的策略与方案；后者则意味着在新闻生产中要尝试平衡"客观性"与"介入性"，媒体和记者作为社会成员参与问题的解决，而非纯粹地为了中立而置身事外。2月20日报道刊出，迅速引起宜宾有关方面的关注，2月22日当地区教育局已展开调查，并于3月4日联系记者"汇报处理工作"，4月9日记者收到区宣传部的文件《关于我区相关职校违规违法输送学生处理情况的回复》，被告知详细处理结果。此外，记者在客观报道中亦有明显的"参与"意愿，其透露"童工"输送是调查的重点方向，在文本写作中也突出此情节，最初所撰标题中也含有"童工"一词，旨在让"已不新鲜"的"学生工"议题得到关注。由于专业品质，报道产生了很强的"参与"效果。第三，对报道实践有更深刻的反思。记者明确表示想做一个后续报道，因为报道中所揭露的现象其实并非个例，"关闭几个学校，或者处理一两个校长"意义不大，而且个案中采取举措的只是当地教育部门，"利益链条上的下游工厂，没见任何动静"，他真正希望看到的是"形成全国范围的治理整顿，从根源上杜绝这种现象"，不过遗憾的是未能继续追查。确实，"学生工"是一个结构性的问题，其根源是劳动力与教育的"双重商品化"（苏熠慧，2016），如何进行有效而全面的治理，需要在制度层面上寻求方案。

劳动关系主体及其利益诉求呈多元化，不同主体行动逻辑有别、具体目标存在差异，已成为当前中国劳动关系治理的结构性背景。鉴此，在劳动关系议题上，"建设性"意味着媒体努力的方向是：理念上，秉持"积极的专业参与"立场；实践上，重在寻求"实践导向的方案"。因而，媒体需要在新闻生产中敏锐地发现，洞察纷繁表象提炼实质问题；深入地挖掘，避免可能的偏见呈现事实全貌；有序地组织，以促进多元对话凝聚基本共识；真诚地倾听，以众人之智寻求切实解决方案。其间，媒体需要尽可能地面向未来与公众、倡导良善与共情。当然，这是一种"应然"期许，全流程地实现诚非易事，具有建设性思维并见于具体元素，已是良好开端。在此，2021年第18期《三联生活周刊》"封面故事"专题值得圈点。

这期"封面故事"专题由3篇报道《谁来当工人》《"蓝领"是否正在崛起？》《服装女工：如何在职场中熬出头》，1篇访谈《面对"结构性"的劳动力短缺，或许不用太悲观》以及3篇口述《"95后"的跨行业"游荡"》《小海：一个车间工人的诗意和失意》《从农民工到女商贩的这些年》构成。当期"荐读Book"栏目的主题为《蓝领观察书单，带你了解社会的大多数》，推荐《中国女工——新兴打工者主体的形成》《乡下人的悲歌》《当代中国社会分层》《客房服务员》《在城望乡：田野中国五讲》5本书，作为深入了解当下蓝领群体境况的资料。此外，当期《三联生活周刊》还有1篇"专栏"文章《招工难与"延时满足"稀缺》，亦与劳动关系主题相关。上述所列报道、访谈、观点，均聚焦于一个实质问题：作为立国之本、强国之基的中国制造业，正处于技术升级与劳动力结构转型的过程中，当老一代工人老去，谁是操纵新机器的新工人？论及选题缘由，当期发稿主编吴琪在数字刊的语音导读中有过介绍：策划本期（出刊时间为2021年4月28日），不仅是呼应将近的"五一"国际劳动节，更是出于《三联生活周刊》近年来对中国制造业的密切关注，此前已做过《全球产业链的微观调查》（2019年第23期）、《探访超级工厂》（2020年第45期）、《外贸何以逆转 从中国制造到电商渠道》（2021年第12期）等相关主题。当前中国制造业面临着劳动力紧缺的现实困境，专题围绕这一状况的形成、影响及可能解决之道展开探索，具有显著的建设性。其中，一个关键问题是"年轻的劳动力都去了哪里？"他们发现：原来较之父辈，新一代年轻人更热衷于"零工经济"，从制造业投身于服务业。通过采访素有积累的研究者，专题颇为深入地分析了零工经济用工模式的吸引方式，诸如营造出"自由"的劳动体验，通过管理策略"制造同意"，使劳动者获取相对于正规就业的收入溢价（闻效仪，2020），等等。当"零工"成为年轻人的一种普遍职业选择后，就会出现一个悖论现象——年轻人不愿意进工厂，进了工厂也不愿意长待，工厂则不停地招聘，以短期的高工资吸引工人，却进一步加速了年轻蓝领的流动性，如此循环，以致"工厂用工成本抬升，工人也失去了实现职业进阶的机会"。对其中的具体情形及相应影响，专题进行了细致的呈现，不仅有"主动选择做'临时工'""工厂缺人：供需关系早已倒挂""招不来和留不住""高级技工缺口，即使年薪50万"等片段，还提供了典型个案——关于1位"95后"青年在制造业和服务业之间反复来去经历的口述，提出如果缺乏必要的职业规划和技能增长，跨行业"游荡"的生活总是难以摆脱。

　　需要强调的是，该专题也分析了制造业的固有问题，诸如工厂里工人的上升通道狭窄、流水线工作的异化与低技能等。其中，女性工人更是面临性别困境——女工作为服装行业的主要劳动力，既要熟悉不同技术工序实现职业发展，更需克服这一过程中家庭带来的拉扯，"熬下去"是必经之路。这比单纯渲染"零工经济"的冲击更能趋近事实全貌。能否以寻求实践方案为重心，是衡量"建设性"的关键指标。此专题在此方面表现得颇为突出，倾听多方后明确主张"蓝领崛起"，提出需要完善人力资本积累体系适应社会经济发展，改革现有职业教育体系以及使职业教育与通识教育的比例关系趋向合理化，是一个重要的方向性选择。此外，还突出了专家的观点并用个案佐证——个体层面，个人需要培养企业家精神和终身学习的能力；社会层面，公共政策需关注如何为个人发展提供"开放、竞争、流动的要素市场环境"。整体而言，此专题聚焦"劳动力的结构性短缺"，既呈现了现实的斑驳复杂，又具备面向未来的积极感。从一位读者"雪宜"的评论中，可见其价值——"'圈子'的、'阶级'的壁垒，或许才是阻碍看到世界的那最高的篱笆。希望三联能一直带着大家看见更多的，也许不会成为典范的，但却要了解的世界的样子"。行文中，专题汲取诸多专业研究洞见，提升了论述的深度，若进一步从"技能形成的社会建构"（王星，2014）等角度论述，更具体地探讨如何化解当前中国制造业所面临的"技能短缺"风险，其"方案导向"价值将会更为突出。

在体裁类型上，较之新闻报道，新闻评论作为观点性文本，致力于发现、提炼问题并讨论解决方案，对"建设性"的追求能够更为直接。新京报评论部创立之初，即以"积极稳健有见地"作为方法论，评论部主编王爱军（2007）将"有见地"的内涵阐释为"富有责任意识，不仅有批判性，也力求有建设性"，其中"建设性"是指向"努力提供解决的途径和思路"。这一表述与我们界定的"建设性"内涵接近。那么,如何实践这一追求?他们提出评论需要从"价值判断"向"专业判断"发展,抑或是"价值判断"与"专业判断"并举,此即在"对与错"的是非判断之外,应当更进一步回答"应该怎么做"。发展至今,《新京报》已是当前国内重要的媒体评论原创基地,"建设性"更被内部人士视为其在时下舆论气候中的"突围之道和进阶之路"(佘宗明,2020),内嵌于议题筛选、立场取向、表达风格等诸方面,尤其"舆论监督"范畴内的批评性评论,更强调在"价值判断"的基础上以"建设性"思维提供解决方案。自2015年以来,我们持续观察《新京报》有关劳动关系议题的论说,发现其具有以下突出特征。一是秉持积极参与立场,以"公共性"作为核心筛选标准,综合考虑话题热度指标与公共价值要素,既讨论重大议题亦评说具体问题,并不回避或是遮蔽风险议题。二是表达平台架构完整,努力对应不同群体的观点表达,在栏目设置上既有偏向专业人士的"社论""观察家评论""专栏""时事访谈",亦有贴近普通读者的"来论""来信""议论风生",还有摘登的微博言论、微信公众号留言中的"微言大义"等,尽可能地传播多元化声音。三是具体论说中秉持克制表达、温和讲理的稳健风格,同时在廓清是非、激浊扬清的价值判断上立场鲜明。四是在恪守常识的基础上注重依托专业力量,追求能够提供导向实践与未来的行动方案。

谨举数例,便可了然。例如关于"退休年龄"议题,2015年至2017年《新京报》就刊发了《民企员工也应享有"提前退休"权利》《延迟退休分歧在哪里?》《逾四成受访者 延迟退休最该注意"分类管理"》《延迟退休改革慢一点,不是坏事》《应对老龄化,推迟退休年龄势在必行》《与其"一刀切",不如实行弹性退休制度》《莫再让提前退休乱象削弱"延退认同"》《都要延退了,搞干部"早退"不合适》《官员加薪"早退"既不合理也不合法》《延迟退休之后当避免老年人打零工》《延迟退休的有些"流行说法"不准确》《延迟退休:"锁定"年龄时不妨留弹性》《提前退休占30%:别容违规先退滋长》13篇评论,既有对公共政策的方案设计,亦有对具体问题的舆论监督。又如关于"讨薪"议题,2016年至2017年,《新京报》刊发了《公判讨薪民工消解司法尊严》《家乡政府为民工讨薪是合理"地方保护"》《不妨把欠薪问题纳入官员政绩考核》等5篇社论,立场鲜明地捍卫劳动薪酬权,尝试为解决此痼疾寻求可能方案。再如关于女性劳动者的孕产议题,2015年至2017年,《新京报》至少刊发了《怀孕生子易就业 女性歧视何时休》《强推"痛经假"真是为女职工好吗?》《延长产假,压力不能都由企业承担》《产假天数应该全国统一》《别急着为"生育带薪休假一整年"鼓掌》《女职工生育成本该由谁来承担》等9篇评论,细致辨析政府、企业、劳动者权利与责任的边界,以务实的态度寻求现实困境的解决之道。

2020年疫情发生以来,《新京报》的建设性追求,在如何护卫"企业生存发展权"问题上,有着突出表现。这一议题直接关系劳动关系治理,"促进企业发展"乃是"创造物质条件",具体政治文件业已明确强调。2020年1月21日,《新京报》发表社论《以应对"非典"的态度防治新型肺炎》,开始涉对疫情的评论;1月30日,在媒体中较早关注企业发展问题,刊发社论《共度时艰,不妨为受疫情影响行业"减负"》,提出适当为企业减税降费,通过政策性金融给予必要支持,将能极大地缓解疫情所带来的"员工失业"等问题。此后聚焦这一议题,从2020年2月1日至29日,《新京报》密集发表了《为中小企业纾困,"苏州十条"值得借鉴》《"北京19条",让企业经营防控"两不误"》《疫情防控和复工复产需要统筹兼顾》《以更精准帮扶政策为企业排忧纾困》《加大减免社保费用是稳企业稳就业"大礼包"》《善用"杠杆"精准纾困,帮小微企业复工》《面对疫情大考,统筹兼顾防控与发展》《莫让地方"土政策"阻断了"绿色通道"》8篇社论,《在精准摸排基础上,帮助企业复产复工》《要确保平稳复工,但不必草木皆兵》2篇评论访谈,以及《减租降费增贷,北京"十六条"为企业雪中送炭》《吴海"诉苦"刷屏,帮扶企业可更近"痛点"》《有序复工复产:谁在防人,谁在抢人》等相关评论。一个月内,上述文章反复倡导重视疫情中企业面临的困境,呼吁政府为中小企业精准解困,提出"停征部分事业性收费和减免房租""减免社保费用""把复工权下放给企业""政府加大购买产品和服务"等具体方案,同时,亦不忘强调划清政府与市场的边界,政府在出台精准政策扶持时,需要注意避免"行政之手"扰乱规律,尊重市场在资源配置中的决定性作用。据悉,因切实可行,有些建言方案很快"得到了政策层面的响应"(佘宗明,2020)。

在转型中国社会语境中,媒体如何参与劳动关系治理,本章所讨论的《中国青年报》、《财新周刊》、《南方都市报》、《新京报》、《三联生活周刊》、"无界新闻"等个案,都在一定程度上具有"范式"意义。经验观察显示,"专业性"是"基于反思性实践的规范理念","建设性"是"以寻求实践方案为重心的理念",它们往往相互交融,前者是后者的根基,后者是前者的旨归。新闻业的根本,其实就是通过内化专业性与建设性追求的实践,在不断变化的情境中满足社会公共需求,媒体治理参与的进路亦当以此为原点。

三 结构与能动性：多元行动者媒介创新实践

作为一对描述社会与个体关系的概念，"结构"（structure）与"能动性"（agency）属于社会学的重要理论范畴，也是百余年来争论的焦点问题之一。概括而言，主要存在三类主张：整体取向的"结构"观点、个体取向的"能动性"观点、"寻找中间路线"的理论（陈学金，2013）。本研究倾向于第三类，因为无论"离开能动谈结构"抑或"离开结构谈能动"，都会遮蔽描述与解释社会现实的视野。以"泰坦尼克号"事故为例，探讨不同乘客的幸存率差异问题，单纯着眼"结构的力量"（晋军，2016）会失之偏颇，还应注意到"行动的重量"（何江穗，2019）。米尔斯（2017）所倡导的"社会学的想象力"，高明之处在于兼重二者，既强调根据社会位置理解个体境遇，"各式各样具体情境中的体验，往往是由结构性的变迁所导致的"，亦注重个体与社会的相互关联，"就算他是由社会塑造的、被其历史洪流裹挟着推搡而行"，单凭"活着"这桩事实，就为社会的形貌及其历史进程出了力，无论多么微不足道。鉴此，论及当前中国语境下劳动关系的治理，需要充分辨证地认知"结构"与"能动性"的关系。

在此，安东尼·吉登斯（Anthony Giddens）的"结构化理论"（theory of structuration）值得重视——虽非尽善尽美，但其超越"客体/主体""社会/个人""客观/主观"的二元思维，成为社会学理论中以"互构论"为旗帜的典范之一（谢立中，2019b）。该理论对"结构"、"行动"及二者的关系，进行了相当不同于传统的解释，提出"结构的二重性"（duality of structure）观点。据其论述，社会生活中的"规则"同时具有"构成性"（constitutive）

与"管制性"(regulative)两面特性。其对"资源",则是"权力得以实施的媒介"以及"行为在社会再生产中具体体现的例行要素",主要包括"配置性资源"与"权威性资源"两种类型,这实则意味着:物质资源和行动能力,乃是行动的基本要素。其对"能动性"的阐释亦颇独到,认为关键在于需要区分行动者的"所欲"与"所做",能动作用强调是"做"的本身。简言之,"结构化理论"主张"结构"与"行动"之间是一种"互构"的关系——"结构"通过"行动"不断得以构成或再生产,同时"结构"也是"行动"得以可能的中介。因此,"结构"并非只是单纯的外在限制,而是同时具有"约束性"与"使动性"(enabling)。总体而言,"以实践意识为基础的例行化概念是结构化理论的关键所在"(吉登斯,2016),与其他的"互构论"理论相较,一个十分明显的特点是——努力重塑人们对"行动"和"结构"的理解,突出强调"行动"中的"实践意识"(谢立中,2019b)。这也是"结构化理论"对本研究的重要启示所在——我们得以基于"实践意识"对"行动"及"结构"的形成,产生一种综合并超越"功能主义/结构主义社会学"与"解释社会学"的理解,或可更全面地观察与分析社会现实问题。

  按照具体政治文件要求,建设"规范有序、公正合理、互利共赢、和谐稳定"的劳动关系乃是治理目标,为此应加快健全"社会协同"的综合工作体制。可见,依照"文件政治"逻辑,劳动关系达致良好治理,需要多元行动者的积极参与。观察已有治理实践,我们确实也能发现相关经验现象的存在。其中,工会组织与社会力量的行动,值得被重点观察。中国工会具有双重属性,既是"党联系职工群众的桥梁和纽带"和"国家政权的重要社会支柱",亦是"会员和职工利益的代表",是作为一种"类政府机关"(许晓军、吴清军，2011）存在，其所担当的角色是"参与国家治理的中介性组织"（吴建平，2012）。至于社会力量，包括媒体、知识群体、消费者、非政府组织等，近年来也不断发展并积极参与治理，有观察者分析2010年劳资关系调整状况，认为存在一个"社会力量推动劳动部门和工会逐步归位的过程"（郑广怀，2011）。除此之外，基于消费者良心选择的"社会认证"模式在中国的发展，被视为一种"劳工权利监管的政策工具创新"（黄岩，2015），填补了传统的政府监管空白，对劳动者的权益保护具有促进作用。然而，工会组织"维权"与"维稳"职能之间内蕴相当张力，调停行动会面临"斡旋"与"博弈"的不同逻辑冲突，在治理实践中往往呈现一种"稻草人机制"（孙中伟、贺霞旭，2012）。社会力量更面临诸多的不确定性，整体而言多数社会组织面临"制度合法性不足"和"组织资源匮乏"的双重困境（和经纬等，2009）。要言之，当前中国语境中，工会组织抑或社会力量，在治理参与中均面临着如何妥善处理"结构与行动"的关系问题。同时，在一个"日常实践和社会关系日益由中介技术和媒介组织所形塑"（Livingstone，2009）的时代，二者的行动往往不仅以媒介作为中介，而且在一定程度上为"媒介逻辑"所影响。其中，创造、采纳或扩散新观念、新方式的行动过程，可视为一种"媒介创新"。因而，可以"结构化理论"为透镜，分析相关媒介创新具体个案。

1. **经验观察：三种类型的案例**

一是工会组织的"媒介化治理"尝试。例如：广东省总工会的"工人在线"网络问政平台，由其与南方报业传媒集团合作创办，定位于"工人有话有地方说，职工有困难找工会"，寻求有效连接工会之"政"与职工之"问"，以"互联网+"思维拓宽表达渠道、创新维权机制，旨在推动工会组织职能转型、推进构建和谐劳动关系。自2013年12月3日启动以来，截至2018年5月31日，该平台共开展了51场在线访谈，除第1场为启动仪式、第38场为三周年纪念座谈外，每一场均有明确的主题，涵盖收入、就业、社会保障、职业安全、职业卫生、劳动关系等诸项职工议题，整体贴近工人实际需求，而且，线上访谈与线下的跟进、协调、督办、反馈有机结合，其间还采取了广东省总工会发文推广、成立"工友监督团"等举措，以提升平台的影响力、促进良性发展。整体而言，"工人在线"的问政过程透明真实，能够突出工会维权主业，取得颇显著的成效。其中，关于"欠薪治理"，前后陆续3场在线访谈的主题均聚焦于此，不仅解决具体问题，而且将此议题列入政府与工会联席会议，推动相关法规的完善，促进了《广东省工资支付条例》的修订和《广东省建设领域工人工资支付分账管理暂行办法》等的出台。作为中国工会系统内首例开通的问政平台，该平台得到相当程度的关注和认可，2015年入围当年"中国政府创新公共服务最佳实践"，被视作广东省总工会突破"官民二重性"改革的重要构成（黄岩、祝子涵，2017），其本质是一种"源头维权"的组织制度创新。尽管已有研究者从"问责政治"角度讨论其效果与限度（黄岩、孟泉，2015），然而还有待对这一个案进行更全面的经验研究，尤其需要深度讨论：工会组织作为枢纽型组织的转型之路不易，如何把握"结构"与"能动性"之间的张力，真正由"国家性存在"转向"国家与社会之间的存在"，从而担负"双重治理"（宋道雷，2017）的角色？其间，政治逻辑与媒介逻辑是如何相互交织的？这种交织使工会网络问政尝试蕴含了怎样的可能与局限？国内诸多地方"电视问政"节目是"媒体渗入地方治理的一种吸纳民主商议元素的可操作化模式"（闫文捷等，2020），广东省总工会着力以体制资源开展的"工人在线"这一问政实践，所吸纳的关键治理元素究竟为何？能否发展成一种媒体渗入劳动关系治理的可操作化模式？扼要言之，观察工会组织的媒介创新实践时，探寻媒介逻辑在中国语境下如何卷入劳动关系治理，应成为一个分析的重点。

二是社工机构扎根于"社区"的传播实践。何谓"社区"？梳理斐迪南·滕尼斯（Ferdinand Tönnies）、罗伯特·E. 帕克（Robert Ezra Park）等的论述并在学术发展脉络中审视，探讨这一概念内涵如何兼顾"社会性"和"地域性"两个方面。前者侧重于人们在功能、组织、情感上的联系；后者则强调人们是否处在有一定边界的时空结构中。在此，"社区"可理解为"具有一定地域性边界的人类生活共同体"。关于传播与社区的关系问题，约翰·杜威（John Dewey）有过言简意深的评述——"社会不但凭借传递与沟通才能持续存在，而且可以说就存在于传递与沟通之中。英文中的共同（common）、社群（community）、沟通（communication）是同源的字。人们由于彼此有共同点而聚为社群；社群中的人应为能相互沟通而有共同之处"（杜威，2012）。作为一种嵌入日常生活的传播类型，社区传播包含人际传播、组织传播和大众传播等多种形式，具有双重意涵，不仅是在社区中的传播活动，而且是以传播行为建构社区。我们在田野观察中发现，社区传播是社工机构开展实务的重要途径。

例如，北京社工机构 RJ 中心，创办专门服务于建筑工人群体、具有明显"另类媒体"气质的"小报"DGD，其中"工友心声"是相对固定的栏目，用于刊登建筑工人通过手机短信、QQ 发来的原创小诗、短文和漫画等，主要"以诗发声"。

据机构负责人 D 所言，截至 2015 年底，他们共收到近千首诗歌，绝大多数是工友"在难眠的深夜"通过手机短信发给他们的，多数为记录日常的原创诗歌，直白真切地记录了农民工日常生活中的情感与苦楚。"小报"篇幅相当有限，而工友们的表达意愿又非常强烈，于是RJ中心举办"大工地诗歌节"活动，自2012年至2015年连续举办4届。每次现场活动之后，RJ中心还会将诗歌结集成册，虽为非正式出版，但对工友们而言也是一份难得的激励。第1辑至第4辑《大工地诗歌集》共刊载219首诗歌，源自70名建筑业工友的投稿，既有年过六旬的老一代，亦有未及而立之年的新生代，写作主题大致可归结为六个类别：离愁别意、思乡情怀、怨愤不满、自我认同、批判抗争和感恩敬重。鼓励普通工友在公共空间中以朴素鲜活的原创诗歌进行自我呈现，RJ中心这一扎根于建筑工人"社区"的传播实践，形式上颇具创新性且有弥足珍贵的价值追求——推动农民工群体发展和实践话语权，以"主体性表达"消解被遮蔽或"他者化"的困境。

又如，广东社工机构GR中心，定位为专门服务流动女性及儿童，其社区传播实践亦值得探讨。初步观察发现，其社区传播实践包含两个方面的内容，一方面是线上社区传播，致力于连接线上"弱关系"与线下"强关系"，在构建表达空间、链接社区成员、集聚行动资源等方面具有一定潜能；另一方面是线下社区传播，以扎实丰富的社区活动小组如"女工最牛文艺小组"等，寻求提升女工群体的凝聚力和认同感，倡导女工自主自强。2021年2月6日，GR中心在线上分享了一份调研报告，聚焦深圳流动工人在疫情期间的生活与工作情况，包括家庭关系、儿童教育、社会性别、支出分配与应对策略、复工情况等诸多方面，报告后由"澎湃新闻·思想市场"全文发布。机构负责人DL分享现场介绍，此次调研特色在于"从'主体性'的视角来表达疫情下工友的话语和叙事"，调研团队共有11人，含3名基层女工、3名社区工作者、5名学者/

学生,"有一半是我们社区女工姐妹"。自 2020 年 9 月至 2021 年 1 月,调研活动持续了 5 个月,以滚雪球的抽样方法寻找访谈对象,主要包括来参加机构活动的工友、机构附近的社区居民,以及他们的同事和朋友三类,最终有效样本为 37 人。其间,调研团队每周日通过"线下+线上"的模式开会、调研、写作、校对,不断完善报告并创作故事,DL 提出"这个过程女工参与的经验更有意义"。尽管调研结果有一定局限性——工友大都接触过 GR 中心的工作,"无法反映其他社区居民的实际状况"。然而,此次活动颇具创新意义,作为扎根于流动女工"社区"的传播实践,明显具有"在社区中的传播活动"和"以传播行为建构社区"双重价值。

然而,社工机构的生存境遇充满不确定性,资金和人力的匮乏之外,面临结构性的制约。这是由当前中国"分类控制"的国家-社会关系所决定的。其间,国家控制社会的策略与强度,取决于"政府的利益需求以及被控制对象的挑战能力和社会功能"(康晓光、韩恒,2005)。上述所举两例,RJ 中心已经"曲终人散","大工地诗歌节"活动也是相应沉寂。GR 中心在 2020 年疫情的影响下,面临着严峻的资金链断裂困境,虽然在公共平台上发出的筹款倡议书《在深圳,10000 个丁当需要你的帮助》感动了很多普通人,最终幸运地筹得 56 万元,能够覆盖机构两年的运营成本。但是生存风险并未真正解除。因而,在观察社工机构的媒介创新实践时,需要重点探寻他们如何具体地在"结构"中发挥"能动性",即怎样辗转腾挪以实现主体性表达,作为行动者参与劳动关系治理。

三是关乎"劳动者"的多元社会文化实践。无论行动主体为谁、所用媒介为何,只要其内容是尝试呈现劳动者的真实生活境况,即可归入此类。因为在媒介表达中,制度化的沉默或遮蔽,往往是他们所面临的结构性困境。迄今，我们已观察到诗歌、口述史、纪录电影、非虚构写作等类型的相关实践，其中不乏可探讨的个案。例如，"我的诗篇"行动聚焦当代中国工人诗歌，自2014年起开展了图书出版、电影创作、诗会、评奖等系列活动，将原本处于边缘地带的"底层的诗意"推入聚光灯下，尽管学界对其存在"工人的还是中产阶级的"（蔡博，2016）、"化约为抒情风景的'劳动'与'底层'"（罗雅琳，2017）等争议与批判，但是通过此一关注度相对较高的文化实践，工人诗歌的"底层立言"意义与"历史证词"价值，在一定程度上被发掘并在公共空间中得以显现。又如，"尘肺病农民工口述记录"行动。公益组织大爱清尘与清华大学社会学系合作组成项目组，于2018年在重庆巴山县以走村入户的深度访谈，详细记录当地尘肺病患者的患病经过与生活现状，发现存在着由"贫病"、"求助"和"维权"所构成的"难以走出的循环"。该项目组最终选择了12位农民工的口述材料结集出版，旨在以他们的个体生命故事"呼唤"各界对这一群体的关注，"引起农民工及全社会对职业病的警醒和防范"。参与此行动的学者提出：罹患尘肺病的农民工是一群真正需要"被寻访、被聆听"的人，寻找和了解他们是"社会学研究者的职责"，更是"公民的义务与责任"，"个体之痛就是社会之痛"，大家应避免"冷漠"和"悲情"，以切实的思考与行动"拯救你我共居的社会"（郭于华等，2020）。这份口述史的价值其实远不止于"呼吁"，它还以具体的苦难激发我们反思"发展"话语。再如，"探究阴影"的非虚构写作。在此方面，媒体人出身的作家袁凌是佼佼者。2020年，他出版的非虚构作品集《生死课》，其取材多为"各色生存地面上辗转的小人物"或是"历史底层中叠压的无名氏"，其理念是以尽量可靠的记录"传达芸芸众生本来的生存质地，保存一份真切的人类经验"。历史学家罗新在推荐语中写道：世界至少有一半掩映在阴影中，人类感官却天然地倾向于捕捉光亮……袁凌是少数"勇于探究阴影世界"的作家，他所记录的那些我们"视而不见、听而不闻，甚至刻意回避的生命故事，并不是历史的素材，它们就是历史本身"。确实，书中的一些篇章，均以平视的角度与凝练的白描，认真记录那些"已低到尘埃中的人"，以独特的文字表现力透视出劳动关系中的诸多痛点。此前，他的《青苔不会消失》《寂静的孩子》等作品亦有如此质感，其中关于伤残工人、留守儿童等群体的记录，如描写尘肺病矿工的困境——"少数走上维权路的矿工，发觉进入了一条幽深的巷道，手上再也没有锐利的钻机，无法穿透烦冗程序和权势庇护叠加的阶层"（袁凌，2017），令人动容且难忘怀。此类非虚构写作直面社会转型中普通人的苦难，刻画出那些沉默"卑微者"的命运际遇与个体价值，让人深刻地体察到社会实现良好治理的迫切需要。

在观察关乎"劳动者"的多元社会文化实践时，综合我们的体验以及相关研究，可能需要注意以下问题。其一，辨证地理解行动者的意图与实践。基层劳动者倾向于以诗歌、小说等文学方式进行自我表达，在围绕此群体的"文化公共领域"的构成中，相当程度上有赖于"精英人士"作为行动者的积极参与。在学理层面上，批判地讨论这一参与的意图及可能影响，典型如质疑"文化掮客"和"文化资本"的介入、渗透是否"收编"了原本具有反叛性的"打工诗歌"，当然有其意义。以"范雨素"和"许立志"为案例的研究显示，在"底层"私人表达成为公共议题的过程中，"共情机制"和"再构机制"扮演着重要角色，但同时也可能转变成一种"排斥的力量"（袁光锋，2020）。然而，少一点对意图的揣测、多一点对实践的肯定，还是很有必要的，毕竟在阶层分化与结构化的现实语境中，社交媒体虽然为底层劳动者赋权，使之能有平台进行文化实践，但其"碎片化"与"流动性"的特质，又使得这一实践难以真正地进入主流的公共空间，其他阶层尤其精英群体的"连接"作用因而相当关键，但此种"连接"其实并不常见。其二，全面地认知底层劳动者的文化实践。以"打工诗歌"为例，作为基层劳动者的一种自我表达，若仅仅从"动员底层主体性的能力""承载这一群体声音的力量""具有抗争性"的维度进行认知，可能失之偏颇与刻板。在结构性处境中，文学作为"应对之道"，是个体调节张力的一种方式与自我建构的重要途径。一项关于"打工诗人"的研究显示：存在"安所遂生"的适应型、"据理求变"的批判型、"独辟蹊径"的创造型三种类型的诗歌，它们的写作内容特征可分别概括为"希望在未来""强化自我与改变境遇""新路的描绘与行走"，其间所追求的自我建构目标则分别是"成长性自我""伦理性自我""本真性自我"（刘畅，2019）。其中，质问阶层结构、工业文明，以及追寻生命价值、社会正义的批判型作品，更易为知识群体的审美标准所认可，但是，我们不能因此忽视文学表达的丰富性。此外，还需要全面地认知"打工文学"中"诉苦"的价值。就其社会反响而言，目前对于底层劳动者文化表达的关注，主要是打工群体的"社会支持式倾听"与知识分子的"文学式倾听"（刘畅，2017），其中"个体苦难"的公共意义和政策价值尚未充分实现，政府机构作为最重要的治理主体，需要加强对"诉苦"的倾听、提炼其传递的群体需求，进而反映于公共政策的制定。其三，充分强调创新实践的公共性追求。当我们谈论新闻业时，"公共性"即"媒体作为社会公器服务于公共利益的形成与表达的实践逻辑"（潘忠党，2008），通常被视作应有之义。多元主体的媒介创新实践，行动者的意图往往是异质的、混杂的、流动的，不能以单一标准来衡量，然而若要提升其可能的"治理参与"价值，仍然需要强调在公共性维度上的价值追求。以非虚构写作为例，近年来其理念与实践的兴起，是一种"在新闻业的'沙上'圈地"的现象（邓力，2020）。行动者宣称要延续传统新闻生产的"公共性"，典型如谷雨工作室负责人王波的阐述：选题标准是"公共性、时代性、故事性"，在新闻业生态已然变化时，需要特别强调公共性的重要，因为"这个社会仍然需要有人来支撑'公共性'……不然，故事讲得再天花乱坠，也不过是讲个故事而已"。至于公共性的内涵，虽包含追问具体事件真相、探求公平正义边界等传统调查报道追求，但更多地强调增进相互的了解与理解，即如何"更好地让人与人建立连接，人群与人群消除边界"（腾讯媒体研究院，2019）。那么，如何实践这一"公共性"追求？袁凌（2017）的经验与反思相当可贵，他认为应当在普通人身上看到"社会的基础和实质"，为此至少需要"诚实地面对他们的沉默，感受其中质地，保留被磨损遮蔽的真实，与事件性本身同等重要"，"仅仅还原事实本身，避免文学性的嫌疑"，"惟有倾听，放弃表达"。然而，"非虚构写作"作为一种"话语范式转型"，其崛起有着深刻的社会语境，与当前传播生态的政治、商业和技术逻辑之间存在着"匹配性关系"，在场域中"他律"因素的操控下，很有可能会陷入"风格主义的景观陷阱"或是"碎片化细节的泥潭"（黄典林，2018），公共性的追求就会被抑制乃至退场。已有的部分"非虚构写作"即是如此，以对细节的猎奇消费异化了深层的结构性问题。

2. 个体实践：编撰劳模口述史

重视评选与表彰劳动模范，是革新文化传统的重要创造，其源头可追溯至江西瑞金中华苏维埃共和国时期，演化至今已成为当前国家治理的一项制度化施政举措，而且，在"全国劳模表彰大会"等例行活动之外，还会因应社会建设需要开展新的治理实践。报道与宣传劳动模范，也相应成为中国机关类媒体的规定动作之一，尽管不乏有感染力的个案，但是"脸谱化"与"概念化"的痼疾深重，难以产生期待中的传播效果。其实，层层评选出的劳动模范，多数还是生产建设中有卓越表现的劳动者，是一个个鲜活而具体的人，于平凡中闪耀着劳动之美。在中国语境中，劳模议题位于新闻业的"容许和受鼓励区域"（permitted and encouraged zone）之中，进一步开展兼具专业性与建设性的报道实践，则是媒体发挥治理参与功能的一种现实进路：以立得住的"典型"具体地肯定劳动价值。然而，此类典型报道的"价值认同"困境不易突破。鉴此，在本研究中，我们进行了一项"编撰劳模口述史"的田野实践，笔者作为负责人之一全程参与，亲身体验作为行动者如何在结构中发挥能动性，"讲好劳模故事"。

从提出动议到成果面世，此项实践持续近一年半。2018年1月上旬，笔者接到所供职高校党委组宣部副部长L博士的邀约，同他一道与工人日报社的两位编辑，讨论推出系列"中国劳模口述史"的可能。因为组织属性，笔者所供职高校自1992年起开设"劳模本科班"，招收的学员均为全国及省级劳动模范，2019年在此基础上设立劳模学院。作为劳模本科班的一名授课教师，L博士已经开始了相关实践。2017年，L博士给2016级学员讲授"劳动关系概论"，在"课前分享"环节中，他发现较之事迹材料，劳模们的现场讲述"立体得多、丰富得多"，于是萌生以"口述史"呈现劳模故事的想法。在此次讨论中，虽然感觉彼此思路有一定差异，笔者还是同意了进行合作，最主要的原因在于，这是一个能够系统地接触劳动模范的难得机缘。确定意向后，笔者当即向国内一位主攻口述史的学者 Y 教授请教，他肯定这是一件有意义的事，"口述史已成为当代史记录、书写与研究的标配"，提议"你们应打造一个中国劳模的口述历史资料库"，并给予了资料的提点。此后三个月，口述史的理论与实践著述成为我的阅读重点，几乎通览了国内出版的所有工人口述史作品。5月初，与 L 博士去社会科学文献出版社讨论合作，他独自编撰的第一册《中国劳模口述史》已于 3 月由该社出版，新华网、求是网、中国网、中工网、《工人日报》等媒体有所关注报道，肯定此书"在朴素的叙事中彰显出劳模人物的时代价值"。习近平总书记给劳模本科班学员的"五一"回信具有显著政治意义，L 博士在与出版社的洽谈中，尤其论及影响与销路时，说话明显有底气。不过，由于领导人的回信，计划也有调整：原定随着劳模本科班的办学，逐年编撰一册，坚持运用回归个体的口述史，去呈现劳模们作为普通人的不同面向。此次"回信"共涉及 2017 级、2018 级两届 38 名劳模学员，需要同时推出两册，涵盖全部"写信"学员，且要在 2019 年 5 月 1 日前面世。这一计划变动导致不少困难，至少工作量的负荷，让笔者颇感辛苦，为如期推出，除原定的责任编辑外，出版社也增派了新手参与。2019 年 4 月上旬，两册《中国劳模口述史》出版，共收录了 32 名劳模的故事，其中含 30 名参与"写信"的劳模。

在编撰过程中，笔者与 L 博士的分工如下。L 博士直接为劳模班学员授课，与他们有多次实地接触，进行口述文稿写作的专题辅导、聆听他们充满细节的即时讲述、督促学员们按期保质地提交文稿，主要扮演着"传道者"、现场"聆听者"及流程"组织者"的角色。笔者则更多地扮演"编辑者"、后台"聆听者"及事实"核查者"的角色——首先深入地细读劳模们的事迹材料，列出个性化的访谈提纲；然后反复研读他们的文稿，针对结构、文字、逻辑等一一提出修改建议;最终确认文本材料的准确性,在保持故事原貌内核的基础上,按照口述史的风格进行调整完善。从概念化的事迹材料到有可读性的口述故事,全书32篇文稿,每篇皆经过反复互动打磨,全程历时近一年。观察已出版的成果,第二、三册与第一册的关系,可概括为"变"与"不变"。其中,"不变"的是核心理念——力图以"口述史"的方法全面、立体地呈现劳模群体,使其尽量走出刻板宣传的桎梏。"变"的则是具体实践——尽力寻求完善的"口述史"操作方式,让劳模们尽可能地鲜活、可感,从而真正走进人心。

追根溯源,口述史作为一种传播方式有着悠久的历史,被视为"历史的第一种形式"。作为一个专门学科领域,20世纪以来口述史的兴起与发展,则是"新史学"所孕育的一个产物。概括而言,"新史学"的产生,是对西方传统史学在方法和意义上的挑战,代表的是一种新的潮流、新的范式。其中,在史观上,它把历史学视为"一门关于人、关于人类过去的科学",反对传统史学"局限于政治史的狭隘性",主张对历史进行"多层次的、多方面的综合考察"。由此,口述史具有三个重要特征——"自下而上"的角度、特有的"人性"、"社会记忆"成为可能(定宜庄、汪润,2011)。在编撰过程中,我们通过下述两个方面的努力,力求更好地呈现口述史的本质内涵。

其一,完善操作实践。"自下而上"是口述史的一个基本特征,意味着将关注对象从上层的精英转为普通的民众,其关键点在于,那些不掌握"话语霸权"的小人物,有发出自己声音的可能性,使其经历、行为和记忆有进入历史记录并成为历史有机构成的机会。在现实语境中,劳模们当然不是无声者,几乎每一位都不乏相关典型报道,这其实也是"劳模"生成机制的核心环节。然而,从人的

"主体性"角度考察，他们纯粹自主发声的可能性，恐怕还是亟待提升。在诸多事迹宣传中，社会公众看到的往往是完美形象、是高光时刻，他们有着超越常人的激情、坚韧、担当。那么，他们是否有作为平凡人的迷茫、怯弱、不甘？真实的普通人，会有日常的酸甜苦辣；面临严峻挑战时，难免会有犹疑、私心；做事的动机，在多数情况下，也有不同层面的考虑。劳模之所以成为劳模，当然是非同寻常，然而，劳模也是尘世中人，自然会有烟火气息。

鉴此，在编撰劳模口述史的过程中，我们力求尽可能全面地挖掘他们的故事。其中，笔者从家庭情况、教育经历、职业生涯、荣誉激励、大学生活、理念思考六个方面，为书中每一位劳模都"量身定制"了千余字的访谈提纲。在打磨文稿的过程中，笔者反复和劳模们沟通，寻求共同努力实现下述目标——"真实、平实、讲故事，有逻辑、有细节。一方面，要弘扬劳模精神，呈现'钢铁是怎样炼成的'；另一方面，要尽量地接地气，呈现'普通人的喜怒哀乐'"。为此，在稿件的反复修改中，笔者给劳模学员们提出不少具体要求，诸如"写清楚、写明白；少抒情和议论，尽量少用大词和套话，以及不必要的形容词"；"务必要淡化'事迹材料'的味道，多讲原汁原味的故事，用个性化的细节传神"；"在讲故事时不妨'换位思考'，假如我是读者，能否理解、相信乃至同样抉择"；"在保有隐私的前提下，多讲述与家人的相处情境"；等等。锤炼的过程虽辛苦，但更有收获的愉悦——我们尽可能讲述了这些劳模作为"活生生"的人的故事。他们不是一个悬浮于日常世界的符号，而是芸芸众生中那些努力向上、向善的人；他们不仅可佩可敬，而且可亲可近。

其二，追求历史价值。口述史是最具"个人性"的历史，特有的"人性"亦是其基本特征之一。它以记录由个人亲述的生活和经验为主，重视从个人的角度来体现对历史事件的记忆和认知，从而寻求观察宏观制度和结构之外的微观人性和心态。针对劳模学员，在个性化访谈提纲中，笔者列出两个相同问题。一是当下呼吁和倡导"工匠精神"已成为一种社会共识。以个人在职业生涯中的具体经历为例，谈谈您是如何理解"工匠精神"的？二是国家主席习近平在给劳模班学员的回信中，强调"劳动最光荣、劳动最崇高、劳动最伟大、劳动最美丽"。联系个人在职业生涯中的具体经历，谈谈您是如何理解这句话的？劳模们提交的初稿中，这一部分的问题很突出。在谈个人经历时，不少故事都讲得不错，比较平实，但一谈到"工匠精神"以及如何理解回信精神，几乎都是文风陡变，套话很多，显得颇为虚浮。当时，笔者阅读完每一篇初稿后，与劳模们反复沟通——请他们回答这两个问题时，务必要"见自己"，应结合实际的人生经历、职业体验、心路历程来谈，尽量显现个性，而非千人一面。此过程相当艰难，事迹宣讲的模式不易撼动，笔者当时尽力去寻求可能的改善。何以如此？我们旨在追求实现口述史独有的历史价值，期待能对揭示历史深层结构有所贡献，正如美国口述史学家威廉斯（T. Harry Williams）所言——"我越来越相信口述史的价值，它不仅是一种编纂近代史的必不可少的工具，而且还可以为研究过去提供一个不同寻常的视角，即它可以从人们内心深处审视过去"（定宜庄、汪润，2011）。

口述史编撰看似简单，实际操作起来却很是复杂。概括起来，做一个完整的口述史访谈，必须包括三个步骤：问卷设计、现场访谈、成果整理。相较第一册，笔者参与编撰的第二、三册，在问卷设计方面有所完善，我们根据前期交流以及事迹材料，为每一位受访者列出了访谈提纲。不过，在现场访谈方面，限于精力尤其是时间，我们未采取"经典的模式"——面对面的访谈、进行同步录音，而是沿用此前的做法，让劳模们主要根据访谈提纲，以文字的形式进行"口述"。在此方面，尽管我们认可这一观点：不应简单地以"记录手段"作为标准，判断一项访谈活动能否被视作口述历史（杨祥银，2016），然而，"现场感"的缺失，毕竟还是遗憾。为了进行弥补，我们还是量力采取了相关举措，如借讲授课程、组织秋游等机会，尽可能面对面地聆听他们的讲述。此外，在口述故事的基础上我们还为每位劳模撰写了"致敬词"。按照笔者设计，先请劳模自己写作草稿，从个人视角"挖掘和呈现自己最为闪光的点"，笔者透过这类原始材料，进一步捕捉他们的心声。

口述史的核心价值在于其是一种围绕"人民"所建构的历史，为传统的政治史注入了活力并拓宽了其视野。著名口述历史学家汤普逊（2000）提出，"直到本世纪，历史的焦点基本上还是政治问题……除非在特定的情况下，劳动者显得比较棘手，否则他们是不会对劳动者的看法产生任何兴趣的；作为男人，他们也不想考察妇女生活所经历的各种变化"，然而，需要注意的是，"口述史未必就是变迁的工具，它取决于利用它的时候所贯彻的精神"。劳动模范口述史已有先例，检视我们的编撰实践，主要创新点并非在于文体形式，而在于其核心理念：呈现作为"普通人"的劳模。通过书面访谈提纲，让劳模们以文字形式进行"口述"，较之面对面的访谈，有"现场感"缺失的遗憾，但也有意料之外的收获：见证了在反复讨论下，他们如何一步一步地，将多是事迹汇报风格的初稿，完善为讲述个体心声的定稿。劳模们多不擅文辞，部分还不善言辞，并且"写"故事也远离了其日常，尤其转换讲述故事的话语体系，对他们而言更是相当严峻的挑战，可谓"一次打磨就是一次煎熬"。此外，还有严格时间限定，作为一项学习与贯彻"回信"精神的具体成果，需要于 2019 年 5 月 1 日前正式出版。个人向来对口述史有着兴趣浓厚，呈现劳模群体风貌也有现实必要性，尤其"工匠精神"作为一种志业和信仰，更是亟待深入世道人心的文化，然而如何有机融合二者，以突破典型的"宣传"话语？回顾这一历程，笔者深感在具体"结构"情境中，行动者的"能动性"至为重要，其关键确实是"所做"，而非"所思"或者"所欲"。两册《中国劳模口述史》共 32 篇故事，如果有更充足的时间打磨、有更深入的接触体察，应该会更能接近笔者的意图。不过，就目前的呈现而言，每一篇中均有劳模作为普通人的面向，不少篇章还是颇为动人。读者视角的反馈，也在一定程度上肯定了我们的努力——"亮点在于细节和没有套路的表达"，这样的劳模"更真实、更放松"，"不再是站在讲台上做报告的形象，更像是自己的一位敞开心扉的朋友"，由此"也更有力量感和能量"（王维砚，2019）。

四 本章小结：健全公共领域与实现体面劳动

鉴于流动社会中公众对疫情的知识及其理解，在医学和公共卫生范畴之外，还有"全球政治经济文化"向度的需求，2020 年 3 月"澎湃新闻·思想市场"推出"疫论"系列文章，旨在通过"系统的公共知识生产"搭建一个"人文向度"的讨论空间，以对抗面对灾难时的"无力与绝望"。此系列又细分为"社会""流动""劳动""历史""文化""性别""空间""隐喻""思想家"等不同主题。截至 2021 年 5 月，"疫论·劳动"专题所推送的《疫情下的卡车司机：逆行者坚守者和忍耐者》《卡车司机复工调查报告：自雇司机收入普降，高速免费忧喜参半》《武汉市快递员外卖员群体调查（上）：疫情前后的工作与生活》《武汉市快递员外卖员群体调查（下）：平台工人与"下载劳动"》《B 市加油工调查：都市孤岛上的"嵌套劳动"与"做服务"》《网约车司机调研：后疫情时代的就业蓄水池？》等学术调查报告，以及《易被忽视的前线护士：专业人员，还是服务员》《疫情下的跨国劳工——回乡、失业、隔离与劳动》《法国"部分失业"机制："保护人国家"的回归？》《疫情震荡下，德国"短时工作制"如何纾困》《新冠疫情下的全球产业链重构与劳动者社会升级》等学术观察文章，聚焦疫情中普通劳动者面临的"不稳定劳动"困境及其可能解决之道，以超越一般新闻报道、评论的深度与广度，在拓展认知、激发讨论方面有其独特价值。"疫论·流动"专题中的《疫情冲击下的零工女性，与她们破碎的流动性》、"疫论·性别"专题中的《全球女性贫困：疫情之下的社会并发症》等文章，还特别关注女性劳动者境遇。此外，"澎湃新闻·思想市场"还设有"劳动论"专题，其中"访谈"栏目关注劳动关系前沿议题，如《看见"幽灵工作"》一文，通过访谈专著《销声匿迹：数字化工作的真正未来》的作者，对"零工经济"展开具有历史纵深与现实洞察的审视。"圆桌"栏目会邀请研究者就具体问题展开讨论，如外卖骑手的"平台困局"，4 位学者从"舆论倡导的权益与骑手的真实诉求为何错位""算法如何塑造骑手与消费者之间的敌意""神秘算法背后，资本流动的时间与空间"三个方面展开分析，在关注外卖骑手处境和平台经济动态的同时，尝试探索具有可行性的现实出路。又如对于流行的"打工人"话语，3 位学者试图在历史与政治脉络中钩沉"打工"问题，探讨不同时期"打工"现象背后的劳动观念与劳动关系。"调查"栏目则刊发有关劳动者境况的田野调查，如在 2020 年 10 月 26 日"环卫工人节"之际，推送《十城环卫行业工人权益政策分析报告》一文，旨在反思环卫行业的现实困境、促进环卫工人福祉改善。澎湃新闻的上述举措,尝试在劳动关系议题上有机地嫁接"学术研究"与"时事报道",可视为一种"学术性新闻"的实践,是一项具体的新闻业创新行动,其旨趣和潜能值得被持续挖掘。

在本章中,我们基于长期经验观察与分析具体创新案例,提出:在既有活动空间中,媒体唯有立足兼具"专业性"与"建设性"的实践,方有可能落实"成为负责任的中介"理念,实现"寻求呈现实践逻辑"的价值。在当前中国语境中,兼顾应然与实然,"专业性"与"建设性"有其特定意涵,前者是指"基于反思性实践的规范理念",后者则指"寻求实践方案为重心的理念"。媒体能否真正参与劳动关系治理,端赖其在新闻实践中是否秉持"专业性"与"建设性"理念,而且在具体行动中,"建设性"需建基于"专业性","专业性"则应以"建设性"为旨趣。鉴于"媒介化"社会的现实,我们还认为,"媒介逻辑"已在一定程度上嵌入并渗透于政治逻辑,多元行动者尤其工会组织与社会力量的媒介创新实践,亦是他们参与劳动关系治理的具体的、可能的现实进路。其间,如何妥善处理"结构"与"能动性"之间的关系,是行动者面临的普遍挑战,媒体机构的现实作为空间亦有赖于此。需要注意的是,行动者可能往往视"结构"为纯粹的外在限制,"约束性"虽是"结构"的核心特征,然而其亦具有"使动性"的面向,全面地理解"结构"对于行动主体实践意识的形塑与具体行动的开展不无裨益。扼要言之,我们主张:无论媒体机构的新闻实践,抑或多元主体的媒介实践,均应以"专业性"与"建设性"为追求。唯有如此,方有可能构建健全的公共领域,实现体面劳动的愿景。

哈贝马斯(Jürgen Habermas)提出,公共领域"最好被描述为一个关于内容、观点、也就是意见的交往网络;在那里,交往之流被以一种特定方式加以过滤和综合,从而根据特定议题集束而成的公共意见或舆论"。如何才可以形成健全的公共领域?按照其所主张的"双轨制"(two-track)商议民主理论,公共领域可区分为"弱公共领域"与"强公共领域"。前者是非组织化的舆论形成的载体,与之相应的是市民公共领域;后者则是高度结构化和形式化的,与之相应的是政治公共领域,特别是立法机构。它们所担负的功能相应不同:前者主要是意见、舆论的形成;后者主要是意志的形成、政策的制定。简而言之,可作如是理解,发端于"弱公共领域"的各种议题,经过提炼成为公共舆论。这些舆论再被转移至"强公共领域"中,经过商议形成正式决策。其间,媒体何为?在此前一项具体研究中,笔者提出:运用这一理论进行观察,媒体应充分担负使"弱公共领域"活跃的功能,同时还应致力于实现"弱公共领域"与"强公共领域"之间的顺畅沟通。如何实现这般规范期待?笔者曾主张:媒体应成为"社会系统中各种利益表达与聚合的公共平台",关键有赖于政府"更加深入而积极地调整'国家-媒体'关系"。如今回望,这一主张仍有其意义,但结合本研究,还需要对其进行补充完善。进一步研读哈贝马斯的论述,可以推断媒体是构建公共领域的重要行动者,既是"弱公共领域"的有机构成,在相当程度上影响着成为真正决策边缘背景的"非正式的、多重分化和错综交织的交往之流"的质量,又是连接"弱公共领域"与"强公共领域"的重要中介,"有约束力的决策——如果它要具有合法性的话——必须受到交往之流的导控"。这意味着,媒体应当成为"具有全社会敏感性的传感器",发挥"预警"信号功能,并且必须用"有实效的问题化过程作为补充",除积极觉察、辨认问题之外,还需要"令人信服地、富有影响地使问题变成讨论议题",从而"造成一定声势"使之进入政治系统。媒体之外,我们亦不能忽视其他社会行动者的力量,"公共领域的交往结构以特定方式同私人生活领域相关联",市民社会边缘较之政治中心,具有"更敏锐地感受和辨认新问题情境的优势",并且有潜力使问题冲破阻力,引起媒体的关注与呈现,进入公众议程乃至政治系统核心领域。当然,我们需要清醒地认识到行动者作为的限度。公共领域的根本特征是一种"交往结构",即"在交往行动中产生的社会空间","一种受权力压制的公共领域的结构是排斥富有成效的、澄清问题的讨论的"。整体而言,交往空间境况为政治、商业、技术等所形塑,至于风险议题,政治要素尤具有关键的影响。在当前中国语境中,开展以"专业性"与"建设性"为准则的新闻实践、媒介实践,是构建规范意义上健全公共领域的重要现实进路(哈贝马斯,2014)。

1999年6月,国际劳工组织(ILO)提出"体面劳动"(decent work)这一理念,作为检验"全球化的试金石",其概念内涵为"促进男女在自由、公正、安全和具备人格尊严的条件下,获得体面的、生产性的工作机会"(林燕玲,2012)。这一目标的实现,有赖于平衡统一地推进"保障工作中的权利"、"就业"、"社会保护"和"社会对话"四个具体目标的实现。自2008年起,"体面劳动"在中国的"文件政治"中得到倡导。然而,衡之经验现实,无论长期的欠薪痼疾,抑或新兴的系统困境,均透视出中国劳动者的"体面劳动"水平尚有很大的提升空间。企业微观数据显示,"劳动者的个体素质"如教育水平、职业培训、劳动法的知识等,影响着其体面劳动的实现(罗燕,2013),然而,"体面劳动"水平的提升根本还在于中观及宏观层面上的制度完善,消除"能力剥夺"问题所产生的结构原因,普遍提升劳动者群体的"可行能力"。唯有当"强公共领域"与"弱公共领域"各司其职且能良性互动，实质的制度建设方有可能稳健而积极地展开。在劳动关系治理中，"体面劳动"可否真正地从话语走向实践，公共领域的健全与否至关重要。

第五章
寻求连接：媒介机制与农民工返乡创业行动

在当前中国语境中，媒体可否成为以及如何成为参与劳动关系治理的行动者？这是本研究旨在探索的核心问题。对此，通过分析经验现实，我们业已提出：媒体作为一种嵌入性机制，其实际境况总体上呈现"发声与遮蔽相交织"，急需切实增进"媒介现实"与"客观现实"之间的契合度。唯有制度空间与能动主体的良性互动，媒体方能趋近理想角色设定——"社会风险治理参与的行动者"，从而在建立健全的劳动关系多元主体利益协调机制方面有所作为。一方面，这需要国家以"宽容与法治"的政策方向，稳健而积极地调整"国家－媒体"关系，以拓宽制度空间；另一方面，这同样需要媒体秉持"寻求呈现实践逻辑"及"成为负责任的中介"的价值理念，积极展开兼具"专业性"与"建设性"的实践，以形塑能动主体。鉴于"媒介逻辑"已然渗透"政治逻辑"的社会现实，媒体结构的新闻实践之外，多元主体的媒介实践亦对劳动关系治理有所裨益。上述发现与判断，除"编撰劳模口述史"的体验外，均得自"第三者视角"的研究。为全面衡量媒介化社会中行动者可能的作为，我们还基于"行动主义"（activism）开展了一项传播实践——自2016年起深度参与农民工的具体返乡创业活动。其间，我们以多种类型的媒介行动推动创业活动的进行，同时，还以"第一者视角"全程观察相关实践的成效及其困境。这是一次"行动传播"（卜卫，2014）的初尝试，在"认识世界"与"改造世界"并重的理念指导下，我们除收获了推动微观社区发展的喜悦外，也积累了相当的经验乃至教训。本章我们将基于数年的参与实践，探讨置诸城乡中国语境，农民工返乡创业行动中，媒介能否以及如何发挥作用？

一 吾乡吾民：小花村的人与事

我们的田野点在安徽省龙眠市[①]，笔者和课题组主要成员J均出生、成长于斯。该市历史悠久，1995年出版的《龙眠县志》显示：原始社会即有先民在此生息繁衍，胼手胝足，刀耕火种；秦、汉时期，建置不定，隶属多变；隋代起开始建立固定县制；唐代易名为龙眠县，延续至今；1996年，经国务院批准撤县建市。此地位于安徽省中部，是承东启西的通衢之地，地势西北高东南低，山地、丘陵、平原依次呈阶梯形分布，西北部山区为大别山东段余脉、中部丘陵扇面展布、东南部平原阡陌纵横，境内重峦叠嶂、河道交织，前人谓之"抵天柱而枕龙眠，牵大江而引枞川"。截至2022年，龙眠市辖12个镇、3个街道，包括198个行政村、23个居民委员会，以及1个国家级经济技术开发区、1个省级经济开发区，2016年入选"全国县域经济投资潜力百强县"。在农业领域，该市在安徽省居于重要位次，形成粮油、畜牧、水产三大支柱产

[①] 按照田野调查原则，具体地点及人物姓名均已进行技术处理。

业，以及茶叶、棉茧、园林三大农业特色产业。其中，在茶叶一项上，该市的特产"小花茶"，在明清两朝曾为贡品，被誉为"品不减龙井"。小花村具体位于该市西山镇，2006年该镇由两个乡合并而成，目前下辖8个村162个村民组，全镇土地面积为107平方公里，含山场12.8万亩、水面7809亩，境内有本市最高峰大徽尖，以及市内最大的水库牯牛背水库，全镇森林覆盖率达90%以上。作为纯山区镇，西山镇的人均耕地面积不足0.3亩，农业主导产业为茶叶，为"小花茶"的核心产区，2016年镇政府的工作报告显示：全镇共有茶园约1.8万亩，农民收入以外出务工和茶叶销售为主，人均纯收入为7842元。

在西山镇小花村，我们推动当地农民创办成立"茶叶专业合作社"（下称"合作社"），领头人是该村北冲河村民组的农民XX。2014年8月张贴的《小花村第九届村委会换届选举选民名单公告》显示，村民组内登记在册的选民共有60人。不过其中多人常年外出务工，留守村民仅14人左右，基本已年过五旬，包括6名超过75岁的老人、2名60多岁的单身汉。为照顾85岁高龄的母亲，那两年XX在家待的时日较多，XX生于1963年，当时虽已年过五旬，但在村中仍算"年轻的劳力"，也因此被选为生产队长。通常在农历新年、春天茶季两个时段，村中人气才会旺一些。由于售卖茶叶是一项重要的收入来源，相较于回村过年，清明前后返乡摘茶的人更多，即使远在外地务工，有机会还是尽力赶回来。

村民QJ是一位水电工，常年在北京的建筑工地务工，虽是一位有二十来年"工龄"的农民工，但当地"穷不丢书，富不丢猪"的传统民风在其身上仍有留存，近两年来不时写点关于乡土的质朴文字。2017年春天，他返乡帮妻子采茶，后来用手机写下一篇《小花茶，想说爱你不容易》，在当地有一定影响力、定位为"致力于宣传龙眠文化圈,讲述600万人自己的故事"的微信公众号LCXWH推送过此文。从中,我们可以对小花村的茶事感知一二,其开篇即为"现在山区的农民,每年的主要经济收入来源,或许非茶叶莫属了"。文中颇详细地描述了茶季的繁忙与劳累——"家里先前找的摘茶工人因为觉得太累辞工了,现在正是本地品种茶叶上市季节,家家都忙着摘茶,临时找不到工人。我回家正好派上用场。想卖懒是卖不掉的了"。那些天里,天刚放亮就要出门采茶,午饭就在茶地里用随便对付,"一碗方便面加几片锅巴,另加一个苹果,轮换着吃完后也不敢休息。吃完赶紧干活",等到天光暗到"不太看清嫩芽的时候",方才收工回家。晚饭后,继续忙着"拣茶"——"把摘回家倒在簸箕中摊着的茶叶再仔细地查找一遍,去除不经意间混进去的老叶子和过长过大的芽头",差不多要耗去一个小时,然后抓紧时间休息,晚上十一点多将"茶草"送往茶厂加工成"干茶",此时排队的村民已减少,不会因为加工次序而起争执。等到回家再睡时,已是凌晨一点了,妻子又把手机闹钟"定在了四点半"。

小花村的"茶叶专业合作社"成立于2016年12月23日,出资总额为20万元人民币。当年,理事长为XX(53岁),出资13万元,首批社员有7户,皆是当地政府登记在册的贫困户,户主分别是XM(54岁)、XQ(51岁)、HX(68岁)、LF(48岁)、DL(63岁)、HS(59岁)、PF(52岁),均为小花村村民,每人出资1万元。其中,XX、XM、XQ为亲兄弟,LF是他们的妹夫。上述8人除LF长期在村中开农运车、DL因身体原因较少外出,其他人都是长期外出务工,近些年来基本是在工地上"打桩"。这一建筑业的技术工种,虽然日工资看起来不低(150~200元/天),并且"只要到了工地,老板包吃住",但是室外作业、日夜倒班,对体力和精神均有相当高的要求。XX、XM、XQ 三兄弟均遭遇过程度不一的工伤事故，随着年龄渐长，逐渐难以承受如此大的工作强度。同时，这是不稳定的营生，一个工地做完就得去下一个，并不是每天都有活，"一年中如果能干足七八个月，就算是好年成"。

合作社的章程规定，该社以从事茶叶种植的农户为主体，以家庭承包经营为基础，按照"自愿、自立、互利"原则成立，目的在于"提高社员组织化程度和增加社员收入"。合作社按照"民办、民管、民受益"原则和"一人一票制"方式实行民主管理，入社自愿、退社自由。除规定社员在常规事务上享有均等表决权之外，该章程又特别规定——出资额较多或者与本社业务交易量（额）较大的成员，在本社重大财产处置、投资兴办经济身体、对外担保等生产经营活动中的重大事项决策方面，最多可额外享有不超过全社总票数 20% 的附加表决权。作为茶叶专业合作社，该社的业务范围为：茶树种植；组织采购，供应成员种茶所需的茶苗、肥料；组织收购、加工、销售成员种植的茶叶；为成员引进茶树新品种、种茶新技术；为成员提供茶园施肥、茶叶鲜草采摘及相关信息咨询服务。

探寻合作社的成立缘由，村民自身的意愿是重要原因，希望茶叶能卖出去、能卖个好价钱，不再被"茶贩子"压价"盘剥"。同时，外力推动因素也是相当关键。这包括两个方面，一是本课题组成员 J，小花村是其故乡，父母及伯父、叔父两家仍长居于此。他希望父亲以及村中父老能安心待在村中，不再外出从事高风险的"打桩"活计；二是西山镇、小花村的镇村两级干部，他们要完成精准扶贫、发展集体经济的规定任务。

具体而言，J 积极筹划与协助成立茶叶专业合作社，缘于其一次偶然的帮忙"卖茶"体验。J 生长于小花村，高中开始在县城住校，后到南京、北京求学、工作，通常只有寒暑假才能回乡。2014年清明节，他回了一趟小花村，撞见叔父家正为卖茶发愁——"茶贩子"将价格"压"得厉害，而且"明前茶"才好售，之后的"雨前茶"和"谷雨茶"很难卖。婶婶话里有话——"他们在外面有出息的，卖到大城市，就贵多了"。面对亲人的期待，J 觉得自己"不得不做点什么"，于是主动向爱好喝茶的朋友推荐，由于叔父家就 20 斤的量，"一下子就给兜了底"。不料，回北京后，他接到父亲的电话，"颇有些扭捏地说，还有些亲戚家里的茶叶，也想帮忙卖"。然而，这一拨儿卖完后，父亲又来电话，怯怯地说，"村里来人问，山顶集体林场的茶叶很好，还有一些，还会有人买吗？"为了父亲的"面子"，J 还是应了下来。如此反复再三，通过积累的个人社交网，这一年他总共帮助销售了近 300 斤茶叶，而且平均售价几乎达到了往年"茶贩子"收购价的两倍。不过，主要依靠多年攒的"人品"在向熟人"摊派"茶叶，年底快返乡过年时，J 感觉"突然紧张起来"——小花村青山常在，新茶一季接一季，总不能年年让朋友帮忙。于是，他逐一认真地问友人，"老实跟我说，这茶到底行不行？"幸而，"小花茶"的品质确实出色，朋友们普遍地反馈口味清冽，比起市面上同等价格的绿茶，"有脱尘的清新"，何况更有"可靠的原生态"。

此后连续两年，得益于茶叶质量及友朋支持，J 都为"小花村"的茶叶寻得了不错的销路。三年下来，J 也得到同窗、老师、校友等的诸多鼓励，认为他应该以适宜的方式将村民组织起来进行规模生产，既给大家带来放心茶，又能帮助乡亲们增收。同时，西山镇乃至龙眠市的党政领导也注意到此事，在 J 回乡过年时邀请其参与"西山籍杰出人士新春座谈会"，该座谈会号召应当积极做"新乡贤"，从地方"经济发展"和"精准扶贫"的高度，提出要充分用好外面的资源，为山里的茶叶"创牌、提质、增效"。通过向多方征询意见，包括课题组内部的讨论，2016年秋季，J提议有意愿的村民应成立"茶叶专业合作社"，以"圈起一片能够确保品质的茶园"，并且直接通过电商平台拓宽销路、降低交易成本。对此主张，其亲人和部分乡邻非常动心。他们当然期待茶叶能够持续卖下去、卖出个好价钱。工地上的活儿实在辛苦而且很不稳定，作为所谓的"壮劳力"，他们其实都已50多岁，体力和精力都跟不上了，又没有其他的技术和门路。如果一年能在茶叶上挣个两三万元，加上在村庄附近打打零工、"靠河吃河"地捕捞点河鲜售卖，还能养鸡鸭、种蔬菜满足日常生活所需，收入上就和外出务工差不多。同时，还能够照顾家里，老人们都年事已高，如XX的父亲已于2006年去世，母亲已经85岁，平素三个儿子和儿媳妇大都在外地，或务工或帮进城的子女照料孩子，基本上就是一个高龄老人独自在家生活，这种情况在村中几乎是常态。经过反复商量和实地考察，在J的着力推动下，XX三兄弟与几位乡邻选中了小花村的一处集体茶园，准备承包下来建立百亩基地。这片茶园位于山顶双峰之上，两峰之间有一道瀑布名"龙井沟"，山顶上还有一小块平地。沟下山脚有一条河，叫作北冲河，与另一面山脚的南冲河，是龙眠市区的"大水缸"牯牛背水库的主要水源。总体而言，这片茶园远离烟火喧嚣，更无工业污染，清泉叮咚、鸟兽出没，生态保护工作做得相当好，是理想的茶叶生长地。

西山镇政府积极推动集体茶园承包一事。2016年4月，镇政府刚完成换届工作，新任的镇党委书记KH和镇长DX都是四十来岁，相当精明干练。小花村的集体茶园承包工作于2016年10月中旬正式启动，由西山镇三资代理中心发布"发包招标公告"，采取"现场竞价方式竞投"，按照"价高者得原则确定竞得人"。10月12日发布初次公告，交易底价为 10 万元，承包年限为 3 年。参与竞标的人数未达到招标公告要求（最低 3 家），未能顺利"发包"。10 月 24 日再次发布公告，交易底价调整为 8 万元，承包年限则规定为 5～10 年（以双方商议为准）。11 月 3 日，XX 与邻镇两人参与竞标，最终出价 12 万元竞得。不过，此价位远远超出了他的心理预期，作为本地土生土长的人，他知道以往集体经营时，这片茶园每年收入不过五六万元，并且往往到年底还有欠账"追不回来"。因此，对于承包后合作社能否有经济收益，XX 非常担心，在 J 的再三鼓励甚至"坚持要求"下，他才没有放弃。11 月 7 日，小花村村委会主任 GB 作为甲方，与乙方 XX 签订了承包合同。

按照合同规定，所承包的资产类型包括两项：一是小花村集体茶园，面积约 80 亩；二是茶厂厂房，面积为 190 平方米，内含全电制茶机械一套、烘干机一套。作为合作社理事长，在合同签订后，XX 全力料理相关事宜，操心的事情特别多：通往山顶茶园的土路路况差，一到雨季便泥泞不堪，农用车甚至摩托车都难通行，只能步行上山；茶园原有采茶工人的宿舍相当破烂，泥地、通铺、旱厕，而在茶季工人至少得在山上住一个月；茶厂的制茶机械亟待修理，一季所需的几万斤木柴也要提前准备；采茶季本地劳动力非常紧张，如何预订至少 30 名摘茶工人，摘茶工人在山顶茶园作业时出了意外事故的处理等都是问题；茶叶的生产、采摘受天气影响特别大，如果明年春天有雨雪霜冻，人工费和收入暂且不论，12 万元的承包款是否能顺利赚回也是一个问题；客户讲究茶的品相，需要统一采茶和制茶的标准；茶叶的包装与设计，需要找到有信誉的公司合作；等等。基础设施、生产管理、后勤保障、人力、资金等各方面的问题，都让他感到非常困扰。这位初中毕业的"精干"的农民，辗转海南、浙江、江苏等地务工近 30 年，在鬃毛刷厂里做过"师傅",在工地上"打桩"时也是个"能人",却因此事焦虑到极点,过年时也忧心忡忡。

在家人、合作社成员的协助,以及我们课题组的深度参与下,上述难题基本得到解决,2017年春天的采茶季终于顺利渡过,是一个颇为可喜的开端,合作社内部材料显示:截至2017年8月下旬,通过线下人脉和线上社群两个渠道,共销售了将近900斤"小花茶"。而且,开展了初步的标准化生产,主打"原生态野茶",创建品牌"HWM",平均价格达同期普通"小花茶"的两倍以上。合作社共由8户组成,其中有7户是贫困户,成员共销售自家所产茶叶148斤,金额达33000元;合作社还为非社员的16户贫困户销售茶叶180斤,金额达39200元。同时,合作社的茶园、茶厂用工均先聘请贫困户成员,除支付邻县27名采茶工人共81722元工资之外,还支付了本村村民的摘茶、制茶工资共21665元。此外,由于合作社按期缴纳了12万元承包金,小花村的村集体收入大幅提高,首次超过10万元,突破了这个贫困村集体收入的历史纪录。

目前,"小花茶"的生产主要"看天吃饭",2018年春季,严重霜冻侵袭,合作社所承包的茶园,受灾面积过半,春茶大幅减产。向村里报灾后,村干部却置之不理,不上山查看、无慰问举措,拖了半年也没有什么实际的行动。后来,通过直接向西山镇党委书记KH写信陈情,在其督促下,村委会才答应减免当年承包金2万元。受灾之外,这一年的采茶季也很不好过。"小花茶"的采摘对时间的要求极高,由于西山镇层峦叠嶂的地势,清明节前的茶,虽然"早茶贵如金",但产量很低,人手尚可应付,清明之后、谷雨之前的半个月内,除极少数低温的深山产区,茶树的芽苞都"发"出来了,长势非常迅速,采摘快慢与否直接影响到茶叶的品相与价格，再懒散的村民也会惜时如金，黎明即出、日暮方归。正如村民QJ所述，凌晨四点半的闹钟刚响，"妻便从熟睡中惊醒"，立即起床准备简单早饭，再三说"要分清忙闲，茶不等人"，尽管茶地离家只有十几分钟路程，"也要把这时间节省下来"，午餐就在地头用干粮对付一下。因而，这段时间人手极缺，近80亩的茶园至少得有30名采茶工人，合作社成员们自家的茶也要采摘，基本无力顾及茶园，同时，一并承包下的茶厂，负责合作社以及其他农户的茶叶加工，又是需要不少人手，其中有好技术的、需要熬夜的炒茶"师傅"更得格外用心"伺候"，三餐之外还要准备夜宵。此时，作为合作社理事长的XX左支右绌，既要操"老板"的心，又要干"苦力"的活，忙得像陀螺一样连轴转。

　　课题组成员虽然帮忙出了不少"招儿"，但由于认知分歧，并未从根本上解决"像样的劳动力"紧缺的问题。一个茶季下来，尽管还是赚了些钱，XX感觉还不如去工地"打桩"，人极疲累同时又操碎了心。2018年底，考虑到集体茶园承包金数额过大、村委会未按承诺给予扶助、受灾事宜未得到有效处理，XX失去了继续经营集体茶园的信心，经过艰难磋商，提前与村集体解除了承包关系。但是，合作社的机制延续至今，采取"定制+收购"的混合模式，直接对接本村及邻村的个体农户和贫困户，通过"线上+线下"的双重方式，以高于当地市场收购价三成至五成的价格出售农家自产的"小花茶"。此外，本地"茶贩子"往往高价抢购产量很低的"明前茶"，而对"雨前茶"尤其是"谷雨茶"极力"压价"乃至拒绝收购。合作社的销售渠道全程覆盖三个品类，尝试化解以往"明前茶没得卖"和"谷雨茶卖不掉"的困境。2020年受疫情影响，兼之具体人事变动，合作社运营受到了相当大的影响，但是依旧勉力维持，不失为西山镇脱贫攻坚工作中的"亮点"。未来如何使合作社进一步焕发活力，让小花村的村民能够更多地从中获益，将会是我们继续系心的问题。

二 创业实践与作为机制的媒介

在中国语境中，农民工返乡创业作为一项应对劳动关系总体状况变动的"适变"举措，是国家治理体系的有机构成。梳理农民工创业政策的演变历程，大致可将其划分为四个阶段（傅晋华，2015）。第一个阶段为20世纪90年代中期至2000年，农民工返乡创业尚是个别现象，制度层面尚未出台具体政策。第二个阶段为2001年至2007年，劳动密集型企业从沿海地区向中西部地区转移，农民工返乡创业趋势明显增强，国家层面开始予以关注，2007年中央一号文件首次提出鼓励外出务工农民回乡创业，"成为建设现代农业的带头人"，不过此时地方层面在出台具体扶持政策上仍缺乏动力。第三个阶段为2008年至2012年，金融危机所导致的就业压力使得国家和地方层面均将"创业带动就业"作为一项政策手段，创业政策逐渐成为农民工政策的重要组成部分。第四个阶段为2013年至今，在新型城镇化战略背景下，如何推动与完善农民工创业活动，成为政府重要的政策着力点。2015年6月，国务院颁布《关于支持农民工等人员返乡创业的意见》，提出需要"全面激发农民工等人员返乡创业热情"。周雪光（2017）立足经验现实，以组织学理论视角进行分析，提出：一系列具体的制度设施，诱导了相应的微观行为，从而在很大程度上规定了国家治理的轨迹、抉择和后果，其间制度安排所导致的因果联系可称为"国家治理的制度逻辑"。

小花村村民成立并运营"茶叶专业合作社"，其实质是一次农民工的返乡创业行动。我们深度参与其中，尝试以人力资本与社会资本的"提升、扩散、共享"为纽带，与当地农民一道寻求创造更多的"就地就近"就业机会。回顾数年来的经历，在"小花村的故事"中，我们有着研究者与行动者的"双重角色"，尝试以多种媒介实践助力村民的创业活动，同时也不断地总结行动经验、反思困境。其中，既有"新"媒介的实践，包括进行网络推广、建立线上社群、协助运营合作社的微店与公众号等，亦有"旧"媒介的实践，包括设计产品包装、申请注册商标、为合作社的困境向镇政府"上书"、撰写调研报告以寻求制度资源支持等。概括而言，在小花村的创业实践中，媒介作为一种社会机制参与其中。我们作为行动者，本质上也是"媒介"，以具体的媒介实践发挥着"中介"作用，尝试实现不同主体间的有机连接。

1. 乡与城的连接：合作社与市场

西山镇是"小花茶"的核心产区，几乎家家都会种植茶叶，对于普通农户而言，销售通常只有两条渠道：一是托亲靠友找熟人，二是直接卖给"茶贩子"。然而，关系网络相当有限、中间商们往往压价，销路一直是个问题。近些年来尤甚，因为劳动力的外流，不少农田都改成了茶地，较之种植水稻茶树更易打理，茶叶产量普遍提高，不少农户能年产近百斤干茶。这也是J起初帮助村民"卖茶"的缘由所在。2014年底，J向购买过茶叶的友人征询具体感受，一方面"小花茶"的品质受到普遍认可，另一方面朋友们也列出了一堆"让人啼笑皆非"的缺点，转告给村民后，村民的回答也是令人"简直哭笑不得"。这明显反映出消费者与生产者之间观念的鸿沟，从下述两组问答中，我们可略见一斑。

问："同一罐茶叶，茶型总体上应该是差不多大小的。为什么你老家的茶叶有大有小、差异巨大？"答："摘茶时，有人摘得大，有的摘得小。客户都是付了一样的价钱,不能厚此薄彼,所以特意掺和一下。"

问:"罐装的茶叶倒出来,茶叶都是完整的。为什么你老家的茶叶,同样是罐装的,却这么多碎叶,是不是炒得太过了?"答:"农家茶叶都是洋铁桶整斤地装,你们要用礼盒,那里面的罐子,根本就装不了一斤,不能给少了啊,所以使劲多塞几把。"

据说,还有不少类似问题。然而,J感觉放心了,分析所有反馈发现:茶叶本身的品质很受认可,这是基础所在,如此,只要能够确保原生态的生命线,尽量提升采制工艺和包装管理,事情还是有可为的。于是,在回乡过年时,他召集乡邻们商量,提出明年春天如果想要继续卖茶,必须明确两点:一是保证没有农药化肥,二是统一茶叶采摘标准。对此要求,村民们觉得"办不到",给出了很多理由——"茶叶大点小点都能喝,大一点,味道还更足、耐泡";"现在农村劳力太少,春茶长得快,每天芽头都不一样,人力跟不上,很难摘小";"茶叶摘小了,剩下的半截是浪费";"不打除草剂,额外加上的人工太多";"整山的茶都不施肥,哪来的产量"。这些理由显现出:村民作为固守乡土观念的生产者,对于现时城市消费者的具体需求,缺乏充足认知。经过反复阐明,J好不容易让乡邻们明白——"原生态的、品质好的,就是高价格;打除草剂、用化肥的,不是价格高低,而是坚决不能卖"。

然而,如何真正确保茶叶品质,并不是件简单的事。2015年,还在立春之际,爱茶的朋友就早早嘱托J,需要几斤最早的"小花茶",价格高些也没关系。嘱托的人多,量就跟不上,早茶本来就少。他让父亲提前到村中各产茶"大户"家里去"预订",第一天采摘结束后,整个村只炒出三斤干茶。父亲兴冲冲地拿到市区发快递,却发现市内茶行里有的是"头茶",上百斤地堆着,仔细一看,不仅新茶与陈茶羼杂，而且混入了其他品类。地道的高山"小花茶"，往往和野生兰草生长在一起，茶兰共生、茶形如兰，最大的特点是独有兰香，近二百年前本地的一位大学士，就赞其"色澄秋水，味比兰香"。如今这般乱象丛生、泥沙俱下，可怎么办？与几位有想法的乡邻讨论后，大家开始觉得：标准缺失，会坏了"小花茶"的名声，只能投机赚一时的"快钱"，或者沦落为根本"卖不上价"的低端货色。

此后，在筹备成立"茶叶专业合作社"的过程中，J 在一个创业人士聚集的场合，遇到一位在亚太区域都有名望的同乡风险投资人，正准备请教"小花茶"的产业化问题，不料这位投资人在主旨演讲中主动提及——"我的家乡安徽西部南部山区，有很多好的绿茶。也有很多人找我，问怎么做、怎么投。但是标准做不好，没有办法，很难做……"话说得非常直率，然而很在理。因此，后来我们推动合作社以"高价"承包生态环境有保障的山顶茶园，并且商定在第一年的生产中，尝试"不施加任何肥料"，包括所谓的"专用肥""有机肥"等，以满足注重品质的消费者对"原生态"的需求。对于合作社成员自家茶园生产的茶叶，符合原生态标准，才准许使用合作社的品牌和包装；如果达不到标准，则要求退出，实行"问题一户，清退一户"机制。精选的地点、精心的维护，合作社的运营赢得了"开门红"，2017 年茶季的"明前茶""雨前茶"都供不应求。

为进一步契合现代市场的需求，我们还充分利用线上和线下的关系网络，尽力协助合作社进行品牌创建与商标注册。由于好茶来自山水之间，反复讨论后决定以山水的形象作为标识，在具体设计时则以小花村山顶的"双峰龙井沟"作为意象。品牌名称最终确定为"HWM"，其中 H 是合作社大部分成员的姓，像中外百年的老字号品牌那样,将姓氏放入其中,以表示"一种决然的意志"——不好好做,会令家族蒙羞,"大家的姓都放进去了,还能往上面洒农药吗?"确定名称与标识后,还委托一位茶友帮忙在国家知识产权和商标局正式注册了商标。目前,当地市面上的多数"小花茶",均无品牌与商标,难免泥沙俱下。为了能更有辨识度,我们还协助合作社寻找有经验的企业设计专属茶叶包装,并且分类满足不同客户的需求:讲究实惠的用大圆铁罐,讲究环保的用牛皮纸袋,需要送礼的则提供精致礼盒,等等。在传播推广上,我们也是深度参与,所开展的实践包括如下几方面。一是协助开通合作社的微店,并设计广告词——"无他,唯有原生态。好小花·放心茶·HWM",凸显其本合作社茶叶的特点。为了确保品质,这是合作社唯一的线上销售平台。同时,每一盒销售出去的茶,包装上都有合作社理事长 XX 的手写签名,并且标明茶叶采摘日期,尽量做到来源可溯。二是协助注册并运营合作社微信公众号"CYCH",其简介为"守田者不饥,读书者不贱。美好生活,一手好诗,一杯小花"。具体内容并非直接推介产品信息,而聚焦于"喝茶·读诗"的文化实践,推送精心选择的诗歌,压题图片上标注"向往美好,第 X 期",内页底端均附有微店的二维码。截至 2022 年 5 月底,已推送了 420 期,阅读量虽有限,但在保持茶友社群黏性上起到一定作用。三是协助将合作社面向客户的微信群"XHCZ"建成一个有活跃度的、超越纯粹消费关系的线上社群,采茶季会以图文直播的形式推送茶山动态,平时则发布与"茶"相关的品鉴知识、健康信息、文学创作等内容,积极鼓励茶友分享个人观感,还尝试开展过数次小规模的线下活动,如进山探访茶园、举办茶会雅集。四是协助撰写文案并在个人社交平台推广。为了拓宽合作社茶叶的销路,我们尝试以"讲故事"的方式进行网络推广。2017 年 3 月初,J 结合生长于斯地的感悟，撰写了一篇情真意切的文章《一片叶子里能有多少春天》，从"二十年前的小树苗"讲起，写到合作社承包的茶园——"在那遥远的山顶"，商定茶叶品牌的深意——"我用姓氏来见证"，最后是期待改变乡村凋敝境况的愿景——"让人留下来"，字斟句酌后，用个人微信公众号"NBQN"推送，并在朋友圈、微信群中广泛转发。他的微信公众号开通于2016年，主要用于亲子记录，当时粉丝只有千人左右，这篇文章的阅读量却达7500多次，点赞量也超过150次，还有几十条留言，对于个人小号而言实属不易。此后，每逢新茶上市或是特别事宜，我们均认真讨论及撰写文案，先后在合作社、个人微信公众号上推送过《为什么这是靠谱的小花》《遇见：你的样子》《要不要来点野的》《爷爷种的放心茶》《小花茶，想说爱你不容易》《世间千千万，我只要干净温厚的她》《我天！终于找到小花仙子了！》《费那劲辟谣？我们不打药就是了！》《茶山上的母亲》《清明节，带娃回家踩泥巴》《孩子眼中：美丽的劳动者》《乡亲们种的茶，还有18斤！》等多篇文章。我们在内容要素上突出"故事+情感+价值观"，并且具体议题紧扣宏观时局以实现公共连接，同时为鼓励多元主体参与，先后推送过村民QJ朴实的乡土文章《茶农的"双抢"》《龙井沟的记忆》等。如此，"小花村的故事"成为"小花茶"的人文底色。

为确保"原生态"，需要进行精细化的生产，这必然会提升村民的前期成本投入。如何使其安心？在茶友的推荐下，2017年春节期间，课题组前往安徽省池州市石台县，考察省内农业产业化的龙头企业"天方茶业"。之后，借鉴该企业"认领一亩茶山，喝上自家好茶"的经验，结合"小花村"的实际情况，推动合作社开展了"山主计划"，其核心内容为：将山顶的茶园，拿出一部分，分成若干份，一份一亩；有购茶意向者，以一个合适的价格，认购成为"山主";这一亩茶园,无论产多少,均归于"山主"。此外,还设计了"山主"福利:维护茶山之余,合作社还准备喂猪、养鱼、种菜,年底时将向"山主"赠送自养猪腊肉、山区清水鱼(腌制)、生态豇豆角(晒干)等年货。经过多方努力,第一期计划寻得了20余位"山主",每位"山主"1年出资1万元,在茶季开始前,已有20多万元汇入合作社的账户,承包金和各种人工费已是无虞,这相当有助于村民在茶叶的采摘与炒制中,坚持以质量为导向,而非以往那样斤斤计较于产量。

2. 民与官的连接:合作社与政府

承包小花村的集体茶园是此次返乡创业活动中的大事,原本约定了10年的承包期限,然而风波迭出,仅两年就提前解约。其间,合作社与村委会的沟通始终存在隔阂,我们数次协助合作社与村委会谈判,甚至写"陈情书"直接向西山镇政府反映情况,充当了"下"与"上"间的沟通中介。

风波之一是村委会未能如期守约完成对相关基础设施的整修工作。2016年11月初正式签约,2017年3月初茶季开始,其间按照合同规定,小花村村委会及西山镇的相关部门,需要完成平整通往山顶茶园的土路、改建茶山上采茶工人宿舍、修缮制茶车间设备、整饬茶厂周边环境等基础设施工作。由于拟以"原生态"作为特色,签订合同之时,在合作社的要求下,经过协商正式文本中增设了下述条款,"1. 甲方不得在乙方承包的茶园茶厂周边范围内增设有污染生态的其他设施。2. 甲方不得干涉乙方自主经营"。但是,基础设施完善工作进展相当缓慢,直到2017年2月下旬,新茶采摘在即,依然处于未完成状态,合作社理事长XX与村支书LW多次交涉,"好话歹话都说尽了",依然无济于事。无奈,据其口述情况,我们反复推敲,帮忙撰写了《关于小花茶园茶厂进展的报告和请求支持的请示》，于 2 月 25 日直接递交给西山镇政府。全文 1500 余字，描述了茶山基础设施方面的困境①，并提出了具体诉求②。收到这份"陈情书"后，KH 作为镇党委书记反应非常积极，此后在其督促之下，茶山工房交付、茶厂场地硬化、垃圾回收站的搬离等基础设施建设工作大致按期完成。

风波之二是双方关于承包金数额及交付方式存在严重分歧。这也是贯穿始终的痛点与难点。对于 12 万元的承包金，合作社始终是不满意，因为村集体在经营这片茶园时，每年收入不过 5 万元至 6 万元，而且"还有多少年的坏账追不回来"，现在承包给农户，村委会反而要从中"大赚一笔"。其时竞拍时共有三人参与，当出价提到 10 万元时，理事长 XX 准备退出，在电话沟通后，我们鼓励他再坚持试试，最终报价 12 万元取得了承包权。事后他多次表示，"这个价格划不来"，而且总怀疑竞拍现场"找人做了笼子"。在正式签订合同时，关于承包金及其支付方式，村委会提出"每年 2 月

---

① 茶山基础设施施工后续工作和工房交付问题：茶山工房尚未通电；茶山工房总体施工结束，但当初答应的新旧工房之间水泥路面未铺设，雨天泥泞，影响新茶采制；工房钥匙至今未交，添置物件不能进入，也无法布置。茶厂基础设施施工和周边环境问题：进展缓慢，离新茶上市仅有一个月，尚未看到能够完工迹象，一般来说，从环保生态考虑，应该是施工结束有适当时间放置，才好作为茶厂，此次专打原生态茶叶品牌，此点尤其重要；茶厂门前的垃圾回收站，严重影响环境，村里多次答应清理，至今未搬离；茶厂门前场地，原定浇水泥硬化，可作停车场、包装货物操作空间，现无此安排；茶厂老房改建的总体品质离预期有差距，如原商定在改建中，将两间房间稍作装修，作为合作社办公室，现在以"村里缺钱"为由，无此打算。

② 茶叶是时效性、季节性极强的农作物，品牌茶更是重度依靠声誉和信心的产品。目前情况，如不尽快推进，将对生产信心和产品商誉有很大影响。因此，提出以下建议，请求支持：希望村里能安排加快推进茶园、茶厂基础设施建设，尽快交付工房钥匙、尽快通电；希望村里与承包方、合作社一起，尽可能携手打造更加适宜的茶厂、茶园环境，不能将其仅作为农户家的茶园、茶厂，仅将房子简单刷白交付，一包了之，而应该从小花名片、西山名片，从特色产业、扶贫攻坚、投资环境亮点的角度，切实整治周边环境，一起打造良好形象和品牌；如果村里确有资金安排困难、监工推进困难，承包方可以商量支持办法；可以把上述两项的后续施工委托给茶园茶厂承包方，承包方垫资、组织施工，费用从承包金中抵扣；村里全力协助。

1日前一次性付清当年承包款12万元"。合作社认为此规定不合理，提出需要"分期支付"。对于这一关键问题，村委会作为甲方表示"合同先不修改，到时候再商量，肯定支持你们"，这埋下了隐患。此后三个月内，村主要干部对整修基础设施颇为敷衍，但在催促一次交清承包款上却相当积极，要求严格履行合同。前述那份2017年2月底递交的"陈情书"中，也涉及此问题[①]，提出这一规定既"很不合理"又"不近人情"，请求政府从考虑实际经营状况、照顾农户感情角度出发，共同商定如何细化分批支付方案。对此诉求，镇党委书记KH的反馈是"今年暂且先分两次交清，后续再谈"。

当年茶季结束之后，鉴于实际境况及未来发展的考虑，合作社认为去年签订的《小花村集体茶园茶厂承包经营合同》很不合理，应该尽快修改。众成员共同商量后，拟了一份"补充合同"，要求村委会能予以认可。其中，主要提出两方面的请求。一是关于"承包金支付方式"。根据茶叶产业的实际投入、销售、回款规律，承包金支付应调整为共分4次进行支付，每年的清明节、端午节、中秋节以及除夕四个重要节日之前，每次分别交付3万元。二是关于

---

① 合同承包金为12万元，要求2月1日前一次性付清，当时XX对此意见很大，不愿意签约，原因是：村里往年茶园茶厂收入只有5万元至6万元，实际上，茶款大部分年底才结账，还有多年积压的茶款并未收到；茶叶尚未发芽，农户已经有前期人员、包装、设备等支出，但并未有任何收入，要求一次性交付所有承包金，很不合理、不近人情。当时希望一方面考虑过去和当前实际情况，另一方面从实际支持产业发展的角度建议：12万元承包金不会少，分批次支付。当时镇、村都要求尽快签约，"先签了再说、肯定支持"，但今天要求必须一次性支付，以合同为据，不接受分次付款的协商，对此，请镇、村从亲善投资者、支持实体经济创业、创牌的角度出发，实际考虑投资者的投入、茶叶采购付款运行实际规律，照顾农户感情，结合多年实际情况，支持分批次支付承包金的方案；可以尊重合同原则，协商签订补充协议，商定细化分批方案，如新茶开采前、端午节前（回款期）、中秋节前（回款期）、春节前（回款期），共计四次付清。

"基础设施维护保证"。由于涉及事项较多，他们列出6条细则[①]。这份协议提交后，村委会迟迟未予以回应。2017年8月中旬，本课题组进入小花村考察，两名成员陪同合作社理事长XX前往村委会办公室，与当时村党支书记LW、村委会代主任JC磋商，两位的态度很客气，但对于签订合同一事始终不松口，翻来覆去地说无此权限，需要西山镇的"农村集体三资监管中心"同意。至于如何征得这一机构同意，他们也未进行具体说明。此次商谈持续约两小时，"茶都喝了几遍"，但是未有实质推进。当时我们觉得，仅以合作社之力，与村中干部洽谈，前景并不明朗。事实上，直到解除承包协议，此事也并未得到解决。

风波之三是解除协议后村委会追讨受灾的减免金与押金。本来约定集体茶园的承包期限为10年，然而不过2年，合作社理事长XX便再三、明确、坚决地表示"干不下去"，最终于2018年底提前解约。我们与他反复讨论过，其中因由可归纳为以下几方面。一是感觉"实在太累、撑不下来"。合作社虽有好几户成员，但只靠

[①] 基础设施维护保证：甲方确认主合同规定的承包范围内，茶园生产用厂房和相关的室外场地、道路、供水供电等设施，茶厂厂房等配套设施，甲方有义务确保其安全、齐备、正常运行，能够保证茶叶产业发展的需要；茶园公路是维系茶叶产业发展的基础性、关键性设施，因实际地理情况，极易遭受雨水、塌方、泥石流等破坏，尤其需要及时有效地修复维护，茶园公路的日常维护标准为确保四轮农用车、小汽车、载货摩托车和电动车的正常通行；如在茶园生产、管理、茶叶销售参观考察等重要节点，甲方未能确保茶园公路达到以上通行条件或茶园生产用房、茶厂厂房等基础设施未能达到使用标准，为确保茶叶发展不受影响，乙方可自行组织维修，维修费用由甲方承担，这些重要节点包括但不限于每年3月10日茶园即将开采前，每年5月1日茶园开展剪枝管理前，每年9月1日茶园开展人工除草前，重要的领导视察、专家和投资考察、客户和旅游季到来前；为确保维修及时有效，甲方在本合同签订之日向乙方支付维修保证金人民币叁万元，承包期满后不再继续承包时返还维修保证金余款（付款不计息）；每年除夕前，乙方向甲方报告维修保证金使用情况，提供票据清单，甲方向乙方支付该年度由乙方组织的维修费用，确保维修保证金恢复满额到人民币叁万元，保证金不能及时恢复满额的，可从承包金中抵扣；如恢复基础设施需要的维修力量明显超出个体农户的组织能力，或者经费需求明显超出叁万元人民币的，甲方应积极组织力量进行维修恢复。

他独挑大梁且要事事操心，茶季里需要连轴转，平日茶山管理、筹备"山主"福利也要劳心劳力。二是对合同及村委会的实际履行情况不满意。承包金的数额及支付方式、茶园茶厂的基础设施维护，都是他的"心病"，始终抱怨"村里那帮人拿钱不干活"，所期待的补充合同又迟迟未签订。这两方面是根本原因，此外还有直接诱因。2018年春，全市遭遇雨雪冰冻灾害天气，1月下旬的强降雪之后，最大雪深达"30厘米"，迄今当地政府网站上仍有相关报道。位于西部山区的小花村霜冻更是严重，山顶茶园受灾面积过半，春茶产量骤减，能卖上价的"明前茶"更是歉收。合作社众人忧心如焚，向村委会报灾，主要村干部却迟迟不上山察看，之后也无实质性的慰问和支持举措。一直拖到下半年，又是通过直接"陈情"，西山镇政府才同意减免2万元承包金。当年11月，双方经过谈判提前解约。其间，关于这一年的承包金，由于签合同时已缴纳2万元押金，镇政府又减免了2万元，合作社向村委会支付了8万余元。不再承包集体茶园后，合作社采取"大户定制+散户收购"的混合模式继续运营，由此，如何做好品质控制便成了新的挑战。

2018年底，经过重新发包，小花村的集体茶园，最终由市区一位人士以8万元的价格承包，其雇用亲戚负责打理，然而也只运营了一年，再次解除协议。本来以为已无瓜葛，不料2019年11月，XX突然接到小花村村委会的电话，"通知"两件事：一是2万元的减免金额，"审计认为相关减免不合程序"，不应减免；二是2万元的承包押金，由于原协议承租10年未到期，不应退还。因此，要求合作社再向村委会支付4万元，"限期1月5日之前答复，否则将起诉"。合作社众人的反应很激烈：当年受灾"这么严重"，酌情减免乃是理所应当之事；要求提前解约，关键也是村委会不能负责地履行合同规定，"还没向他们追责"。但是，理事长XX与村干部的沟通，再度无济于事，万分焦灼。不得已，我们又帮其撰写了近1600字的"陈情书"——《关于小花村茶园承包后续的情况反映》，于2020年元旦递交给西山镇原党委书记KH，此时他因在工作上的优异表现，已升任龙眠市的副市长。其中，我们阐明了推动合作社承包集体茶园的动机——"响应家乡党委政府号召，协调在外资源创建小花品牌、助力脱贫攻坚、提高村集体收入"，分析了合作社提前解除承包协议的根由——"村委会及其主要负责人对于产业扶贫的站位不够、意识和能力不足、服务村民自主创业和合作社发展工作不到位"。叙述事实之外，我们还郑重地从"返乡创业"与"产业扶贫"的角度严肃分析了此事教训：这是一起"直接造成集体资产重大损失（从12万元/年降至8万元/年，每年直接损失1/3的集体收入）的责任事故"，村委会本需要严肃深刻地反思，而今居然追讨所谓"欠款"，这一做法真是"不合理不合法也不合情"①，作为从此地走出来的游子，"家乡如此，实在可悲，也让人心寒"。所幸，这次"陈情"再度发挥作用，村委会的错误得到纠正。

3. 社区内部连接：合作社与农户

在合作社运营过程中，如何连接乡村社区，同样是一个突出问题。它可分为本村的内部、本村与邻村两个方面，所涉具体有别。

---

① 这一段原文为："关于第一项要求，既然报灾后村委会已经同意减免，如程序不足，应该补程序，而不是推翻决策；即使追责任，也应该追村委会履行程序不足的责任，而不是追承包人要钱，否定决策。第二项要求，既然双方已经协商一致解除合同，而且事实上村委会已经将茶园再次租给新的承包人、形成既成事实，不存在单方违背合同的事，因为任何合同都有双方协商一致可以改变包括承租年限在内的具体条款，这也是民事合同的当然内容。如此这般，过去一年多了，形成既定事实后，突然推翻共识，认定单方违约，不合理不合法也不合情。并且，且不论起诉结果判决如何，村委会在自身造成集体经济重大损失之下，不追究自己的责任、不反思自己的失职，反而直接以起诉来挟对扶贫产业发展和集体经济做出重要贡献的创业村民，在决战脱贫攻坚的当今，不知最终会造成怎样的舆论影响和政治影响。"

前者包括村内基础设施费用分担、合作社的茶叶收购标准、村民在茶园的务工问题等；后者则主要是采茶工人的招募与管理。

小花村的地理位置偏远，直到2016年4月下旬，方才开通能够抵达市区的城乡公交线路，每天早6点至晚5点，每小时一班车。此前进出，除私家车外，只有上午、下午各一趟的农运车，人货混装、超载严重，逢年过节更是如此。公交线路开通之后，进山出山容易很多，然而仍有不便，在"黑凹岭"站下车后，还要步行近1公里的狭窄土路，才能抵达该村民组大部分农户的聚居地，村集体的茶厂也在附近，只有当地胆大的司机才敢驾车通过这段路，但也只能下不能上，因为坡度实在太高。至于山顶茶园，距离茶厂仍有很长的山路，步行上山还要一个小时，并且一到雨天就泥泞不堪，本地人骑摩托车"也冲不上去"。当年暑假，J回乡探亲后发了一条朋友圈，分享开通公交的便捷，以及感叹土路的阻隔。一位在安徽省交通运输厅工作的朋友看到后留言"支招"，并告知其政府目前已有配套资金支持乡村公路建设，还热心地将此事转给本市公路管理局负责人W局长。之后，在多方努力下，北冲河乡村公路建设项目得以立项。不过，配套资金只能覆盖公路建设的材料费，人工费需要村集体自行支付。此时，因为XX那两年待在村里的时间较多，已被选为生产队长，在市镇领导以及我们的积极鼓励下，他决心"挑头"做这件事，实际开展后，繁难复杂超过其想象，为了排遣愁闷，"已经戒的烟又抽上了"。2016年末，一条长达400米、水泥浇筑的乡村公路建成，车辆终于可以直抵门前。各项人工费合计达36420元，均由XX先行垫付，之后共收到本村8位"有出息"的人士合计捐款达7800元，其中一位在江苏省政府工作的处长捐款达3000元，一家三姐妹各自捐了1000元，前文所述农民工QJ也捐了500元，余下28240元由17户平摊，每户应出

1661元。当年大年三十那天，XX用毛笔、红纸写了一张告示，算清工程总耗资金、已收到的捐款、每户应缴费用及实缴金额，并张贴在村口要道。当时笔者问这样做是否妥当，列出了所有欠款者姓名，毕竟乡里乡亲。XX愤愤地说"就是要耻一耻这些人"，他出力又出钱，到了年关还有14254元未收款项。直到2021年春节，钱款仍未完全收回，据说有一户刚炫耀自己有20万元的定期存款，又声称"没钱"拖着几百元不肯给，连其母亲也看不下去。北冲河公路的修通，众人获益甚多，至少再进城卖茶时，无须用扁担将茶叶挑到公交站点，但是仍有人背后议论，总觉得XX肯定"占了便宜"，这些话传入其耳中，他更是愤懑。

合作社的成立、运营在增加本村农户收入上可圈可点。2017年8月15日，我们驻村调研时，恰逢西山镇驻小花村扶贫工作队副队长CY前来探访，扶贫工作队经过核实内部账目形成一份正式简报，肯定合作社的成绩——"从用工和收购价格上提高了贫困户收入"。其中，特别强调合作社为农户销售自种茶的业绩——"2017年以较高的价格收购了贫困户茶叶300余斤"，提高贫困户收入"达2万多元"。此外，当年合作社聘用本村村民参与茶叶生产的劳务支出也超过2万元。何以能够如此？关键在于在当年内部品质控制与外部资源协调的共同作用下，自创品牌HWM占领了当时"小花茶"高端市场，平均售价接近本地市场普通茶叶价格的两倍，又无辗转的中间商盘剥，本着"造福乡土"情怀，合作社能够做到明显的"让利"。然而，与一部分村民的具体冲突也根源于此。有农户在集体茶园采摘时为了赶速度，"芽头摘得过大"，不能满足精细化生产的标准；有农户在外收购茶叶，想充作自种茶卖给合作社，以赚取其中的差价；有农户长年在外务工，自家茶园里会使用除草剂和化肥以节省人力，违背了"原生态"底线；有农户在茶厂里工作时不能严格遵守规定①，甚至会顺带"干私活"或是混时间；有农户在自行向外销售茶叶时，想借用合作社的注册品牌和定制包装……合作社理事长XX等人对此"不讲情面"，相当较真地按定好的标准来。XX的妻子性格强势，与同为社员的妯娌闹过矛盾，她觉得嫂子边看孙子边"拣茶"只能"记半个工"，嫂子觉得自己又没耽误干活，结果计算劳务收入时，两人为半天工资吵了一架。因而，本村人包括合作社成员之间也会发生摩擦，甚至有时"话说得很难听"。这也是后来XX觉得"太累"的一个重要因素。

小花村的常居人口，约为在册登记人数的1/5，而且老龄化程度高，每年茶季，虽有外出务工村民赶回来，但也先忙自家的活儿。因此，必须要从村外招募采茶工，路近的雇用司机早晚接送、提供午餐；路远的提供居所、一日三餐，并且负责留居期间的人身安全及健康，"有个头疼脑热也得给买药"。按照行内规矩，如果因为天气或其他客观原因不能正常出工，只要人在此地，哪怕是睡觉或打牌，工资和生活待遇必须一切照常。往往会有一位"工头"管理其带来的工人，负责监工、称重、记账和维持内部秩序等事务，除了支付"带班"工资，通常在完工时还需再封个"红包"，具体金额则由双方商定。在合作社承包集体茶园的两年中，如何招募和管理村外的采茶工，都让理事长XX觉得是"要命的麻烦"，整个

---

① 合作社制定了《茶厂管理制度》，并在厂内显著位置公布，其全文为："为打造HWM原生态小花茶品牌，提升茶叶品质，制作出优质的家乡小花茶叶，特制定如下制度：1. 按时上班，坚守岗位，不得迟到早退。2. 工作时间不准玩手机和处理私活。3. 各负其责，除特殊情况外（停电、机器故障）造成损失由责任人承担。4. 茶草和成品要准确称重记账，当天成品茶要交于管理人员记账入库，日期和种类要注明，切勿混杂。5. 外来茶草加工，按来厂先后自然排队。不得插队和特殊安排。6. 加工完要保持作业车间清洁整齐，机器工具应清理。7. 注意安全，按规范操作，非作业人员禁止操作机器和乱动作业设备，否则造成损失追究责任。8. 下班前要检查火烛、电路开关，确认安全方可离开。以上各条，望大家遵照执行。"

茶季都会"提心吊胆"。2017年春节期间，大年初六那天，时任小花村村委会主任的GB，与本课题组两位成员一道，陪同XX去邻县一个贫困的山区村拜访采茶"工头"GL，一位50岁左右的干练妇女，往年村集体在管理茶园时与她有过合作。当时，我们带着本地"上档次"的烟酒礼品，相当于来"拜年"，她也热情张罗了一桌饭菜招待，双方详细商讨了所需工人的数量、标准、基本工资、工作要求、生活条件等具体事宜。其中，GL在意工资是"定额"还是"计件"；XX则强调工人的年龄和健康，要求"最好不超过60岁"和"没有心脏病、高血压等毛病"。之后，GL带来了20多名采茶工，在正式开工前，我们协助合作社联系了省内泰康人寿保险公司，咨询购买意外险的事宜。不料，GL并未显现合作社所期待的管理能力，带来的人并不完全听她吩咐，刚过几天就有人因为内部琐事冲突离开，此外，她的文化程度很有限，难以胜任称重和记账的活儿，需要增派得力之人在山顶茶园帮忙管理，后来额外支出管理费用2200余元。当时，正是人力紧张之际，干练利索的人尤缺，往年协助村委会管理茶厂的QC，起初答应给合作社帮忙，临时变卦"撂了挑子"，幸好有位村民临时顶上，本来此人常年在建筑工地带工，当时因为行情差暂居在家。在完工离开时，合作社给GL的红包只有1000元，本来是约定了2000元。她的家境甚差，2016年秋季，做泥瓦工的丈夫在帮村邻建房时，突发急性心肌梗死去世，其村邻家境也差，最终只有3万元的赔偿，儿子尚在省内一所高校读书。次年，GL未再过来，据说带人去了浙江安吉采茶。因此，2018年的茶季，人手较往年更紧张，采茶工、炒茶工均缺。XX觉得自己快"垮"了，"吃也吃不下，睡也没得睡"。4月初的一天晚上，忍不住给我们"诉苦"，超过1个小时的通话，都是在讲茶园采茶、茶厂炒茶是如何顾不过来。于是我们"支招"，列出

8条具体意见①，顾及其所述的疲累状况，措辞甚至很是强硬，要求"必须立即落实"。事后发现几乎完全未被采纳，他们觉得"不是那么回事"，根本"行不通"。

上述"外"与"内"的城乡、"上"与"下"的官民、"内"与"内"的农户，是小花村农民工在创业活动中，需要直面的三类至为关键的关系，相互间的连接状况，直接影响着合作社的运营。此外，还有一些具体连接也不能忽视，例如包装设计，合作社需要与有信誉的企业合作。2017年春节期间，我们曾陪同理事长XX去市区一家名为"五洲制罐"的公司洽谈定制茶叶包装事宜，其成立于2005年，颇有一定规模，宣称"专业研发、设计、生产、销售各类精品礼盒"，老板是个圆熟的生意人，当时谈得相当愉快，不料，实际交货时却一拖再拖，不能如期履约，以至于"茶快炒好了，盒子还没有送到"。当年4月初，我们曾应XX要求，与公司老板父子俩有过电话交涉，种种细节只能让人慨叹，以现代商业文明的基石——契约精神——衡之，当地营商环境亟待改善。又如运输物流，合作社需要寻觅合适的快递网点。能否让客户在最短时间内收到当年新茶，是影响消费体验乃至茶叶价格的重要因素。小花村内尚无快递网点，合作社必须每天派人搭乘公交车或雇私家车进

---

① 全文如下："1. 摘茶第一。所有人，能上山的都要上山，能摘茶的都要摘茶！不要整天围着茶厂转，做饭做夜宵，颠倒主次！2. 茶厂服务茶园。茶厂只炒茶园的茶，一天炒30斤够了！三个小时结束！不再接受农户茶的加工。3. 节省体力精力，不准熬夜超过12点！有力气早睡觉早起床，上山多摘茶。4. 茶厂师傅，不要熬夜，有体力的，上午上山摘茶；茶厂工资之外，另加摘茶工资，可以比摘茶工的工资高，确保茶厂师傅总收入只会更多、不会减少。5. 有特别想要茶厂加工的农户，采取换工：你帮我摘茶，我帮你免费炒茶。帮我摘茶半天的，或者上茶园摘4斤以上合格茶草的，免费给他加工10斤以内的干茶。6. 遇到下雨，不要放工人回家，像老板养打桩的工人一样，养摘茶工，付基本工资。7. 年轻人ZF在家里，要从整体上思考、谋划，人力物力怎么调配，要从管理者的角度思考和行动，不要把自己当作一个普通劳力，仅仅做帮忙的活儿。8. 作为合作社的头儿，XX不要算小账，要有"当老板"的样子，要大气点，花钱购买别人的时间和精力。当老板如果当成了工人，就把自己累垮了，生意也会垮掉！"

城发货，他们对价格很敏感，除非特别指定要发"顺丰"，否则，往往选择收费较低的快递，然而不时会有意外发生。北京有家培训机构，曾在合作社一次定了20罐"小花茶"作为拓展市场之用，不料收到时有7罐"都摔坏了"，退货与补发的成本一算下来，XX感叹"真不能信那些小破快递"。再如生产制作，合作社需要系统的专业技术指导。西山镇是传统产茶区，茶树的养护、茶园的管理、茶叶的炒制等方面，世代居此的村民有口耳相传的经验，但不足以满足现代规模生产的要求。本市的农业农村局所设的专属机构"茶叶发展中心"[①]做过一些工作，如2017年XX参加过该机构组织的"新型职业农民培训"，发了"茶叶生产技术"等13本辅导材料，观察课堂笔记发现，为期三天的学习中，"茶叶病虫害识别和防治"一讲记得最为翔实，"因为非常实用"，至于电子商务、农业物联网等内容，只记了几个词，"感觉都是个花架子"。这样的机会难得，名额也相当有限。签订承包协议后，如何科学地管理面积达80亩的集体茶园，几乎仅靠自己摸索，与平常照料自家几分地，完全不可同日而语。2017年8月中旬，我们驻村调研时，机缘巧合地请到知名茶叶专家江教授前来指导，可惜由于小花村位置偏远、随行人员不熟悉路况，途中耽搁太多时间，未能上山探访茶园，在山脚下查看零星的茶树时，专家就敏锐地发现不少技术问题。然而，这样的机会更难得。如此种种，从中不难发现，不同主体之间连接的状况总体上构成了创业活动的社会基础。若不能实现充分的连接，则难以有长足发展。

基于数年以来的观察与参与，我们认为：农民工返乡创业活动

[①] 根据当地政府公开信息显示，该机构的职责为"贯彻落实茶叶绿色生态、优质高效、可持续发展战略；研究拟定全市茶叶发展产业政策、规划、方案，并组织实施；负责茶叶新技术、新品种与新工艺的示范、推广和技术培训工作；负责全市茶叶品牌管理"。

深嵌于国家治理的制度逻辑中，其间交织着多重主体的行动逻辑，需要积极动员社会机制参与。具体创业活动在特定社区内展开，顺利与否取决于政府、市场、农户等不同主体的行动逻辑，能否尽可能地相互调适与达致平衡，而这又有赖于具体关系之间能否真正实现连接。媒介作为一种社会机制在此方面能够有所作为，在由"规则"和"资源"两个基本面构成的"结构"中，行动者应进行能动的、建设性的媒介实践，以促进不同主体之间的有机连接。

三　城乡中国有机连接的可能性

从农民与土地的关系、农民与村庄的关系两个纬度观察，当前中国已由"乡土中国"转向为"城乡中国"（刘守英、王一鸽，2018）。在"乡土中国"时代，农民的行为及其规则均嵌入其与土地及村庄的关系之中，小花村自然不例外，村民成规模地外出务工始于20世纪90年代初，此前均需在"以农为本、以地为生"的小农经济中寻觅生计，虽然有过制作景泰蓝、鬃毛刷等的数家村办企业，但是"红火"一时后均纷纷倒闭。其时，"村庄"作为"聚落"和"制度"而存在，具有"地理空间"与"社会文化"的双重性，"以村而治"决定着村民行动的准则、价值乃至公私秩序，相应地文化伦理也"根植于土"，非常注重个人及家族在乡土社区中的"名声"。从XX多次讲述的"做人情"细节中，我们可略见一斑：20世纪80年代中期，他刚分家单过，其时已有两子，经济很是窘迫，"每年都要借钱过年"，但是亲戚往来的礼数必须齐全，自己父亲的四个姐妹、岳父及其三位堂兄弟，"一年三节都要去看"，即端午节、中秋节、春节均要备礼物上门拜访，而且要尽力准备得"好点"。当时在村里流行的高价副食品如白芝麻"交切糖"，都会按份备好供拜年用，预算有限不会额外多买，"小孩再馋也不能动"，偶尔被当作"回礼"时才能尝尝鲜。在此后的"民工潮"中，小花村有外出"打工"能力的村民大都出去了，孩子在长大成人后，除少数读书深造外也大都在外务工。父辈与子辈之间的代际差异明显，尤其较之"农一代"，"农二代"的经济与社会行为体现出显著的"入城不回村"倾向，至少都要在龙眠市区买商品房，职业选择上也呈现鲜明的"离土离农"意愿。在XX成立"茶叶专业合作社"尤其承包了集体茶园后，本以为其子ZF能一起参与"创业"，毕竟老一辈均是初中文化及以下、平均年龄超过55岁的农民，ZF高中毕业后就读于一所民办大学，后获得了自考本科文凭，当时三十来岁、未婚，仍是小花村的户籍，在合肥一家私人企业工作，公司的业务内容主要是协助建筑业企业申请资质证书。合作社成立后，每年春天茶节，恰好也是业务"淡季"，ZF会"有偿"回家一段时间帮忙摘茶、发货，通常酬劳至少是其工资的两倍。我们再三建议他全职参与经营，以年轻人的能力与干劲，做好合作社与市场、政府等的沟通，让有农业经验的父辈专注于茶叶生产，如此合作社才有可能真正向产业化与规模化方向发展，但他并不愿意回村，尽管认真分析起来，这份事业前景更为明朗。基于小花村的经验，我们认为，观察农民工的创业活动，必须将其置入"城乡中国"这一宏观社会语境。

从国家治理的实践出发，农民工返乡创业是一项应对劳动关系总体状况变动的"适变"举措，也是推动构建新型城乡一体化关系的有力抓手，毕竟以人为本的乡村振兴才有可能让城乡发展中的严重失衡趋向均衡。不过，任何实践活动有其内在逻辑，我们需摒除对农民工返乡创业行动的浪漫想象。在当前的劳动力市场中，农民工通常只能获得市场平均工资。贺雪峰（2020）提出，"务工收入的确定性"是农民工返乡创业的逻辑以及风险所在。这有一定道理，国家统计局发布的《农民工监测调查报告》显示，2016年至2020年，农民工月均收入逐年分别为3275元、3485元、3721元、3962元、4072元，每年增长率依次为6.6%、6.4%、6.8%、6.5%、2.8%。从中可见，收入增速一般且有波动，相形之下，返乡创业有吸引力。社交媒体上流行的普通人"创业致富"故事又增强了其诱惑力。然而，自身的"内驱力"与政府的"外驱力"激荡可能会造成当地创业市场的饱和乃至过度拥挤，创业难以成功甚至容易失败。此外，农民工群体的年龄结构也在演变，2011年至2020年，农民工群体平均年龄已从36岁上升到41.4岁，2020年50岁以上的农民工占比达26.4%。尤其第一代农民工，整体上已超过城市工人平均退休年龄，在现有社保体系中，养老难题横亘眼前。这一代农民工"乡土性"重，有积极的返乡意愿，然而"创业"往往非其所能，个体的人力资本与社会资本、当地的基础设施与扶助机制，不足以形成有力的支撑。社会机制的参与能够有所作为，但最终起决定性作用的还是相关"社会基础"。一项以茶产业为例的案例研究显示，这一特色产业的经营有着特殊的组织形态——"家庭经营"+"市场网络"，具备典型的"非正规"组织特征，需同时满足"技术细节"与"交往细节"的要求，方有可能突破其中"组织困境"（付伟，2020）。小花村的茶叶生产与经营中，也存在类似问题。村中第一代农民工所开展的创业活动，是在传统家庭经营基础上尝试的"合作社+农户"组织化途径，其"组织困境"即如何实现多元主体之间的有机连接，这也成为贯彻始终的严峻挑战。连接的必要性也为同主题的相关研究所强调（高明，2020；陈天祥、魏国华，2021）。观察农民工的返乡创业实践，一个核心问题即为在城乡中国语境中，如何提升连接的可能性？

  小花村的故事，可作为参考。从中可见，在当前中国语境中，政治逻辑、市场逻辑、乡土逻辑相互交织，共同形塑了农民工返乡创业活动的具体面貌。具体而言，首先是政治层面，"一统体制与有效治理"的冲突是中国国家治理难以避免的深刻矛盾（周雪光，2017），农民工返乡创业活动的微观实践对此宏观难题有明显的呈现。中央政府层面通过颁行宏观政策推动相关实践，地方政府层面选择性落实国家政策。一方面，基层政府会自上而下地积极动员，在常规性治理动作之外，经常还会采取"运动型治理机制"；另一方面，基层政府的施政行为中往往也会出现"共谋"和"拼凑应对"现象，关注短期目标、采纳临时策略，在执行过程中出现多变性和不一致性。就农民工返乡创业而言，如果浏览地方政府网站，建设农民工创业园、开展职业农民培训等活动和措施甚多，但若追踪观察其实效，则往往存在着实践与文本的偏差。其次是市场层面，能否精准把握市场需求，对农民工返乡创业成功与否有关键性的影响。其间能否顺利从生产者导向转向消费者导向，需要积极动员和吸纳社会机制的参与，从价值主张、核心资源、关键流程、赢利模式等方面，尽可能地挖掘"互联网+"时代"社群经济"的活力。最后是乡土层面，需要充分体察民情，调适通行规则与乡土秩序之间的关系，纯粹的外力干预往往会适得其反。西方社会学理论家自孟德斯鸠以降，一直高度关注研究民情（mores）问题，考察政治体制、市场机制、社会结构变迁所带来的民众风尚秩序的变化，旨在"从人们世俗生活中的心态结构和精神秩序出发来把握现代社会的奥秘"（应星，2016）。晚清民国一代的中国早期社会学家对此也非常重视，费孝通（2003）在晚年更强调需要关心人的"观念"和"心态"，认为实际上这才常常是"构成社会经济发展差异的真正原因"。推动农民工返乡创业，单纯的政策驱动难以奏效，一定要建基于"有事干、有钱挣"的民情期待。其间，地方政府要尽力避免出现"行政吸纳社区"的弊端（孙新华，2017），不能只顾及自身利益的最大化，一味吸纳精英阶层的意见，忽视村民的利益及意愿。例如，2017 年龙眠市政府公布的数据显示，该市农民专业合作组织达 412 个，家庭农场达 325 家，然而有限的政策资源主要用于扶持其中寥寥数个国家级的"示范社"。上述三个层面共同构成了农民工返乡创业的"实践逻辑"。它不同于理论逻辑或话语逻辑，是"实践感的逻辑"（布迪厄，2012）。观察、体悟、知晓、尊重、嵌入实践逻辑，方可提升连接的可能性。

在小花村的故事中，我们以能动的媒介实践深度参与其中，下述几点体会颇深：基础设施如公路、快递、宽带等是至关重要的媒介；适宜的媒介实践方有可能促进不同主体的连接；社会资本与关系网络是影响连接质量的决定性因素；在寻求连接的过程中，媒介实践需要尊重乡土社区的交往准则。2017 年 2 月 11 日，笔者在田野笔记中写过如下文字："作为返乡的游子，多年都是在汲取慰藉，未曾深入了解故土的肌理，更不曾主动做过些什么，一直都是悬浮的'过客'……今年回家过年，开始寻求变化，尝试倾听、理解和行动，从一个小村落开始……通过对西山镇政府、小花村村委的接触与观察，个人有关基层治理的知识和想法，有印证，更有修正。纸上得来，未必就浅；努力躬行，实有裨益。明白得有些晚，幸好，路在脚下。"这是当时为期半个月驻村调研后个人的自我反思。数年来从"悬浮"到"下沉"，我们体察到研究面向与深入实践的重要意义，充分发掘作为社会的"积淀根基"或"底蕴"的"日常生活逻辑"（折晓叶，2018），方有可能理解经验现实的复杂性。小花村的故事仍将继续……

第六章 结　语

从课题立项到书稿基本撰成，我们历经五个寒暑，具体的结论或有商榷余地，态度的真诚却经得起审视。我们努力面向丰富的经验现实、以实质问题为中心、规范运用研究方法，初步回答了旨在探寻的核心问题——"在当前中国语境中，媒体可否成为参与劳动关系治理的行动者？其价值理念、现实进路以及活动空间具体如何？"如何体察具体语境、立足经验事实，在特定国家与社会关系下，探讨媒体作为的理念、路径及边界？这是难点亦是重点所在。其间，讨论焦点始终指向——"在结构性规制中，媒体经由何种创造性实践，方能成为参与劳动关系治理的积极行动者？"回顾此前诸章，主要研究判断与发现如下所示。

（1）中国正处于经济社会转型时期，劳动关系主体及其利益诉求呈多元化，是必须要直面的经验现实。我们应超越单向度的分析框架，以兼具历史纵深、结构眼光与行动者视角的分析路径，理解劳动者、政府、资本等多元主体的不同诉求及其行动逻辑，体察权益、稳定、发展多重目标的内在张力，全面认知"构建和谐劳动关系"的内涵。

(2) 当前中国劳动关系治理的关键在于形成有效协调不同利益的制度化机制。其间，劳动者群体可充分进行利益表达至关重要，但他们总体上尚为弱势社群，难以系统地经由传统主流媒体进行凸显主体性的利益表达；新媒体的传播赋权效应有着片段性与阶段性的显现，但还未能在结构层面撼动既有的利益表达格局；另类媒体可能会成为替代性表达渠道，不过传播实践尚停留在个案层面。

(3) 作为嵌入社会时空结构中的一种中介机制，媒体能否作为及其活动如何，通常取决于政治、经济与技术三重逻辑的共同作用，我们需要在动态"关系网络"中，探讨媒体如何扮演好"社会风险治理参与的行动者"这一应然角色，推进社会对话、构建底线共识，以推动媒体成为劳动关系利益协调机制的重要构成。其间，需要高度关注媒体具体如何促进劳动者的权益维护。

(4) 当前中国新闻业已演变为多种类型媒体共同参与、多元新闻实践形态并存的格局。以"职工议题的媒介能见度"作为衡量指标，机关媒体与都市媒体的表现"异同相间"——两者均会重点突出基本议题、积极关注新兴议题，但是新闻框架存在一定分际；前者一般更多地呈现特定议题，后者则更关注普遍性的议题；两者均低度呈现"强冲突性"的风险议题，对于普通风险议题后者相对给予更多关注。以"职工群体的媒介话语权"作为衡量指标，鉴于目前"新闻场"是一个"新闻与政治融合的场域"，在基本议题、报道主题、报道主角、消息来源、话语引述等具体要素上，机关媒体与都市媒体内部会存在"量"的分际，但很难出现"质"的差异，基本状况可被描述为"有限的主体性"。在当前新闻生态系统中，媒体作为的现实境况，整体上呈现"边界内的发声"与"结构性的遮蔽"并存，简言之，"发声与遮蔽相交织"。

（5）置身日益媒介化的现代社会，劳动者群体的"媒介能见度"与"媒介话语权"状况，关乎其基本劳动权益保障与实现体面劳动的愿景。当前媒体有可见的作为，但与应然角色尚有相当距离，还应进行更系统的努力——尽可能地提升风险性职工议题的能见度、重视普通职工媒介表达的主体性，增进"媒介现实"与"客观现实"之间的契合。能否如此作为，关键有赖于制度空间与能动主体之间能否实现良性互动。为形成健全的舆论场域，党和政府需要以"宽容和法治"为基本准则，审慎而积极地调整"国家-媒体"关系、拓展当前新闻业中"协商区域"的边界，为媒体系统的"合理多元表达"营造一个开放的制度空间。

（6）制度建设上降低新闻生产风险是一方面，媒体需要尽力成为能动主体是另一方面，缺一不可。这意味着新闻业内诸行动者需要达成共识，增强公共性的自觉，合力服务于以公众为主体的多元意见的形成、表达与聚合。作为一种嵌入性的中介体制，在劳动关系治理中，媒体行动的价值在于"寻求呈现实践逻辑"，不同类型媒体实践虽然存在分际，但是应以此作为共同追寻的价值。媒体行动的理念则是"成为负责任的中介"，根据自身的结构性位置，积极发挥主观能动性，主流媒体应当遵循新闻规律，另类媒体则需寻求平衡之道。在制度渠道内化解可能的风险冲突，这一"底线共识"应成为媒体行动价值理念的基础。

（7）在当前中国语境中，媒体唯有立足于兼具专业性与建设性的实践，方有可能践行"成为负责任的中介"理念、实现"寻求呈现实践逻辑"价值。结合应然与实然，"专业性"与"建设性"有其特定意涵，前者是指"基于反思性实践的规范理念"，后者则指"寻求实践方案为重心的理念"。媒体能否真正参与劳动关系治理,端赖其在新闻实践中是否秉持"专业性"与"建设性"准则,而且在具体行动中,"建设性"需建基于"专业性","专业性"则应以"建设性"为旨趣。

(8)鉴于"媒介逻辑"已在一定程度上嵌入与渗透于当前社会生活,多元行动者尤其工会组织与社会力量的媒介创新实践,有可能成为其参与劳动关系治理的具体现实进路。其间,如何妥善处理"结构"与"能动性"之间的关系,是行动者面临的普遍挑战,他们可能往往视"结构"为纯粹的外在限制。然而,"结构"虽以"约束性"为核心特征,但其亦具有"使动性"的面向。行动主体实践意识的形塑与具体行动的开展,需要建基于对"结构"的全面理解。

(9)在城乡中国语境中,农民工返乡创业作为一项"适变"举措,是劳动关系宏观治理体系的有机构成,需要积极动员社会机制参与。政治逻辑、市场逻辑、乡土逻辑相互交织,共同形塑了具体的创业行动。实现政府、市场、农户等不同主体的充分连接,他们的行动逻辑方有可能相互调适、达致平衡,从而推动创业实践进展。在此,需要充分认识到媒介作为一种社会机制的意义。行动者应观察、体悟、知晓、尊重、嵌入实践逻辑,以能动的、建设性的媒介实践,提升多元主体之间有机连接的可能性。

(10)归根结底,国家在媒介规制中需要充分注意并合理对待价值的多元性;媒介行动者应有充足的实践感并尽可能持守"责任伦理"。如此共同努力,媒体机构的新闻实践,以及多元主体的媒介实践,才会真正达致"专业性"与"建设性",方有可能构建健全的公共领域,从而助力劳动关系治理,协助多元利益的协调与动态稳定的构建,乃至实现体面劳动的愿景。

至此,本应搁笔。但为了增进共同福祉、建设美好社会,且容我与诸君分享一桩悲伤往事。1993年11月19日，深圳市龙岗区葵涌镇致丽工艺玩具厂发生一起特大火灾，事故造成84人死亡[①]，其中82人为女工。观察这一悲剧及其后续事件——发现废墟中的书信、推动《劳动法》的颁布、追踪寻访火灾受难者、幸存者成立社工机构、举行周年纪念等相关活动，可见劳动、城乡、性别诸关系缠绕其中，映射出权益、发展、稳定等多重议题，涉及劳动者、资本、政府等多元行动主体，是转型中国社会劳动关系治理的标志性事件。若从"媒介与记忆"的角度进行分析[②]，迄今为止相关公共叙事呈现下述特征：碎片化叙事、多面向叙事、有限的扩散、执拗的低音、特定社群的记忆、局部的记忆冲突、未完成的创伤建构、待转化的交往记忆。这意味着关于"致丽大火"的记忆建构亟待进一步健全。文化创伤理论（cultural trauma）提出，创伤是一个社会中介（socially mediated）过程的产物——"发生的事件是一回事，对于这些事件的表述则是另外一回事"，只有当社会危机成为文化危机，并且痛苦的体验能够"进入集体关于自我身份意识的核心"时，创伤才能出现于集体层面（Alexander et al., 2004）。完整地进入公众集体记忆，以个体痛楚推动社会进步，这才是对悲剧的真正纪念。"对自己的过去和对自己所属的大我群体的过去的感知和诠释，乃是个人和集体赖以设计自我认同的出发点，而且也是人们当前——着眼于未来——决定采取何种行动的出发点。"（韦尔策，2007）常言"多难兴邦"，其实"多难"与"兴邦"并无必然

[①] 不同来源的数据有出入，一说遇难者总数达87人，有名单的伤者也达51人。
[②] 此项研究尚在进行之中，初步成果旨在探讨下述问题：什么样的公共叙事？（主体：谁在建构？旨趣：为何建构？实践：如何建构？）公共叙事何以如此？是否形成创伤记忆？（对什么的记忆？记忆是谁的？）

关联，唯有负责的行动与健全的记忆，悲剧方有可能成为"兴邦之难"①。让过去照亮未来，是善治之道。

---

① 1911 年，美国纽约一家女装制造厂发生火灾，146 名工人丧生，大多是年轻移民女工。2003 年，《华盛顿邮报》资深记者大卫·冯·德莱尔（David Von Drehle），以一部名为 Triangle: The Fire that Changed America 的著作，生动激越地再现了这幕历史。作者在社会正义的主题下讲述了一段扣人心弦的历史，重点探讨这场灾难如何直接触发"当时美国历史上绝无仅有的"立法行动，以及如何成为开启未来一系列社会变革的钥匙。2015 年，该书中译本面世，名为《兴邦之难：改变美国的那场大火》。他山之石，可以攻玉。尽管时空环境有异，此书显示出记忆作为治理之道的可能性，对于讨论当前中国劳动关系治理仍具参考价值。

参考文献

（一）中文部分

白红义、张恬，2020，《作为"创新"的建设性新闻：一个新兴议题的缘起与建构》，《中国出版》第 8 期。

北京大学国家发展研究院编，2013，《公意的边界》，上海人民出版社。

〔德〕贝克，乌尔里希，2018，《风险社会：新的现代性之路》，张文杰、何博闻译，译林出版社。

〔美〕本森，罗德尼、〔法〕艾瑞克·内维尔主编，2017，《布尔迪厄与新闻场域》，张斌译，浙江大学出版社。

卜卫，2002，《通过媒体报道透视童工现象——关于中国童工报道的研究报告》，《青年研究》第 8 期。

卜卫，2014，《"认识世界"与"改造世界"——探讨行动传播研究的概念、方法论与研究策略》，《新闻与传播研究》第 12 期。

〔法〕布迪厄，皮埃尔，2012，《实践感》，蒋梓骅译，译林出版社。

〔德〕布洛赫，恩斯特，2012，《希望的原理》（第一卷），上海译文出版社。

蔡博，2016，《〈我的诗篇〉：表演与失败》，《人间思想》（台湾）

第 14 期。

蔡禾，2010，《从"底线型"利益到"增长型"利益——农民工利益诉求的转变与劳资关系秩序》，《开放时代》第 9 期。

蔡禾、李超海、冯建华，2009，《利益受损农民工的利益抗争行为研究——基于珠三角企业的调查》，《社会学研究》第 1 期。

蔡雯、郭浩田，2019，《以反传统的实践追求新闻业的传统价值——试析西方新闻界从"公共新闻"到"建设性新闻"的改革运动》，《湖南师范大学社会科学学报》第 5 期。

蔡雯、凌昱，2020，《"建设性新闻"的主要实践特征及社会影响》，《新闻与写作》第 2 期。

常凯，2017，《中国特色劳动关系的阶段、特点和趋势——基于国际比较劳动关系研究的视野》，《武汉大学学报》（哲学社会科学版）第 5 期。

常凯主编，2005，《劳动关系学》，中国劳动社会保障出版社。

常凯主编，2009，《中国劳动关系报告——当代中国劳动关系的特点和趋向》，中国劳动社会保障出版社。

陈红梅，2004，《大众媒介与社会边缘群体的关系研究——以拖欠农民工工资报道为例》，《新闻大学》第 1 期。

陈慧玲，2018，《中国实习劳工》，载黄宗智主编《中国乡村研究》（第十四辑），福建教育出版社。

陈鹏，2020，《改革之声与改革之生：话语形构如何支持国企市场化改革（1995—2000）》，《传播与社会学刊》（香港）总第 53 期。

陈世华，2017，《再论西方新闻专业主义的本质和困境》，《国外社会科学》第 4 期。

陈天祥、魏国华，2021，《实现政府、市场与农户的有机连接：产业扶贫和乡村振兴的新机制》，《学术研究》第 3 期。

陈薇，2019，《建设性新闻的"至善"与"公共善"》，《南京社会科学》第 10 期。

陈伟光，2012，《忧与思——三十年工会工作感悟》，中国社会科学出版社。

陈信凌，2018，《"西方新闻专业主义"的层累构造及其依据》，《国际新闻界》第 8 期。

陈学金，2013，《"结构"与"能动性"：人类学与社会学中的百年争论》，《贵州社会科学》第 11 期。

陈阳，2008，《新闻专业主义在当下中国的两种表现形态之比较——以〈南方周末〉和〈财经〉为个案》，《国际新闻界》第 8 期。

陈逸君、贺才钊，2020，《媒介化新闻：形成机制、生产模式与基本特征——以"脆皮安全帽"事件为例》，《现代传播》（中国传媒大学学报）第 9 期。

陈映芳，2005，《农民工：制度安排与身份认同》，《社会学研究》第 3 期。

陈韵博，2010，《新一代农民工使用 QQ 建立的社会网络分析》，《国际新闻界》第 8 期。

成露茜，2004，《全球资本主义下的另类媒体——理论与实践》，载《第二届亚洲传媒论坛——"新闻学与传播学全球化的研究、教育与实践"论文集》，中国传媒大学出版社。

〔英〕达仁道夫，拉尔夫，2000，《现代社会冲突——自由政治随感》，林荣远译，中国社会科学出版社。

邓力，2020，《在新闻业的沙上"圈地"：非虚构写作的位置创立与领地扩张》，《新闻记者》第 9 期。

丁未、宋晨，2010，《在路上：手机与农民工自主性的获得——以西部双峰村农民工求职经历为个案》,《现代传播》(中国传媒大学学报)第 9 期。

丁未、田阡,2009,《流动的家园:新媒介技术与农民工社会关系个案研究》,《新闻与传播研究》第 1 期。

定宜庄、汪润主编,2011,《口述史读本》,北京大学出版社。

〔美〕杜威,约翰,2012,《民主与教育》,薛绚译,译林出版社。

范围,2019,《互联网平台从业人员的权利保障困境及其司法裁判分析》,《中国人力资源开发》第 12 期。

费孝通,2003,《试谈扩展社会学的传统界限》,《北京大学学报》(哲学社会科学版)第 3 期。

冯钢,2001,《责任伦理与信念伦理——韦伯伦理思想中的康德主义》,《社会学研究》第 4 期。

冯仕政,2008,《重返阶级分析?——论中国社会不平等研究的范式转换》,《社会学研究》第 5 期。

冯仕政,2021,《社会治理与公共生活:从连结到团结》,《社会学研究》第 1 期。

〔法〕福柯,米歇尔,2016a,《声名狼藉者的生活:福柯文选Ⅰ》,汪民安编,北京大学出版社。

〔法〕福柯,米歇尔,2016b,《自我技术:福柯文选Ⅲ》,汪民安编,北京大学出版社。

付伟,2020,《农业转型的社会基础 一项对茶叶经营细节的社会学研究》,《社会》第 4 期。

傅晋华,2015,《农民工创业政策:回顾、评价与展望》,《中国科技论坛》第 9 期。

高传智,2018,《共同体与"内卷化"悖论:新生代农民工城市融入中的社交媒体赋权》,《现代传播》(中国传媒大学学报)第

8期。

高传智，2020，《流水线下的网络低语：珠三角地区新生代农民工自媒体赋权演变考察》，《现代传播》（中国传媒大学学报）第3期。

高洪贵，2013，《作为弱者的武器：农民工利益表达的底层方式及生成逻辑——以农民工"创意讨薪"为分析对象》，《中国青年研究》第2期。

高明，2020，《市场、生态与公益的连接融合——返乡女性创业研究》，《妇女研究论丛》第5期。

高尚全、萧冬连、鲁利玲，2018，《亲历中央若干重要改革文件的起草过程》，《中共党史研究》第6期。

〔美〕格兰诺维特，马克，2019，《社会与经济——信任、权力与制度》，王水雄、罗家德译，中信出版集团。

顾昕，2019，《走向互动式治理：国家治理体系创新中"国家－市场－社会关系"的变革》，《学术月刊》第1期。

郭国涌，1999，《工人日报诞生记》，《报刊管理》第4期。

郭良文，2010，《兰屿的另类媒体与发声：以核废料与国家公园反对运动为例》，《中华传播学刊》（台湾）第17期。

郭星华、王嘉思，2011，《新生代农民工：生活在城市的推拉之间》，《中国农业大学学报》（社会科学版）第3期。

郭毅，2020，《建设性新闻：概念溯源、学理反思与中西对话》，《现代传播》（中国传媒大学学报）第1期。

郭于华、沈原、潘毅、卢晖临，2011，《当代农民工的抗争与中国劳资关系转型》，《二十一世纪》（香港）第2期。

郭于华、吴小沔、赵茗煦，2020，《尘肺农民工口述实录》，知识产权出版社。

郭镇之，1999，《舆论监督与西方新闻工作者的专业主义》，《国际新闻界》第 5 期。

郭镇之，2014，《公民参与时代的新闻专业主义与媒介伦理：中国的问题》，《国际新闻界》第 6 期。

国家统计局，2010，《2009 年农民工监测调查报告》，国家统计局网站，3 月 19 日。

国家统计局，2012，《2011 年我国农民工调查监测报告》，国家统计局网站，4 月 27 日。

国家统计局，2013，《2012 年全国农民工监测调查报告》，国家统计局网站，5 月 27 日。

国家统计局，2014，《2013 年全国农民工监测调查报告》，国家统计局网站，5 月 12 日。

国家统计局，2015，《2014 年全国农民工监测调查报告》，国家统计局网站，4 月 29 日。

国家统计局，2016，《2015 年全国农民工监测调查报告》，国家统计局网站，4 月 28 日。

国家统计局，2017，《2016 年农民工监测调查报告》，国家统计局网站，4 月 28 日。

国家统计局，2018，《2017 年农民工监测调查报告》，国家统计局网站，4 月 27 日。

国家统计局，2019，《2018 年农民工监测调查报告》，国家统计局网站，4 月 29 日。

国家统计局，2020，《2019 年农民工监测调查报告》，国家统计局网站，4 月 30 日。

国家统计局，2021，《2020 年农民工监测调查报告》，国家统计局网站，4 月 30 日。

国家统计局人口和就业统计司、人力资源和社会保障部规划财务司编，2019，《2018中国劳动统计年鉴》，中国统计出版社。

国家信息中心分享经济研究中心，2019，《中国共享经济发展年度报告（2019）》，国家信息中心官网站，3月1日。

〔德〕哈贝马斯，2014，《在事实与规范之间：关于法律和民主法治国的商谈理论》，童世骏译，生活·读书·新知三联书店。

何江穗，2019，《行动的重量："泰坦尼克号"生与死的另一面》，《读书》第6期。

何晶，2018，《传统主流报纸对农民工"讨薪"事件的媒介呈现分析（2002—2015）》，《国际新闻界》第10期。

何磊，2002，《〈政府工作报告〉新名词"弱势群体"是哪些人》，《山东人大工作》第4期。

和经纬、黄培茹、黄慧，2009，《在资源与制度之间：农民工草根NGO的生存策略——以珠三角农民工维权NGO为例》，《社会》第6期。

贺雪峰，2020，《农民工返乡创业的逻辑与风险》，《求索》第2期。

〔德〕黑格尔，2004，《小逻辑》，贺麟译，商务印书馆。

胡百精，2019，《概念与语境：建设性新闻与公共协商的可能性》，《新闻与传播研究》增刊。

胡杨涓、叶韦明，2019，《移动社会中的网约车——深圳市网约车司机的工作时间、空间与社会关系》，《传播与社会学刊》（香港）总第47期。

胡翼青，2018，《碎片化的新闻专业主义：一种纯粹概念分析的视角》，《新闻大学》第3期。

胡泳，2010，《中国政府对互联网的管制》，《新闻学研究》（台湾）

总第 103 期。

黄典林，2013，《从"盲流"到"新工人阶级"——近三十年〈人民日报〉新闻话语对农民工群体的意识形态重构》，《现代传播》（中国传媒大学学报）第 9 期。

黄典林，2018，《话语范式转型：非虚构新闻叙事兴起的中国语境》，《新闻记者》第 5 期。

黄顺铭，2017，《加冕：新闻评奖制度与实践》，中国传媒大学出版社。

黄孙权，2010，《Lucie 与我的左派办报经验》，《中华传播学刊》（台湾）第 17 期。

黄岩，2015，《社会认证：劳工权利监管的政策工具创新——以苹果公司供应链企业审核为例》，《公共行政评论》第 5 期。

黄岩、孟泉，2015，《工会网络问"政"：广东"工人在线"创新维权新机制》，《中国工人》第 3 期。

黄岩、祝子涵，2017，《突破"官民二重性"：广东省工会的改革路径》，《华南师范大学学报》（社会科学版）第 3 期。

黄月琴，2015，《象征资源"褶皱"与"游牧"的新闻专业主义：一种德勒兹主义的进路》，《国际新闻界》第 7 期。

黄宗智，2013，《重新认识中国劳动人民——劳动法规的历史演变与当前的非正规经济》，《开放时代》第 5 期。

黄宗智，2020，《建立前瞻性的实践社会科学研究：从实质主义理论的一个重要缺点谈起》，《开放时代》第 1 期。

〔英〕吉登斯，安东尼，2016，《社会的构成——结构化理论纲要》，李康、李猛译，中国人民大学出版社。

金苗，2019，《建设性新闻：一个"伞式"理论的建设行动、哲学和价值》，《南京社会科学》第 10 期。

晋军，2016，《结构的力量："泰坦尼克号"上的生与死》，《读书》第8期。

景跃进，2011，《演化中的利益协调机制：挑战与前景》，《江苏行政学院学报》第4期。

景跃进，2019，《将政党带进来——国家与社会关系范畴的反思与重构》，《探索与争鸣》第8期。

康晓光、韩恒，2005，《分类控制：当前中国大陆国家与社会关系研究》，《社会学研究》第6期。

李德顺，2020，《价值论——一种主体性的研究》（第3版），中国人民大学出版社。

李红涛、黄顺铭，2014，《谋道亦谋食：〈南方传媒研究〉与实践性新闻专业主义》，《当代传播》第4期。

李红艳，2011，《手机：信息交流中社会关系的建构——新生代农民工手机行为研究》，《中国青年研究》第5期。

李金铨，2018，《"媒介专业主义"的悖论》，《国际新闻界》第4期。

李良荣、方师师，2014，《主体性：国家治理体系中的传媒新角色》，《现代传播》（中国传媒大学学报）第9期。

李林倬，2013，《基层政府的文件治理——以县级政府为例》，《社会学研究》第4期。

李路路、杨娜，2016，《社会变迁与阶级分析：理论与现实》，《社会学评论》第1期。

李楠，2015，《近代中国工业化进程中童工使用与绩效研究》，《中国人口科学》第4期。

李培林、田丰，2011，《中国新生代农民工：社会态度和行为选择》，《社会》第3期。

李箐，2020，《财经媒体写作指南》，中国友谊出版公司。

李秋零主编，2004，《康德著作全集》（第三卷），中国人民大学出版社。

李小勤，2007，《传媒越轨的替代性分析框架：以〈南方周末〉为例》，《传播与社会学刊》（香港）总第2期。

李艳红，2007，《传媒市场化与弱势社群的利益表达：当代中国大陆城市报纸对"农民工"收容遣送议题报道的研究》，《传播与社会学刊》（香港）总第2期。

李艳红，2016，《培育劳工立场的在线"抗争性公共领域"——对一个关注劳工议题之新媒体的个案研究》，《武汉大学学报》（人文科学版）第6期。

李艳红、陈鹏，2016，《"商业主义"统合与"专业主义"离场：数字化背景下中国新闻业转型的话语形构及其构成作用》，《国际新闻界》第9期。

李艳红、龚彦方，2014，《作为反思性实践的新闻专业主义——以邓玉娇事件报道为例》，《新闻记者》第7期。

梁萌，2017，《强控制与弱契约：互联网技术影响下的家政业用工模式研究》，《妇女研究论丛》第5期。

林尚立，2006，《有机的公共生活：从责任建构民主》，《社会》第3期。

林燕玲，2012，《体面劳动——世界与中国》，中国工人出版社。

刘爱玉、付伟、庄家炽，2014，《结构性力量与新生代工人抗争的组织化趋向》，《中国人力资源开发》第23期。

刘保全，2009，《一篇维护职工生命安全权益的新闻精品——评"中国新闻奖"作品〈李毅中质疑：为何还没有人被究刑责?〉》，《当代传播》第1期。

刘畅，2006，《倡扬人本精神 表达社会关怀——中国青年报〈新生代农民工系列报道〉策划、编辑经过及思考》，《青年记者》第3、5期。

刘畅，2017，《个体苦难与社会政策——基于对"打工文学"的考察》，《社会政策研究》第1期。

刘畅，2019，《诗歌为道——关于"打工诗人"的社会学研究》，社会科学文献出版社。

刘东旭，2016，《流动社会的秩序——珠三角彝人的组织与群体行为研究》，中央民族大学出版社。

刘守英、王一鸽，2018，《从乡土中国到城乡中国——中国转型的乡村变迁视角》，《管理世界》第10期。

刘自雄，2020，《范式转换抑或东西合流？——探析欧美建设性新闻运动的理论身份与价值》，《现代传播》（中国传媒大学学报）第11期。

卢春红，2015，《由"反思"到"反思性的判断力"——论康德反思概念的内涵及其意义》，《哲学研究》第2期。

卢晖临，2011，《"农民工问题"的制度根源及其应对》，《人民论坛》第29期。

卢晖临、李雪，2007，《如何走出个案——从个案研究到扩展个案研究》，《中国社会科学》第1期。

卢晖临、潘毅，2014，《当代中国第二代农民工的身份认同、情感与集体行动》，《社会》第4期。

鲁运赓、张美，2018，《百年来国内关于解决童工劳动问题研究的学术史论》，《中州学刊》第5期。

陆学艺、李培林、陈光金主编，2012，《2013年中国社会形势分析与预测》，社会科学文献出版社。

陆晔、潘忠党，2002，《成名的想象：中国社会转型过程中新闻从业者的专业主义话语建构》，《新闻学研究》（台湾）总第71期。

陆晔、潘忠党，2017，《走向公共：新闻专业主义再出发》，《国际新闻界》第10期。

陆玉方，2019，《建设性新闻的苏州实践与探索》，《新闻与传播研究》增刊。

罗慧，2012，《传播公地的重建——西方另类媒体与传播民主化》，社会科学文献出版社。

罗宁，2010，《中国转型期劳资关系冲突与合作研究——基于合作博弈的比较制度分析》，经济科学出版社。

罗雅琳，2017，《〈我的诗篇〉很动人，但它不是当代工人的史诗》，"新京报书评周刊"微信公众号，1月18日。

罗燕，2013，《体面劳动实现影响因素的实证研究——来自广州、深圳、中山三地企业微观数据的发现》，《学术研究》第2期。

孟昭丽、刘佳婧、刘晓莉，2005，《死囚王斌余的心酸告白》，《新华每日电讯》，9月5日。

〔美〕米尔斯，C. 赖特，2017，《社会学的想象力》，李康译，北京师范大学出版社。

南都，2013，《中国农民工30年迁徙史：呼吸》，花城出版社。

《南方都市报》特别报道组，2012，《中国农民工30年迁徙史：洪流》，花城出版社。

潘霁，2012，《编辑部文化在框架效果研究中的体现》，《国际新闻界》第2期。

潘忠党，2006，《架构分析：一个亟需理论澄清的领域》，《传播与社会学刊》（香港）总第1期。

潘忠党，2008，《序言：传媒的公共性与中国传媒改革的再起步》，《传播与社会学刊》（香港）总第 6 期。

潘忠党，2014，《"玩转我的 iPhone，搞掂我的世界！"——探讨新传媒技术应用中的"中介化"和"驯化"》，《苏州大学学报》（哲学社会科学版）第 4 期。

潘忠党、刘于思，2017，《以何为"新"？"新媒体"话语中的权力陷阱与研究者的理论自省——潘忠党教授访谈录》，载强月新主编《新闻与传播评论》（春夏卷），中国传媒大学出版社。

彭华新，2015，《"农民工讨薪"新闻中的敏感议题及脱敏研究》，《当代传播》第 2 期。

彭华新，2016，《"农民工讨薪"的当代媒介呈现：基于舆论监督功能转向的思考》，《现代传播》（中国传媒大学学报）第 3 期。

彭增军，2017，《因品质得专业：人人新闻时代新闻专业主义的重塑》，《新闻记者》第 11 期。

漆亚林，2020，《建设性新闻的中国范式——基于中国媒体实践路向的考察》，《编辑之友》第 3 期。

齐爱军，2011，《什么是"主流媒体"？》，《现代传播》（中国传媒大学学报）第 2 期。

乔健，2015，《略论中国特色和谐劳动关系》，《中国劳动关系学院学报》第 2 期。

乔健，2019，《从市场化、法制化到灵活化：改革开放以来中国劳动关系的转型发展及启示》，《中国人力资源开发》第 9 期。

清华大学社会学系课题组，2013，《困境与行动——新生代农民工与"农民工生产体制"的碰撞》，载沈原主编《清华社会学评论》（第六辑），社会科学文献出版社。

清华大学社会学系社会发展研究课题组，2010，《走向社会重建之路》，《民主与科学》第 6 期。

邱林川，2008《"信息"社会：理论、现实、模式、反思》，《传播与社会学刊》（香港）总第 5 期。

汝信、陆学艺、李培林主编，2008，《2009 年中国社会形势分析与预测》，社会科学文献出版社。

汝信、陆学艺、李培林主编，2010，《2011 年中国社会形势分析与预测》，社会科学文献出版社。

芮必峰，2010，《描述乎？规范乎？——新闻专业主义之于我国新闻传播实践》，《新闻与传播研究》第 1 期。

芮必峰、余跃洪，2020，《他山之石：从"建设性新闻"看我国新闻传播理论和实践的创新发展》，《新闻大学》第 6 期。

邵鹏、谢怡然，2020，《建设性新闻视角下中国垃圾分类报道实践考察——以澎湃新闻相关报道为例》，《新闻大学》第 6 期。

佘宗明，2020，《新京报评论的建设性新闻实践》，《青年记者》第 9 期。

沈原，2007，《市场、阶级与社会：转型社会学的关键议题》，社会科学文献出版社。

沈原，2020，《劳工社会学三十年》，《社会学评论》第 5 期。

史安斌、王沛楠，2017，《议程设置理论与研究 50 年：溯源·演进·前景》，《新闻与传播研究》第 10 期。

史安斌、王沛楠，2019，《多元语境中的价值共识：东西比较视野下的建设性新闻》，《新闻与传播研究》增刊。

宋道雷，2017，《国家与社会之间：工会双重治理机制研究》，《上海大学学报》（社会科学版）第 3 期。

苏林森，2013，《被再现的他者：中国工人群体的媒介形象》，《国际新闻界》第 8 期。

苏熠慧，2012，《新生代产业工人集体行动的可能——以富士康和本田为案例》，博士学位论文，北京大学。

苏熠慧，2016，《双重商品化与学生工的抗争——以 F 厂为例》，《中国研究》总第 21 期。

孙德宏，2018，《导向正确 中央满意 工会欢迎 职工爱看 把工人日报办成一张精致大报》，《中国工会财会》第 5 期。

孙立平，2004，《失衡——断裂社会的运作逻辑》，社会科学文献出版社。

孙萍，2019，《"算法逻辑"下的数字劳动：一项对平台经济下外卖送餐员的研究》，《思想战线》第 6 期。

孙皖宁、苗伟山，2016，《底层中国：不平等、媒体和文化政治》，《开放时代》第 2 期。

孙五三，2002，《批评报道作为治理技术——市场转型期媒介的政治 - 社会运作机制》，载罗以澄主编《新闻与传播评论》（2002 年卷），武汉出版社。

孙新华，2017，《再造农业——皖南河镇的政府干预与农业转型（2007—2014）》，社会科学文献出版社。

孙中伟、贺霞旭，2012，《工会建设与外来工劳动权益保护——兼论一种"稻草人"机制》，《管理世界》第 12 期。

〔英〕汤普逊，保尔，2000，《过去的声音——口述史》，覃方平、渠东、张旅平译，辽宁教育出版社。

唐绪军，2019，《建设性新闻与新闻的建设性》，《新闻与传播研究》增刊。

唐绪军，2020，《一个健康的社会离不开新闻的建设性》，《当代传播》第 2 期。

腾讯媒体研究院，2019，《谷雨：聚焦"公共性"，打破人与人间的隔阂 |【芝种·观点】》，"腾讯媒体研究院"微信公众号，12月23日。

田丰，2017，《逆成长：农民工社会经济地位的十年变化（2006—2015）》，《社会学研究》第3期。

田凯等，2020，《组织理论：公共的视角》，北京大学出版社。

田阡，2012，《新媒体的使用与农民工的现代化构建——以湖南攸县籍出租车司机在深圳为例》，《现代传播》（中国传媒大学学报）第12期。

万小广，2013，《转型期"农民工"群体媒介再现的社会史研究》，博士学位论文，中国社会科学院研究生院。

汪建华，2011，《互联网动员与代工厂工人集体抗争》，《开放时代》第11期。

汪建华等，2015，《在制度化与激进化之间：中国新生代农民工的组织化趋势》，《二十一世纪》（香港）第4期。

汪建华、郭于华，2020，《作为主体的消费者和使用者——新生代农民工与信息技术》，载王天夫主编《清华社会学评论》（第十三辑），社会科学文献出版社。

王爱军，2007，《记录言说的历史——〈新京报〉评论的理念与实践》，《采写编》第2期。

王冰，2019，《去西方语境下中国"国家-媒体"关系："国家"功能的断裂、连续与媒介批评性报道》，《传播与社会学刊》（香港）总第48期。

王辰瑶，2020a，《新闻创新研究：概念、路径、使命》，《新闻与传播研究》第3期。

王辰瑶，2020b，《论"建设性新闻"适用性与可操作性》，《中国出版》第8期。

王辰瑶、刘天宇，2021，《2020年全球新闻创新报告》，《新闻记者》第1期。

王春光，2001，《新生代农村流动人口的社会认同与城乡融合的关系》，《社会学研究》第3期。

王海燕，2012，《自治与他治：中国新闻场域的三个空间》，《国际新闻界》第5期。

王建峰，2020，《从公共新闻到建设性新闻：媒体功能的两次转型》，《当代传播》第2期。

王娇萍，2010，《中央主流媒体首个〈农民工专刊〉创刊》，《工人日报》，11月16日。

王君超，2014，《微博新闻对新闻专业主义的消解》，《中国报业》第13期。

王天玉，2015，《劳动者集体行动治理的司法逻辑——基于2008—2014年已公开的308件罢工案件判决》，《法制与社会发展》第2期。

王维佳，2014，《追问"新闻专业主义迷思"——一个历史与权力的分析》，《新闻记者》第2期。

王维砚，2019，《当劳模遇上口述历史》，《工人日报》，7月1日。

王锡苓、李笑欣，2015，《社交媒体使用与身份认同研究——以"皮村"乡城迁移者为例》，《现代传播》（中国传媒大学学报）第6期。

王锡苓、刘一然，2019，《皮村新工人自我赋权与微信公号的形象建构》，《传播与社会学刊》（香港）总第49期。

王心远，2018，《流动生活中的线上社区：中国新生代农村移民社交媒体使用的人类学研究》，《传播与社会学刊》（香港）总第

44期。

王星，2014，《技能形成的社会建构——中国工厂师徒制变迁历程的社会学分析》，社会科学文献出版社。

王中，1980，《谈谈新闻学的科学研究》，《新闻战线》第1期。

〔德〕韦伯，马克斯，2004，《韦伯作品集Ⅰ——学术与政治》，钱永祥、林振贤、罗久蓉、简惠美、梁其姿、顾忠华译，广西师范大学出版社。

〔德〕韦尔策，哈拉尔德，编，2007，《社会记忆：历史、回忆、传承》，季斌、王立君、白锡堃译，北京大学出版社。

闻翔，2020，《"双重危机"与劳工研究再出发——以〈中国卡车司机调查报告〉三部曲为例》，载应星主编《清华社会科学》第2卷第1辑（2020），商务印书馆。

闻效仪，2020，《去技能化陷阱：警惕零工经济对制造业的结构性风险》，《探索与争鸣》第11期。

闻效仪，2021，《在新发展格局中构建劳动关系协调新机制》，《工人日报》，3月29日。

吴飞、李佳敏，2019，《从希望哲学的视角透视新闻观念的变革——建设性新闻实践的哲学之源》，《新闻与传播研究》增刊。

吴飞、唐娟，2018，《新媒体时代的新闻专业主义：挑战、坚守与重构》，《新闻界》第8期。

吴飞、徐百灵，2018，《"为行动准则立法"——新闻专业主义的理论脉络》，《新闻大学》第3期。

吴复民，1995，《新华社记者怎样写内参?》，《新闻记者》第10期。

吴复民，2019，《一辈子只专心做好一件事》，"新闻记者"微信公众号，12月19日。

吴建平，2012，《转型时期中国工会研究——以国家治理参与为视角》，光明日报出版社。

吴麟，2007，《析胡适"敬慎无所苟"的议政理念》，《国际新闻界》第11期。

吴麟，2009，《大众传媒在我国转型期群体性事件中的作为——基于审议民主的视角》，《新闻记者》第5期。

吴麟，2013，《主体性表达缺失：论新生代农民工的媒介话语权》，《青年研究》第4期。

吴麟，2014，《提升传播主体性：论新生代农民工媒介话语权的建设》，《中国劳动关系学院学报》第3期。

吴麟，2015a，《有限的解放：互联网对新生代农民工的影响》，《中国工人》第7期。

吴麟，2015b，《媒体与劳动关系研究：一个有待深垦的领域》，《现代传播》（中国传媒大学学报）第8期。

吴麟，2015c，《无行动与记忆，灾难何以兴邦》，《中国工人》第9期。

吴麟，2016，《沉默与边缘发声：当前中国劳动关系治理中的媒体境况》，《南昌大学学报》（人文社会科学版）第1期。

吴麟，2017，《夹缝中的主体性建构：当代中国劳工自办媒体境况》，《青年研究》第2期。

吴麟，2019，《寻求呈现实践逻辑：当前中国媒体参与劳动关系治理的一种进路》，《现代传播》（中国传媒大学学报）第12期。

吴麟，2021，《探寻媒体参与劳动关系治理的路径》，《中国社会科学报》，11月4日。

吴清军、刘宇，2013，《劳动关系市场化与劳工权益保护——中国劳动关系政策的发展路径与策略》,《中国人民大学学报》第1期。

吴清军、许晓军,2010,《劳资群体性事件与工会利益均衡及表达机制的建立》,《当代世界与社会主义》第5期。

吴清军主编,2018,《中国劳动关系学40年(1978—2018)》,中国社会科学出版社。

吴湘韩,2019,《建设性是党媒必须遵循的新闻理念——中国青年报的探索实践》,《新闻与传播研究》增刊。

吴玉彬,2013,《消费视野下新生代农民工阶级意识个体化研究》,《青年研究》第2期。

〔美〕西尔弗,贝弗里·J.,2012,《劳工的力量——1870年以来的工人运动与全球化》,张璐译,社会科学文献出版社。

夏倩芳、景义新,2008,《社会转型与工人群体的媒介表达——〈工人日报〉1979—2008年工人议题报道之分析》,载罗以澄主编《新闻与传播评论》(2008年卷),武汉出版社。

夏倩芳、王艳,2012,《"风险规避"逻辑下的新闻报道常规——对国内媒体社会冲突性议题采编流程的分析》,《新闻与传播研究》第4期。

〔丹麦〕夏瓦,施蒂格,2018,《文化与社会的媒介化》,刘君、李鑫、漆俊邑译,复旦大学出版社。

夏雨欣,2020,《基于社会正义:建设性新闻理念与媒介正义的实现路径》,《当代传播》第4期。

谢富胜、吴越,2019,《零工经济是一种劳资双赢的新型用工关系吗》,《经济学家》第6期。

谢立中,2019a,《布迪厄实践理论再审视》,《北京大学学报》(哲学社会科学版)第2期。

谢立中，2019b，《主体性、实践意识、结构化：吉登斯"结构化"理论再审视》，《学海》第 4 期。

谢岳，2007，《文件制度：政治沟通的过程与功能》，《上海交通大学学报》（哲学社会科学版）第 6 期。

〔美〕熊彼特，约瑟夫，2017，《经济发展理论：对于利润、资本、信贷、信息和经济周期的考察》，何畏、易家祥等译，商务印书馆。

许晓军、吴清军，2011，《对中国工会性质特征与核心职能的学术辨析——基于国家体制框架内工会社会行为的视角》，《人文杂志》第 5 期。

许怡，2012，《汕头农民工纵火悲剧的根源》，《东方早报》，12 月 18 日。

闫文捷、潘忠党、吴江雨，2020，《媒介化治理——电视问政个案的比较分析》，《新闻与传播研究》第 11 期。

晏青、凯伦·麦金泰尔，2020，《重大突发事件中的建设性新闻：角色、实践与理论创新——对凯伦·麦金泰尔的学术访谈》，《编辑之友》第 12 期。

晏青、舒镒惠，2020，《建设性新闻的观念、范式与研究展望》，《福建师范大学学报》（哲学社会科学版）第 6 期。

燕晓飞主编，2019，《中国职工状况研究报告（2018）》，社会科学文献出版社。

杨保军，2019，《新闻规律论》，中国人民大学出版社。

杨祥银，2016，《美国现代口述史学研究》，中国社会科学出版社。

姚俊，2010，《路在何方：新生代农民工发展取向研究——兼与老一代农民工的比较分析》，《青年研究》第 6 期。

殷乐，2019，《并行与共振：建设性新闻的全球实践与中国探索》，

《新闻与传播研究》增刊。

殷乐，2020，《建设性新闻：要素、关系与实践模式》，《当代传播》第 2 期。

殷乐、王丹蕊，2020，《公众认知的再平衡："信息疫情"语境下的建设性新闻研究》，《福建师范大学学报》（哲学社会科学版）第 6 期。

尹蔚民，2015，《努力构建中国特色和谐劳动关系》，《人民日报》，4 月 9 日。

应星，2016，《农户、集体与国家——国家与农民关系的六十年变迁》，中国社会科学出版社。

余晓敏、潘毅，2008，《消费社会与"新生代打工妹"主体性再造》，《社会学研究》第 3 期。

俞可平，2019，《国家治理的中国特色和普遍趋势》，《公共管理评论》第 1 期。

俞可平主编，2003，《全球化：全球治理》，社会科学文献出版社。

虞鑫、陈昌凤，2018，《政治性与自主性：作为专业权力的新闻专业主义》，《新闻大学》第 3 期。

袁光锋，2017，《感受他人的"痛苦"："底层"痛苦、公共表达与"同情"的政治》，《传播与社会学刊》（香港）总第 40 期。

袁光锋，2020，《"私人"话语如何成为公共议题？——共情、再构与"底层"表达》，《传播与社会学刊》（香港）总第 54 期。

袁凌，2017，《青苔不会消失》，中信出版集团。

袁凌，2020，《生死课》，上海译文出版社。

翟秀凤，2018，《新闻专业主义的"控制危机"与价值重建》，《新闻记者》第 3 期。

展江，2008，《审慎而积极地调整国家 - 媒体关系——胡锦涛在人民日报社考察工作时的讲话解读》,《国际新闻界》第 7 期。

张法,2010,《主体性、公民社会和公共性——中国改革开放以来思想史上的三个重要观念》,《社会科学》第 6 期。

张皓、吴清军,2019,《改革开放 40 年来政府劳动关系治理研究述评》,《中国人力资源开发》第 1 期。

张宏,2010,《媒体不只是见证者:为什么我们要表发共同社论》,经济观察网,3 月 1 日。

张建国,2011,《高度重视化解劳动关系矛盾》,《行政管理改革》第 3 期。

张志安,2007,《有悲悯之心,但以专业为标准——〈中国青年报〉"冰点"原副主编卢跃刚访谈》,《新闻大学》第 4 期。

张志安,2019,《编辑部场域中的新闻生产——基于〈南方都市报〉的研究》,复旦大学出版社。

张志安、汤敏,2018,《新新闻生态系统:中国新闻业的新行动者与结构重塑》,《新闻与写作》第 3 期。

章剑峰,2010,《张宏:户籍改革的温和建言者》,《南风窗》第 26 期。

章玉萍,2018,《手机里的漂泊人生:生命历程视角下的流动女性数字媒介使用》,《新闻与传播研究》第 7 期。

赵鼎新,2019,《当前中国最大的潜在危险》,《二十一世纪》(香港)第 3 期。

赵蕾,2019,《议程设置 50 年:新媒体环境下议程设置理论的发展与转向——议程设置奠基人马克斯韦尔·麦库姆斯、唐纳德·肖与大卫·韦弗教授访谈》,《国际新闻界》第 1 期。

赵巧萍,2019,《回望来时路 扬帆再出发——〈工人日报〉与共和国同行 70 年》,《传媒》第 20 期。

赵月枝，2019，《中国传播政治经济学》，吴畅畅译，唐山出版社。

赵志勇，2015，《底层发声与劳动者的自我赋权——新工人戏剧十年随想录》，《艺术评论》第 12 期。

折晓叶，2018，《"田野"经验中的日常生活逻辑 经验、理论与方法》，《社会》第 1 期。

郑广怀，2010，《劳工权益与安抚型国家——以珠江三角洲农民工为例》，《开放时代》第 5 期。

郑广怀，2011，《社会力量推动劳资关系转变》，《南方都市报》，1 月 16 日。

支庭荣，2014，《实践新闻专业性 实现新闻公共性——基于马克思主义新闻观的视角》，《新闻与传播研究》第 4 期。

中共中央马克思恩格斯列宁斯大林著作编译局编译，1956，《马克思恩格斯全集》（第 1 卷），人民出版社。

《中国工人》编辑部，2014，《刘建伟的尘肺病维权之路》，《中国工人》第 7 期。

周葆华，2013，《新媒体与中国新生代农民工的意见表达——以上海为例的实证研究》，《当代传播》第 2 期。

周惠杰，2012，《祛除恶世界的革命：具体的乌托邦实践》，《学术交流》第 4 期。

周庆智，2017，《"文件治理"：作为基层秩序的规范来源和权威形式》，《求实》第 11 期。

周雪光，2017，《中国国家治理的制度逻辑：一个组织学研究》，生活·读书·新知三联书店。

朱妍、李煜，2013，《"双重脱嵌"：农民工代际分化的政治经济学分析》，《社会科学》第 11 期。

邹明，2019，《从暖新闻到善传播——凤凰网的建设性新闻实践》，

《新闻与传播研究》增刊。

（二）英文部分

Alexander, J., R. Eyerman, B. Giesen, N. J. Smelser, and P. Sztompka. 2004. *Cultural Trauma and Collective Identity*. Berkeley: University of California Press.

Atton, Chris. 2002. Alternative Media. London: Sage.

Bachrach, P, and Baratz M. 1962. "Two Faces of Power." *American Political Science Review* 4.

Brighenti, A. 2007. "Visibility: A Category for the Social Sciences." *Current Sociology* 3.

Cook, T. E. 1998. Governing with the News: The News Media as a Political Institution. Chicago: University of Chicago Press.

Couldry, Nick, and Andreas Hepp. 2017. *The Mediated Construction of Reality: Society, Culture, and Technology*. Cambridge: Polity Press.

Dahlberg, Lincoln. 2007. "Rethinking the Fragmentation of the Cyberpublic: From Consensus to Contestation." *New Media & Society* 5.

Dahlgren, Peter. 2005. "The Internet, Public Spheres, and Political Communication: Dispersion and Deliberation." *Political Communication* 2.

Downing, John D. H. 2001. Radical Media: Rebellious Communication and Social Movements. Thousand Oaks: Sage.

Entman, R. M. 1993. "Framing: Toward Clarification of a Fractured Paradigm." *Journal of Communication* 4.

Gamson, W. A. 1992. Talking Politics. New York: Cambridge University Press.

Gitlin, Todd. 1980. The Whole World is Watching: Mass Media in the

Making and Unmaking of the New Left: With a New Preface. Berkeley: University of California Press.

Goffman, E. 1974. Frame Analysis: An Essay on the Organization of Experience. Boston, MA: Northeastern University Press.

Hackett, Robert A. 2006. Remaking Media: The Struggle to Democratize Public Communication. New York, London: Routledge.

Hamilton, James. 2000. "Alternative Media: Conceptual Difficulties, Critical Possibilities." *Journal of Communication Inquiry* 4.

Hamrin, Carol Lee, and Suisheng Zhao. 1995. *Decision-Making in Deng's China: Perspectives from Insiders*. New York: Routledge.

Hermans, L., and C. Gyldensted. 2019. "Elements of Constructive Journalism: Characteristics, Practical Application and Audience Valuation." *Journalism* 4.

Livingstone, S. 2009. "On the Mediation of Everything: ICA Presidential Address 2008." *Journal of Communication* 1.

McCombs, M., and D. Shaw. 1972. "The Agenda-Setting Function of Mass Media." *Public Opinion Quarterly* 2.

McDonald, P., and P. Thompson. 2016. "Social Media (Tion) And The Reshaping of Public/Private Boundaries in Employment Relations." *International Journal of Management Reviews* 1.

McIntyre, K., and C. Gyldensted. 2017. "Constructive Journalism: Applying Positive Psychology Techniques to News Production." *The Journal of Media Innovations* 2.

Nergiz, E. 2015. "The Role of the Mass Media on Shaping the Public Opinion about the Enlargement of the European Union." *In Handbook of Research on Effective Advertising Strategies in the Social Media Age*.

Sulkunen, Pekka, and Klaus Mäkelä. 2013. "Media and labor Relations in the Nordic Countries." *Nordic Journal of Working Life Studies* 3.

Sun, W. 2014. Subaltern China: Rural Migrants, Media, and Cultural Practices. MA: Rowman & Littlefield.

Thornthwaite, L. 2016. "Chilling Times: Social Media Policies, Labour Law and Employment Relations." *Asia Pacific Journal of Human Resources* 3.

Van-Dijck, J., and T. Poell. 2018. *Platformization*. London: University of Westminster Press.

Wright, E. O. 2000. "Working-Class Power, Capitalist-Class Interests, and Class Compromise." *American Journal of Sociology* 4.

后 记

我还是幸运的。继上一本专著《赋权与商议：媒体与新工人劳资关系治理研究》出版之后，在媒体与劳动关系这一领域继续拓展的著述《实践感与建设性：媒体参与劳动关系治理的理念与路径研究》，终于能够面世。

此书是国家社科基金项目"中国语境下媒体参与构建和谐劳动关系的理念与路径研究"（16CXW026）的最终成果。具体结论或可商榷，态度的真诚却经得起审视。从立项到结项再到寻求出版，历经七年。其间，阶段性成果有幸在《青年研究》、《现代传播》（中国传媒大学学报）、《新闻与传播评论》、《社会治理》、《青年记者》等专业期刊上发表。个人亦有机会在多个学术会议上报告研究具体进展，如首届"政治与传播·中山大学论坛"（2016年）、第三届"多闻论坛"（2018年）、中国农业大学"市·野"乡村传播工作坊（2020年）、第十五届"中国青年传播学者论坛"（2022年）、"中国特色的内参传播"工作坊（2023年）等。学术界并非净土，也世俗，也喧嚣，然而，不少同道对专业有追求、有坚守，让人动容。学术共同体的建设，或许并不是乌托邦。

开展研究行动之初，我曾发愿：面向丰富经验现实、以实质问题为中心、规范运用研究方法，探寻"在当前中国语境中，媒体可否成为参与劳动关系治理的行动者？其价值理念、现实进路以及活动空间具体如何？"其间，讨论焦点始终指向——"在结构性规制中，媒体经由何种创造性实践，方能成为劳动关系治理参与的积极行动者？"如何体察具体语境、立足经验事实，在特定国家与社会关系下，探讨媒体作为的理念、路径及边界既是难点亦是重点。对此，自问还不失勤勉，但这本小书，与所想，确实还有相当距离。行动者的境遇是"人生与历史在社会中的相互交织的细小节点"（米尔斯，2017）。实际与愿景的差距，虽主要是一己的能力与心性使然，但亦有个人无能为力的客观边界。

再读一遍书稿，百感交集。回望所来径，尚不失顺遂，得感念多少人的善意。

感谢中国劳动关系学院。此书被列入学校的"学术论丛"，并获得了全额出版资助。我自博士毕业后便供职于此，此乃安身之所；更何况，个人的研究视域，因学校特色而有所拓展。媒体与劳动关系，是一个有待进一步深耕的研究领域。

近十来年中，我尝试着探索，得到了诸多支持。前述《赋权与商议：媒体与新工人劳资关系治理研究》一书，2019年入选中国劳动关系学院70周年校庆"优秀著作70部"。2018年至今，我连续参与学校年度项目"中国职工状况研究报告"，撰写分报告"中国职工议题年度报道状况研究"，逐年梳理、分析、比较不同类型的新闻行动者如何呈现职工群体在收入、就业、社会保障、职业安全、职业卫生、劳动关系等诸方面的诉求，并且尝试从"媒介能见度"和"媒介话语权"两方面衡量该群体的境况。2018年，有幸合编《中国劳模口述史》（第二、三辑），得以接触、走近、理解劳模群体，真正体察到他们不是一个悬浮于日常世界的符号，而是芸芸众生中那些努力向上、向善的人。2017年至今，参与筹办了四届"舆情治理与传播法规研讨会"，2019年，为香港工联会大专班授课……

这些经历，不仅仅是源自机构的一种鼓励和肯定，而且多维度地丰富了我的经验认知。更重要的是，为我尝试协调"结构"与"能动性"的关系提供了可能。劳动关系是密切关乎人的境况的现实议题，坐而论道固不失研究者的本分，寻求成为能动的行动者更是实践的召唤。我在书中主张，媒体在结构性位置中展开"能动的新闻实践"，寻求成为负责任的中介，公正呈现不同利益主体的诉求、实现多元主体间的沟通与连接，是寻求参与治理的可行路径。那么，尽一己之力展开"能动的学术实践"，理应被视为以学术为志业的重要构成。

我并不太合群，在一个加速社会的学术圈中，很多时候像一只踟蹰的、旁观的蜗牛，在张望，在犹疑，在内心召唤与现实规训之间徘徊、纠结。所幸，师友不弃，予我以鼓励与温情。犹记2017年12月底，拙作《沉默与边缘发声：当前中国劳动关系治理中的媒体境况》，得益于开放和创新的遴选机制，入选第五届"全国新闻传播学优秀论文"。当时我遭遇了"命运的敲门"，正处于人生的至暗时刻，这一不虞之誉，给予了我超出专业社群认可的安慰。具体到小书，要郑重地感谢吴飞教授。我贸然求序，吴老师是学术界的前辈，不嫌我冒昧，很快就撰成，有学有识，令人感念。在研究与成书的过程中，还需要感念太多师友，纸短情长，逐一罗列姓名，唯恐有攀附之嫌。我会珍视诸君的善意，尽可能地传递与撒播，生生不息。学术路其实充满着未知，学术生涯甚至是"一场鲁莽的赌博"。在日益庞大的"圈"中，基于学术旨趣的小群落，是多么珍贵和美好，我有幸厕身其中三两个，与同代人一起成长。如我们的"高深组合"，彼此不设防，相互敦促与包容，让学术人生有了更厚重的意蕴。

这虽是一本不完美的小书，成稿过程中也殚精竭虑。时至今日，很多困惑待解。此处，想就以下两个问题求教于方家。

其一，理论与经验之间的关系。这是社会科学研究中最为基本的一对关系。理想的研究中，理论与经验两者之间能够展开真正的对话与融合，呈现一种"如盐在水"的境界。达成这一目标实非易事，探究社会转型的风险治理问题，与其盲目追求"理论创新"，是否系统整理经验材料，更具有实践的价值？至少，可以对时代和历史进行"记录"。

根据个人研究体会，在现阶段中国，作为一种社会中介机制的媒体，以及作为社会关系基本构成的劳动关系，其内部均呈现多重与差异的图景，二者之间的关联亦相应如此。作为一项学术研究，探寻媒体如何参与劳动关系治理，当然需要理论上的追求，故而书中尝试提出媒体的角色定位是"社会风险治理参与的行动者"，媒体行动的价值是"寻求呈现实践逻辑"，媒体行动的理念是"成为负责任的中介"等观点。但是，理论创新需要深厚的学术功力以及开放的表达空间，主客观的限制甚多。基于对个人研究能力局限的认知，我在搜寻经验材料上倾注了相当心力，尽可能地梳理媒体报道劳动关系议题的案例，包括主流媒体、另类媒体等不同类型新闻行动者的实践，目前书中收入的只是其中一部分。在《报与史》一文中，李大钊先生提出，"报纸上所记的事，虽然是片片段段、一鳞一爪的东西，而究其性质，实与纪录的历史原无二致"。此文中，他还强调"史的要义凡三"，即"察其变""搜其实""会其通"。基于此，我认为整理和呈现这些经验案例，是在做"史料"的工作，以尽可能丰富的个案记录正在发生的历史，是尝试"搜其实"，这是基础工作。"察其变"与"会其通"需建基于此。

其二，为人与为己之间的关系。"古之学者为己，今之学者为人。"求学问道途中，何谓"为己"，何谓"为人"，可能见仁见智。以我僻陋的见解，"为己"之学注重关切自己内心的召唤，"为人"之学则多偏向于响应外界期待，两者虽未必泾渭分明，但会影响学问的逻辑起点。当今学术建制化已然成为结构性背景，在"为人"与"为己"之间如何求取平衡？真诚的学术生产或许避不开对其进行的思考。

至少个人有着长期的徘徊与追寻。我写过一篇《在"为己"与"为人"之间寻觅》研究手记，提及：若完全由着自己心性，应该会循着博士论文《胡适言论自由思想研究》的脉络，一直在历史长河中徜徉，继续追寻那些被湮没或遮蔽的过往。毋庸讳言，起初将视线转向劳动关系领域，固然不乏自己探索未知领域的热情，但更多的是学术体制规训力量使然。在这般研究转向之后，无力再多顾及心心念念的史论议题，所以在相当长一段时间内，在"为己"与"为人"之间反复纠结与挣扎。幸好，在跌跌撞撞的摸索中，我逐步破除执念，与自己达成和解。这不是罔顾内心的召唤，而是确实体会到"媒体与劳动关系"议题的内在韵味。它不再是单向度的"为人之学"，而已渐有"为己之学"的意涵。在此，现实与历史有了一种别致的交汇。我甚至隐隐地觉得，辟出这样一条"蹊径"，应该算是幸事。毕竟，若缺乏对现实丰富的体察，亦难有对既往明澈的认知。重思现代中国知识人与媒体的议题，越发觉得缺失"劳动"视角的观察，会造成很多的遮蔽。去年以来，我开始筹划一项关于"媒介与观念"的研究，探讨中国早期马克思主义者劳动观的形成与传播。就个体认知而言，这是"为己之学"与"为人之学"的有机融合，纯粹的知识兴趣外，亦为现实关切所驱动。心系劳动者的境遇、寻求实现劳动正义，是早期马克思主义者群体劳动观的珍贵遗产，我们应尽可能地发掘历史资源的现代价值。

三年前，小花出生。她是天赐的礼物，无与伦比。这个活泼的妹妹，与胡萝卜哥哥一道，让生活热气腾腾。但是，甜蜜并非唯一味道。我已不是一个新手妈妈，却依然能感受到照护的压力，而且其中具体况味，亲近如家人，也未必能体悟，更遑论为外人道。2021 年底，《新京报书评周刊》策划年度活动，编辑罗东向我发来三个问题，其中之一是"您在 2021 年关注到哪部作品未引起足够关注或未引进出版"。我提名了阿莉·拉塞尔·霍克希尔德（Arlie Russell Hochschild）的《职场妈妈不下班：第二轮班与未完成的家庭革命》，理由是"作为一名家有儿女的职业女性，以及一线城市工薪家庭的主妇，此书让我一读三叹，深觉是一本令人产生切肤之痛的书。此书目前已有一定的知名度，但是在老龄化、少子化的社会趋势中，应得到更多的关注。毕竟，照料负担已成为当前社会的显性问题，公共政策若不进行及时的、具体的调整，照料劳动的赤字乃至危机将会更为凸显"。后来，此书成为当年《新京报》年度阅读推荐之一，编辑部的致敬辞中写道："我们致敬《职场妈妈不下班》，致敬它极具共情、细腻的分析，呼应并照见当前城市育龄女性普遍面对的性别困境。"2022 年，工作、家务与疫情相交织，困窘似乎无边无际。"这才知道我的全部努力，不过完成了普通的生活。"终于过去了。如今回首，"燕子飞回屋檐下的巢，这一切没有想象的那么糟"。

劳动是人类的本质活动和社会发展的重要动力。"整个所谓世界历史不外是人通过人的劳动而诞生的过程","只要社会还没有围绕劳动这个太阳旋转,它就绝不可能达到均衡"。愿我们人人都能够生活在一个得享体面劳动的社会。

吴 麟

2023 年 4 月 24 日记于北京大学蔚秀园

图书在版编目(CIP)数据

实践感与建设性：媒体参与劳动关系治理的理念与路径研究/吴麟著． -- 北京：社会科学文献出版社，2023.5
（中国劳动关系学院学术论丛）
ISBN 978 - 7 - 5228 - 1713 - 2

Ⅰ.①实… Ⅱ.①吴… Ⅲ.①劳动关系 - 研究 - 中国 Ⅳ.①F249.26

中国国家版本馆 CIP 数据核字（2023）第 066459 号

中国劳动关系学院学术论丛
实践感与建设性：媒体参与劳动关系治理的理念与路径研究

著　　者 / 吴　麟

出 版 人 / 王利民
组稿编辑 / 任文武
责任编辑 / 李　淼
文稿编辑 / 尚莉丽
责任印制 / 王京美

出　　版 / 社会科学文献出版社·城市和绿色发展分社（010）59367143
　　　　　　地址：北京市北三环中路甲29号院华龙大厦　邮编：100029
　　　　　　网址：www.ssap.com.cn

发　　行 / 社会科学文献出版社（010）59367028

印　　装 / 三河市龙林印务有限公司

规　　格 / 开本：787mm×1092mm　1/16
　　　　　　印张：16.75　字数：210千字

版　　次 / 2023年5月第1版　2023年5月第1次印刷

书　　号 / ISBN 978 - 7 - 5228 - 1713 - 2

定　　价 / 88.00元

读者服务电话：4008918866

版权所有 翻印必究